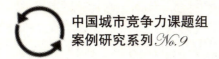

中国城市竞争力课题组
案例研究系列 *No.9*

成都城市国际营销战略

创造田园城市的世界标杆

Strategies of Chengdu's International City Marketing

顾　问　李春城　陈佳贵　裴长洪
著　者　倪鹏飞　刘彦平 等

社会科学文献出版社
SOCIAL SCIENCES ACADEMIC PRESS (CHINA)

丛书总序

随着全球化和全球城市时代的到来，城市之间的国际竞争日益激烈，提升城市的国际竞争力，成为越来越多国家和地区的区域政策的中心。在中国，城市化、工业化、市场化、国际化和信息化同步加速推进，使城市变得更加重要，城市竞争十分激烈，中国城市竞争力研究成为重要的理论和现实问题。从 2003 年开始，中国城市竞争力课题组发表的年度《中国城市竞争力报告》备受关注。人们希望清楚城市的竞争力地位，理解城市竞争力的构成因素，掌握提升城市竞争力的有效对策。

但是，城市竞争力既是国际学术界的一个前沿性理论问题，也是各国城市亟待面对的现实问题。城市的复杂性，加上竞争力研究的滞后性，使得学术界和城市管理部门都难以从容应对这一富有挑战性的课题。显然解决这类问题不能急于求成，需要广泛尝试多种研究方法，将理论研究与实践结合起来进行长期、持续的努力。《中国城市竞争力报告》关于城市竞争力问题理论和实证研究的突出特点是同时使用计量、调查和案例研究的方法。事实上，我们最早的城市竞争力研究也是从案例开始的。因为城市竞争力研究既能够解决具体城市提升竞争力的实际问题，又能够从具体的案例中提炼出具有一般意义和指导意义的理论。

案例研究方法是一种从具体事实中抽象出一般结论的方法。案例研究的一般过程实际上就是归纳法、演绎法和比较法的具体运用。其中，归纳法和演绎法构成案例研究的一个完整过程，而比较法则是在案例研究中对不同案例进行比较分析的方法，是发掘思想并将其理论化的现实途径。案例研究不仅对发展理论有着极其重要的意义，研究所形成的科学成果也可以很好地指导实践。当然也必须清醒地认识案例研究的局限性。

近年来，中国城市竞争力研究课题组致力于从四个方面扩展和深化城市竞争力研究，即基础理论深化，向实际问题延伸，向全球范围扩展，向相关领域渗透。课题组除了发表有关城市竞争力的学术论文，以及全球和中国城市竞争力报告外，最重要的是在有关城市政府支持下，扎实开展有关城市竞争力的个案研究，并且将这些研究继续下去。从这些案例研究中，课题组正在逐步提炼出越来越清晰的理论框架。

目前部分案例研究成果已经形成比较完整的文本。这些成果凝结着课题组成员巨大的心血和汗水，也闪烁着课题组成员非凡的智慧。这些案例研究提炼的理论、研究使用的方法、研究的经验发现以及针对具体城市提出的政策建议，对学术部门、城市政府、相关决策部门具有一定的参考和借鉴价值。课题组决定将这些成果以"中国城市竞争力课题组案例研究系列"丛书形式出版，既希望能与读者分享学术创造的成果，更希望就这些初步的研究向读者求教。

最后，我要特别感谢中国社会科学院及其财政与贸易经济研究所领导和全体同事对中国城市竞争力研究给予的持之以恒的指导和支持。感谢各城市政府和有关决策部门对城市竞争力研究，尤其是对城市竞争力案例研究给予的鼎力支持，我们将不懈努力，将这些研究越做越好。

倪鹏飞

中国城市竞争力研究课题组

中国社会科学院财政与贸易经济研究所

2009 年 7 月 1 日

序 言

——关于成都建设"世界现代田园城市"的战略思考*

田园城市是人类长久以来的梦想，也可以说是永恒的梦想。古代田园城市是在当时生产力不发达的条件下社会贤人规避纷扰的现实，追求身心愉悦的一种梦想；近代田园城市是在当时机械化和电气化条件下为了解决工业化和城市化带来的环境压力与社会不公，既希望享受城市文明，又体验自然之美的一种理想愿望；现代田园城市是在当今信息化与智能化条件下，人们既享受现代文明，又回归自然的一个现实追求。

一 内涵与特征

外在表象：城乡交融，即"田在城中，城在田中"的景象。中小市镇居民点农村既能够享受到城市完善的基础设施和公共服务，又掩映在优美的田园山水环境中；而在中心都市区中，则有摩天大楼等城市标志性建筑与周围的自然风光交相辉映。所有居民，无论居住在都市中心还是小城镇或是乡村，其工作与生活的条件都是现代化的，都能够享受到现代城市文明与服务，但同时他们的工作与生活环境又像在田园之中。

实质内涵：知识型的经济、智能化的技术、网络化的结构、生态化的环境、多元性的文化、和谐性的社会。

基本特征：诗意般的城市意象、全球化的城市功能、知识型的城市产业、网络化的城市空间、巨型化的城市规模、低碳化的城市生态、多元化的城市文化、智能化的城市设施、和谐型的城市社会。

---

* 倪鹏飞博士在成都市委中心组（扩大）学习会上的报告。

二 基本条件

成都建设现代田园城市具备必要性、可行性和现实性。

一据天时：经济全球化使成都可以从国内与国外两个市场获得资源；世界发展格局的变动使成都有望成为亚欧大陆重新崛起的重要战略支点；中国的崛起赋予了成都聚集全球资源要素的责任；技术的智能化削弱了成都作为内陆城市在传统运输成本上的劣势；西部大开发战略的实施为成都提供了良好的外部环境与强劲的驱动力；而统筹城乡综合配套改革试验区的建设使成都赢得了进行制度创新的有利条件——这给成都建设世界田园城市带来了千载难逢的机遇。

二拥地利：成都土地肥沃、物产富饶，具有良好的自然资源优势；成都的历史悠久、文化底蕴深厚，历史文化氛围浓郁；成都是全国城乡统筹综合试验区，具备城乡统筹的现实基础；成都的综合竞争力较强，位居国内前列——这使成都具备建设世界现代田园城市的实力。同时，成都地处长江上游和成都平原，这决定其不允许发展较多大运量、低端产业及其环境不友好的产业。

三应人和：成都六年城乡统筹建设及其取得的巨大成就，是成都市委市政府科学战略决策的结果，得到了广大干部群众的广泛认同；世界现代田园城市作为城乡统筹的发展目标提出后，受到成都市民的热烈欢迎与衷心拥护；全体干部群众上下同心，努力把这个决策转化成自觉行动——这使成都建设世界现代田园城市具有人和优势。

三 重大意义

成都建设世界田园城市具有六大意义。作为一个长期历史定位与奋斗目标，它是团结凝聚全体市民的政治基础；它为成都城乡统筹的未来发展指明了方向；它丰富了建设小康社会的理论内涵；它是全体成都人通往全面幸福的重要路径；它将成为民族强盛的标志性工程；它将为全球城市化发展探索成功的路径。

四　追赶与借鉴

成都应当对标、模仿、学习、借鉴世界先进城市实现跨越式发展的成功经验：①新加坡通过前瞻性的科学规划，采取循序渐进的方式推进城市建设，运用"和谐"理念管理城市，强化全社会的"心件建设"，在较短时间内建成了誉满全球的"世界现代花园城市"；②迪拜充分发挥中东门户的区位优势大力发展贸易、交通运输和旅游，并未雨绸缪地将石油美元投资于国内基础设施建设和产业发展，成功实现了向非石油经济主导产业的转型，成为迅速崛起的海湾明珠；③奥斯汀通过政策优惠吸引鼓励高科技公司的创业，依靠大学充足的人力资本支撑高科技成长，借助技术孵化器和风险投资基金驱动高科技企业发展，成功地打造了一个新兴高科技之都；④日内瓦规避自身资源不足的劣势，充分挖掘与发挥地处欧洲大陆中心的地缘优势，积极推进国际化进程，成为内陆城市建设开放型国际大都市的优秀典范；⑤赫尔辛基、斯德哥尔摩紧紧把握住全球化的浪潮，充分利用全球资源加快城市建设，重点发展通信产业，全力打造爱立信、诺基亚两大国际品牌，仅用了近 20 年时间就建成了世界级城市。上述这些城市都在相对较短的时间内成功建设为世界城市，在经济、社会、环境、科技、管理等多个领域成为全球城市发展的楷模。

五　发展愿景

成都未来的世界现代田园城市建设应向五个最好努力。居住环境佳，世界最宜人类生活的田园城市之一；投资环境优，国际最宜脑力创业的知识城市之一；文化氛围好，全球最具开放魅力的内陆城市之一；功能级别高，全球最具影响力的国际性区域枢纽城市之一；综合竞争力强，全球最富竞争力的巨型都市区之一。

六　全球功能定位

在"两枢纽、三中心、四基地"的国内功能定位基础上，成都基于全球的功能定位是"一个国际平台，五个重要国际中心"，即国际交流平台和国际重要宜居中心、国际重要旅游中心、国际重要文化中心、国际重要会展中心、国际重要科技中心。

七　未来产业选择

综合成都自身优势和劣势、外部机遇和挑战，应确定"9 + 3"的产业体系，具体包括物流业、文化业、旅游业、金融业、商贸服务业、信息传输与计算机软件业、商务服务业、会展业、房地产业等 9 个服务业，以及装备制造业、加工制造业、高技术产品制造业等 3 个制造业。上述产业中，有些是服务全球的，有些是服务全国的，有些是服务区域的。

八　战略步骤

成都可以通过采取"三步走"的战略，分阶段地实现建设世界现代田园城市的目标：第一步为近期目标，用 5 ~ 8 年时间将成都建设成为人居环境最佳、投资环境最优、文化氛围最好的"新三最"城市，成为国内一线城市；第二步为中期目标，用 20 年左右的时间初步建成"世界现代田园城市"，争取进入世界三级城市行列；第三步为远期目标，用 30 年左右的时间基本建成"世界现代田园城市"，争取进入世界二级城市行列。

九　方法与原则

成都未来建设世界现代田园城市应采取巧妙的方法和坚持科学的原则：

全球眼光，地方行动。把握全球发展趋势，坚持世界一流标准；各区县根据自身特点，因地制宜，实施差别化战略，发挥本地核心优势。

扬长补短，重点跨越。充分发挥成都环境、文化优势，吸引高端资源与要素流入，加大对外联系通道建设，直奔产业高端，不搞全面开花，在关键领域实现跨越。

模仿学习，大胆试验。借鉴世界先进城市经验，大胆创新制度及机制，再造改革开放新标杆；合理借鉴跨越式发展经验，仔细研究学习追赶对象和借鉴目标，并将这些目标进行细化；充分利用统筹城乡综合配套改革试验区平台，根据成都实际情况大胆创新，探索新路。

道法自然，顺势而为。都江堰水利工程带给我们的启示是，人类在改造自然过程中应当尊重自然、顺应自然、利用自然，只有这样才能成就造福百姓的"利在当代、功在千秋"的工程。

十　路径战略

成都总体上应走追赶型的跨越式发展道路。实施四大跨越，即：实现速度的跨越、阶段的跨越、功能的跨越、产业的跨越。追赶型的跨越式发展的具体路径有如下六条。

走城乡一体化的均衡增长道路。在构建和谐社会的宏伟蓝图下，缩小城乡差距、协调城乡发展，构建现代城市与现代农村和谐相融、历史文化与现代文明交相辉映的新型城乡发展模式，这是建设田园城市的基本路径选择。成都应该继续沿着城乡统筹发展的道路前进。

走全球化的开放发展道路。国内的资源是有限的，国内的市场规模也是有限的，成都要实现跨越式发展，必须放眼世界、主动出击，吸引利用全球优质资源，走出国门，开拓与占领外部市场。

走智能化的知识发展道路。随着从互联网进一步发展到物联网，未来世界科技发展的基本趋势是由信息化进入智能化，知识产业将成为未来的主导产业，因此无论是生产还是生活，无论是产业还是管理，成都都要充分利用知识和技术，尽最大力量发展和应用知识与科技。

走大型化的高端发展道路。成都地域面积大、人口众多，发展起点低，面对信息技术快速发展、城市加速集聚的趋势，应构建包括中心都市区、中等城市、小城镇、农村居民点在内的体系完整的超大型都市，积极发展满足当地需求的、能够解决当地较低素质劳动力就业的加工业，同时在大型化的基础上实施重点跨越，选择和发展若干高端产业和产业高端环节。

走悠闲式的创新发展道路。开放包容、悠闲从容是成都千年繁荣的文化基因，也是其不断创新的根源所在。人类发展与竞争的根本是文化竞争，要建设现代田园城市，创新的文化是根基，弘扬这种文化、营造创新型文化氛围，是实现该目标的基本途径。

走生态化的低碳发展道路。决定区域竞争力的最终力量是其不可移动的生态环境，成都有优美的生态环境，这是它可持续发展的、决胜未来的最有力武器，因此必须保护好环境；同时，保护全球环境也是人类共同的任务，谁顺应该趋势，主动调整、发展低耗能产品与产业，谁就能够在未来的发展与竞争中拥有主动权和潜力。因此，无论是从国内发展看，还是从全球竞争看，走生态化的低碳发展道路都是成都顺势而动的必然选择。

十一　战略重点

成都未来的世界现代田园城市建设应紧紧抓住战略重点，实施重点突破。

一是产业发展。经济发展是成都建设世界现代田园城市的物质基础、首要条件，这需要依靠发达的、完善的产业体系作为硬件支撑。二是富民惠民。解决"学有所教、劳有所得、住有所居、老有所养、病有所医"五大民生问题，既是建设世界现代田园城市的目标，也是建设世界现代田园城市的手段。三是对外开放。根据成都自身资源和市场条件，要实现跨越式发展，必须充分利用好国内国外"两种资源、两个市场"，因此，对外开放是成都建设世界现代田园城市的重中之重。四是制度创新。成都要充分利用统筹城乡综合配套改革试验区的平台，在制度创新上超越其他中西部城市，只有这样才有可能像深圳那样实现无中生有、楚才晋用。五是设施建设。基础设施建设是撬动当地经济发展的杠杆，是推动城市化进程的重要驱动力，也是吸引全球资源要素的基本条件，成都要建设世界现代田园城市，基础设施建设必须先行。

十二　基本措施

成都要实现建设世界田园城市的目标，需要在以下八方面不懈努力。

一是凝聚共识。统一思想认识，将世界现代田园城市的理念渗透到千家万户，使社会公众普遍支持和参与到建设世界现代田园城市的实践中来。

二是组织保障。通过完善政府内部组织制度与组织体系，借鉴企业绩效管理制度，将建设世界现代田园城市的目标细化分解到各部门与个人，通过这些制度的实施有效推动目标的贯彻与落实。

三是精心规划。规划要坚持世界一流标准，面向国际招标，汇集全球专家智慧；规划要坚持系统全面性，涵盖经济、社会、文化各个方面；规划要坚持道法自然，充分利用自然之形、自然之貌、自然之力，使田园城市的建设自然而然，同时又充满智慧。

四是建设硬件。在基础设施上，要按世界一流标准建设最先进的、引领世界潮流的生活和商务基础设施，体现低碳化、智能化、国际化，坚持以人为本；在金融上，要大力推动金融深化，建设金融服务外包基地、金融期货中心和风险投资中心，建立多层次的资本市场，充分强化金融在经济活动中组织引领资源的作用；在人才上，要重视对基础教育、职业教育、高等教育的资金投入和体制改革，按照国际标准发展教育事业，要借鉴维也纳经验，通过优化教育环境吸引人才，通过人才开发创新技术。

五是改善软件。积极推进制度创新、管理创新；发展信息化和智能化的基础设施；转变政府职能，形成高效的公共管理和政府管理服务体系；培育城市文化，形成和谐包容的城市文化氛围，改善城市软环境。

六是强化心件。"心件"是一种包括社会凝聚力、政治稳定、集体意志、共同价值观等在内的社会无形资源，成都要学习借鉴新加坡经验，以培育现代市民为核心，以加强社会凝聚力为重点，着力进行"心件"建设。

七是开放引进。要加强城市营销，打造城市品牌，提升城市知名度和美誉度，吸引知名跨国公司来蓉投资，吸引高端人才来蓉创业就业，吸引全球专业人士和商业人士来蓉定居生活，吸引国内外游客来蓉旅游消费。

八是合作共建。成都应当积极争取四川省的支持，争取中央的支持，要坚持走省市共建道路，加强外部协同——包括与周边地区的协同、与四川省的协同、与国内城市的协同、与国外城市的协同。

十三 澄清的误区

成都建设世界现代田园城市，当前应该避免走入误区，需要澄清一些问题。

（1）田园城市建设不能只讲城市的外在形态，它只是田园城市的一部分内容，田园城市有更丰富的实质内涵，包括知识型的经济、智能化的技术、网络化的结构、生态化的环境、多元性的文化、和谐性的社会。

（2）建设田园城市与统筹城乡发展是一脉相传的关系，建设田园城市是城乡统筹发展的方向、新境界和升级版。

（3）建设世界现代田园城市是一项宏大的、艰巨的工程，不可能一蹴而就，因此在实践中要避免急于求成、急躁冒进，要按照战略部署的方针，分步实施。

（4）建设世界现代田园城市既要充分发挥人的主观能动性，又要尊重自然规律、利用自然规律，做到道法自然、巧夺天工。

（5）建设世界现代田园城市不能因为一味追求形态的完美和整齐划一而漠视对历史文化遗产的保护，应将历史文化遗产保护融入到城市规划设计之中，实现历史之美与现实之美的融合。

（6）正确处理好田园城市建设与房地产发展间的关系，在城市建设过程中要注重保持房地产市场的健康均衡发展，防止房价过快上涨给城市未来可持续发展带来的隐患。

（7）世界现代田园城市的发展定位具有可持续性，它是基于成都发展历史、基于国内外现实情况所作出的科学决策，不会因为领导的更替而改变，不会因为政府的换届而改变。但必须把事情办好，像都江堰一样，千年以来无人可以更改。

（8）建设世界现代田园城市不能走"大拆大建、推倒重来"的道路，而应当在现有城市基础上，利用自然之形、自然之貌、自然之力进行精心雕琢，顺势而为。

（9）田园城市不能遍地开花，建设世界现代田园城市是成都基于本市市情而作出的科学定位，不同城市有各自不同的情况，应当针对自身特点来制定发展战略，不宜一哄而上盲目跟风地搞田园城市建设。

（10）需要特别注意的是，跨越式的发展战略是重点的跨越，而不是全面的跨越，成都应当力争在一些关键性的重点领域打破常规、直奔高端产业和产业高端环节；同时还要根据成都实际情况循序渐进地发展，实现重点跨越和整体渐进的有机结合。

目　录

Contents

引　言

一　营销及城市营销的概念简述

城市营销是市场营销知识和经验在城市管理中的吸收和运用。其中，市场营销理论主要是对工商企业营销活动规律的研究、提炼和概括，业已发展成为管理学领域的核心学科之一。自 20 世纪下半叶以来，市场营销理论开始向非营利领域扩散，但社会部门和公共部门在市场营销的知识和技能方面，较之工商企业显然还比较薄弱乃至陌生。因此在界定城市营销定义之前，有必要先简要介绍一下市场营销的概念。

（一）关于市场营销（marketing）

经典的市场营销概念，可参考美国市场营销学大师菲利浦·科特勒（Philip Kotler）教授给出的定义，即市场营销"是个人和群体通过创造并同他人交换产品和价值以满足需要与欲望的一种社会和管理过程"。需求和交换，成为营销学最核心的概念。欧洲学者有重视社会关系和社会和谐的传统，营销学欧洲学派对市场营销的概念界定，以格隆鲁斯（Christian Gronroos）教授最具代表性。他认为市场营销"就是在一种利益之下建立、维持、巩固与消费者及其他参与者的关系，通过相互的交换和承诺去实现各方的目标"。2004 年 8 月，美国市场营销协会（AMA）更新了其沿用 20 余年的市场营销概念的官方定义，新定义指出："市场营销既是一种组织职能，也是为了组织自身及利益相关者的利益而创造、传播、传递客户价值，管理客户关系的一系列过程。"这一定义的更新，集中说明了当代市场营销理念变化和发展的趋势，更加彰显了营销活动的社会性和价值命题。

目前，对于市场营销的误解主要表现为对营销（marketing）和推销（selling）的概念混淆。事实上，营销是包括了市场研究、市场细分、市场选择和定位、产品策略、价格策略、渠道策略和促销策略等诸多内容在内的管理体系，而推销仅是促销策略中的一种选项而已。诚如菲利普·科特勒指出的，"推销不是市场营销最重要的部分，而只是市场营销冰山的尖端"。管理学大师彼得·德鲁克（Peter F. Drucker）更深刻地指出："营销的目的是要使销售成为多余。营销的目的是要充分认识和了解顾客，使产品或服务能适合顾客，并自行销售它自己。"也有人将推销比作"狩猎型"策略，而将营销比作"农耕型"策略，也是对这两个概念较为形象的区分。

（二）关于城市营销（city marketing）

城市营销是近一二十年来一个越来越受关注的国际性热点研究课题。随着城市间竞争在全球范围内的展开及加剧，国外不少国家和地区已初步形成了城市营销理论与实践良性互动的局面。城市营销日益成为增强城市竞争力、促进城市发展的重要战略手段。

1. 城市营销概念内涵

在英文文献中，city marketing（城市营销）和 place marketing（地区营销）是两个通常可替换使用的概念，仅在概念的外延或适用范围上存在着差别。而目前理论界沿用最多的是菲利浦·科特勒给出的地区营销定义，即"地区营销是指为满足地区目标市场的需求而进行的规划和设计，成功的地区营销应使市民、企业对其所在的社区感到满意，游客和投资者对地区的期望得到满足"。这一定义指出了地区或城市营销的目标，概括了地区营销的顾客，并紧紧抓住了市场营销的核心概念——需求。

2. 城市营销概念的战略含义

城市营销在理论层面上主要指其系统性和战略性。正如科特勒等指出的，如果没有合理的规划和判断，而专注于一两种营销活动，寄望于促销或推广的功能，在昂贵的广告或不和谐的标语上大把花钱于事无补。然而，这却是城市营销实践中最常见的误区。

一般来说，城市营销战略是指城市根据其现有或潜在的目标市场的需求及竞争现实，甄别、发掘和创造城市的价值与利益，通过设计、生产和提供比竞争城市更能满足城市顾客特定需求的城市产品或服务，来提升城市竞争力、促进城市发展的一系列研究、计划、执行和组织控制的过程。

3. "城市增长悖论"及城市营销的作用

在全球化竞争时代，生产要素自由流动，特别是形象、人才和技术的变迁常常是地区产业分工和产业兴衰的重要因素。是否有能力获得形象、技术和人才优势，决定着一个地区能否发展高附加值产业并从中获益。

从城市内部的发展来看，如果忽略了相关的营销战略举措，地区困境也将不可避免。可以想象，当一个地区开始失去其吸引力时，其遭遇困境是意料之中的。然而，一个富有吸引力，产业也处于扩张状态的城市，也同样会面临发展所带来的困惑。游客的涌入、产业发展的不平衡，虽然增加了城市财政收入，但也使得不动产价格上升，同时也给现有基础设施和社会服务带来压力，造成人居和营商成本的上升，并对城市的可持续发展构成威胁。此时，企业和人才为降低成本、寻求更好的发展机会，可能会迁出该城市另觅其他更具吸引力的地区，最终导致城市税收缩水和城市空心化现象的出现，使城市渐渐失去吸引力。这就是科特勒有名的论断："增长孕育着自我毁灭的种子"。城市营销作为一种需求导向的战略手段，通过价值创造、价值增值和价值提供策略，能够有效规避这种"增长悖论"。

总之，从市场营销的角度看，城市借由顾客的需求而彰显其特性和价值，并通过顾客的满意而实现其价值。城市营销的努力，正是通过优化、提升城市的软硬件环境及相关服务，发掘和创新城市的独特吸引力，来满足市民、投资者、旅游者、企业等城市顾客的生活和工作需求、创业和投资需求、旅游和休闲需求以及企业发展和扩张的需求等，进而树立城市正面和良好的形象，提升城市的核心竞争力。

二 成都市城市营销战略规划的迫切性和意义

（一） 成都的发展目标和愿景达成面临诸多现实挑战

伴随中国进一步融入世界经济体系以及国家西部大开发战略的推进，成都正面临着千载难逢的发展机遇。目前，成都市委市政府已经确立了成都未来发展的"三最"愿景，但受到外部激烈的竞争压力以及内部资源的诸多制约，"三最"愿景的达成，还面临着许多现实的困难和挑战。如何面对全球竞争和区域现实，重新反思成都的战略定位和发展路径，开创战略新格局，如何合理规划，采取积极、主动的城市营销战略手段来有效增强自身优势和能力，是摆在成都市政府和社会各界面前的迫切课题。

（二）成都拥有良好的条件，但国际知名度和认知度亟待提升

作为天府锦城，成都的独特形象在华语圈的文化记忆中向来享有独特的地位。改革开放以来，成都经济社会快速发展，使成都的城市软硬件环境建设实现了质的飞跃。从营销的角度来看，成都的确拥有良好的城市资源与城市产品，蕴涵着巨大的潜力、机会和价值。然而，从课题组的系列调查结果来看，外界对成都的城市形象关注度不足，特别是成都的国际知名度亟待提升。即使对了解成都的外籍人士而言，成都的城市形象美誉度也还有较大的改进空间。成都目前的形象认知，与其现有及潜在的吸引力相比，显然还存在着较大落差，这在很大程度上限制了成都获取外部资源和市场的能力，限制了成都的城市竞争力。因此，推进成都城市品牌化进程、加大城市品牌的国际定向传播与互动沟通确已成为当务之急。

（三）统筹城乡综合配套改革试验区的挑战与机遇

成都与重庆同时获批为国家统筹城乡综合配套改革试验区，引发国内外各界的关注。对成都而言，是巨大的挑战与宝贵的机遇并存。试验区的建设虽与成都既往的"城乡一体化"探索与实践一脉相承，但作为国家级的试验区，势必应借鉴更多的国际国内经验，吸纳更多的国际国内资源，动员更多的国际国内参与，满足更多的国际国内顾客需求，才能获得理想的创新效果。毫无疑问，积极开展城市国际营销，是拓展城乡一体化建设、推进改革与创新的重要战略途径之一。

（四）经济结构转型和跨越式发展的需要

成都市要充分发挥固有的经济资源和文化优势，超越不利的区位等因素，实现产业与自然、产业与社会、产业与文化的协调发展，就必须紧紧抓住经济结构转型的契机，谋求跨越式的发展。显而易见，区域的乃至国

内的市场和要素，并不足以支持成都的经济结构转型和跨越式发展。成都市亟须通过营销手段，从基础建设、引进投资、引进人才等方面促进支柱产业的高度化，推进产业结构的优化和升级。

城市国际营销遵循可持续发展理念，要放大到国际视野来调节要素分配，进而引导实现产业结构的优化和升级，因此不失为成都的一个现实选项。

（五）加大战略创新和产品创新力度，获得国际竞争和区域竞争主动

近年来，随着我国的"四区"发展战略布局，不少地区和城市正在通过积极的创新来构建更大的竞争优势。比如南宁市，通过北部湾战略概念和自由贸易区建设，创造了发展的崭新机遇；又如天津市，通过滨海新区的建设，正在成为国际产业链中的重要一环，成为国家经济角色中的战略性成员，等等。越来越多的地区和城市，正开始放眼全球来寻求新的发展契机。事实上，在当前的城市竞争中，通过创新产品来引导需求，比通过推广产品来满足需求更具战略意义。对成都而言，如何透过国际价值网络来重新定位自身的使命和角色，同时通过创新发展战略，创新城市产品来努力达成这种使命和角色，正是当前成都城市国际营销的核心诉求之一，也必将为成都增进国际竞争力和区域竞争力掀开新的一页。

（六）成都城市营销符合各界诉求，但亟待实现专业化提升

近年来，成都市的城市营销推广匠心独运，引发各界关注，为成都市经济社会和文化事业的发展注入了新的动力，也为成都进一步开展城市国际营销、塑造城市品牌，创造了多方面的条件。

课题组在两度赴成都调研期间，深感社会各界对城市营销的高度认同。但同时也对城市营销的专业化升级，特别是城市品牌的规范化，抱以更大、更热切的期待。革新公共管理模式，提升公共服务绩效历来就是政府的努力方向，而城市营销以城市客户的需求为中心，以服务为导向，正是公共管理革新和再造的有效途径之一；良好的城市形象，意味着更好的营商和人居环境构成，有效的城市营销也必将为社会团体、企业及市民带

来更好的发展机会。时值成都经济快速发展，同时面临着发展中所遇到的种种问题，于是，城市营销成为成都各界共同的利益诉求。此外，城市营销的规划和实施很大程度上表现为多元主体的利益协同过程，因此，城市营销为解决成都市具体的社会问题、有效促进社会的和谐度，提供了新的战略路径。

三 关于成都城市营销的努力

成都政府相关部门、社会团体及部分企业在各自相关领域进行了积极的城市营销探索。外宣办、旅游局、投资促进局等更是每年积极地进行相关的推广规划和宣传活动。同时，成都市的专家学者在如何更好地建设、推广成都形象方面也进行了大量卓有成效的研究。总之，成都在城市营销方面，已然迈出了可喜的步伐，成都市也被公认为我国城市营销推广最活跃、效果最显著的城市之一。

综观成都市的诸多城市营销努力，虽角度不同影响不一，但对于树立成都城市形象，促进成都经济社会发展，均有积极贡献。然而总体来看，成都的城市营销努力还缺乏统一的战略规划，在推广方面也还有较大的开发和提升空间。本研究的目的，就是要通过专题研究和分析，帮助成都开辟城市营销的专业化道路。

四 本规划的研究框架

本规划以国际前沿的城市营销理论为依据，以国外成功的城市营销案例为借鉴，深入分析成都的实际情况，结合成都各界及海内外专家的意见和建议，确定了研究框架和思路，以期为成都开展战略性城市营销提供集理论研究与创意于一体的参考报告。本规划的基本研究思路如下：

首先，本规划从空间和时间两个角度的分析入手，运用比较研究、历史研究和产业分析的方法，深入分析了成都的城市经济、社会和文化的价值及其国际意义，进而聚焦和反思成都的城市功能，使本规划的研究立足于一个广阔而清晰的背景中。在此基础上，力争就成都城市国际营销的目标和任务，提出准确、合理的建议。

其次，本规划立足成都的内在资源及其国际价值，初步设计了成都的城市品牌化战略框架。同时遵循成都城市品牌这一国际营销的战略主线，分别从旅游、投资、文化和人居等领域，深入分析了成都的城市营销环境和市场。其中，城市营销环境主要包括资源要素、基础设施及基础服务等，城市营销市场则包括现有竞争者、潜在竞争者、现有顾客和潜在顾客等。在市场选择和定位的基础上，围绕城市功能子品牌的塑造提出建设性建议，并就成都城市国际营销的总体目标和任务进行了进一步的分解和设计。

再次，分旅游、投资、文化和人居等不同领域，从产品、成本、渠道、推广和协同等角度，深入分析和设计了成都城市国际营销的组合策略。在此基础上，特别抽象、提炼出五大主题系列推广活动，作为今后五年内的中长期战略营销行动方案基本框架。

最后，本研究还重点规划了成都城市营销组织与管理平台。本规划的研究框架如图 1 所示：

图 1　成都城市国际营销战略规划研究框架

五　研究方法

根据课题项目的特点和任务，本规划重点采用以下方法进行研究，包括：

（一）　实地考察

为近距离地了解成都，获得宝贵的一手资料和感性认识及与成都有关方面进行沟通，课题组两度赴成都进行了实地研究，考察了成都城市建设、旅游景点及产业发展状况，实地调研了部分企业，重点了解了成都的外资企业、外国游客、留学生和驻蓉领事馆等机构及相关人员的感受和建议。

（二）　市民意见调查

为使城市营销战略制定具有针对性，获得广泛的民意认同，课题组在成都期间还进行了成都居民意见的调研，并在调研过程中尽可能多地听取成都居民的建议和意见。

（三）　外界公众意见调查

为了解外界公众对成都城市形象的印象和意见，课题组通过与国内外的专业调研机构合作，同时在国内外进行了两轮大规模的调查。

其中，国内选择北京、上海、广州、西安和重庆等进行调研。样本包括政府高级公务人员、企业管理人员、学者及游客，各占 1/4 的比例，回收有效问卷 200 份；同时也调查了上述城市的在华外籍人士对成都的看法和印象，其中，在华工作者和来华旅游者各占访问者总数的 50%，回收有效问卷 200 份。

海外调研与国际知名的城市营销专业调研机构（Global Market Insight，GMI）合作进行。调研从 GMI 全球为数 600 万个的样本库中初选出 10 万个针对性样本，再从其中获得 500 个知道和了解成都的有效样本及其问卷。样本分布在英国、法国、德国、美国、加拿大、日本、韩国、印度、马来西亚、澳大利亚 10 个国家（每个国家 50 个样本），调查全部通过当地的语种来进行，涉及英语、法语、德语、日语、韩语和马来语等。

（四）文献研究

为全面深入地了解成都的情况，研究期间，课题组搜集并研读了大量有关成都的研究报告、论文、书籍和报刊，同时跟踪研究了大量有关城市营销的理论文献，以及具有可比性的国际城市营销经验案例。

（五）意见征集

研究期间，课题组内部进行了多次创意讨论会，并以邀请或拜访等不同方式，多次与美国、英国、韩国等国的城市营销专家，以及与诸多国内城市营销专家，就成都城市国际营销问题进行交流和探讨，征集了大量有益的意见和建议，大大拓展了课题组的研究思路。

（六）海外考察

研究期间，为借鉴国际先进标杆城市经验，并对研究的初步结论进行测试，课题组于 2008 年元月份赴加拿大 5 个城市进行了为期 10 天的考察和访问，与加加相关专家、政府官员和城市营销专业管理机构进行了深入的交流，为提升本课题的研究质量，起到了极大的促进作用。

规划完成后，课题组还将开展后续的跟进观察和研究，重点是就规划内容进行必要的调适。其中，赴欧洲部分标杆城市进行实地考察和进一步的测试，并对欧洲城市的专家、意见领袖和专业机构进行访谈，是后续跟踪研究的重点环节。

总之，本研究以调研为基础，广泛吸纳了国内外众多专家的意见和建议，是多学科交叉、定量研究与定性研究高度协同的研究成果。

六　报告创新与贡献

（一）理论创新

本规划的研究从成都市的实际情况和实际需要出发，在经济地理、产业经济、城市营销和品牌管理等多学科的前沿成果基础上，构建了一个视野广阔、内容丰富、逻辑严谨、设计扎实的城市营销理论分析框架。

（二）方法创新

在理论创新的同时，本研究还实现了实证研究的方法创新。特别是实地研究、国内调研、多语种国际调研和海外考察访谈等齐头并进、交叉引证，为规划的科学性和合理性奠定了坚实的基础。

（三）内容创新

就具体的规划内容而言，本研究实现了以下五个方面的创新：

1. 时空分析立基

课题组开发并运用时空分析模型，深入探讨了城市营销规划无法回避的若干重大问题，如成都的城市价值、城市功能、城市发展阶段及其相应的任务等，为整个规划奠定了扎实的认识基础。

2. 品牌规划立意

城市品牌化是城市营销的核心任务，也是标志性战略。本规划参照国际品牌化潮流的最新经验和成果，力争使成都城市品牌战略设计在坚守本土特色和文化本位的同时，达到国际专业水准。为打造成都作为国内第一个与国际接轨的城市品牌，提供了可靠的支持。

3. 策略整合设计

城市经济和社会的复杂性，决定了城市营销的复杂性和动态性。城市营销规划的要旨，在于明确方向、突出主线、整合策略，从而为城市营销的具体规划和执行开辟更大的空间，并促使城市营销能更快、更稳地走上专业化和效益型的轨道。本规划以城市品牌为统领，设计了旅游、投资、文化和人居等不同领域的城市营销整合策略，为达成事半功倍的营销效果，提供了策略保障。

4. 创新组织管理

组织与管理制度缺失，是制约我国城市营销发展的一大瓶颈。本规划设计了成都城市营销的组织架构和管理机制，以期能对国内城市营销管理的相关改革和建设产生标杆或示范作用。

5. 五大执行创意

本规划提出五大主题系列活动的创意作为成都城市国际营销的中长期基本行动方案，旨在更有效、更有力地呼应或支撑不同层面的战略分析和战略设计。

总之，我们希望本规划的研究，能够帮助成都真正走上专业化的、与国际接轨的城市营销发展轨道，为成都实现经济社会的快速发展，建设国际化都市，全面达成城市发展目标和使命，提供价值导向、市场导向的方法指导和策略支持。

第一章
全球时空背景下的成都定位

开展成都城市国际营销，其目标应植根于区域和城市的定位，以及区域和城市的使命。这就需要在全球价值网络的大背景下来深入探究成都的城市功能及其价值机会，同时从城市发展史的视角，特别是从国内外部分内陆城市的兴衰变迁历史中，准确把握城市文明发展的脉搏，进一步确认成都的发展成功要素。通过全球时空背景下的交叉分析，来确认成都现在及未来的城市优势、城市功能和城市定位，并以此作为成都城市营销的坚实基点。

一 理论假设和分析框架

（一）产业体系①、要素环境与空间价值

考察国内外产业发展状况会发现这样一个现象，即从全球角度看，高技术产业、高新技术成果常常产生于发达国家，如美国、日本、德国等，而发展中国家则较少。同时对应不同的产业我们也会发现，发达国家的人均 GDP、地价一般要比发展中国家的高。这些现象透露出，一个区域的产业与这个区域的空间价值之间应存在某种对应关系。参考国内外诸多城市和区域的发展历程和兴衰更替的现象，我们还会有这样一个认识，即一

---

① 一般来讲，一个城市的产业体系能够代表这个城市的功能，一个城市的主导产业能够代表这个城市的主要功能。同时，从目前对城市功能研究的理论与实践看，基于产业分工、结构、门类等城市产业方面数据所开展的分析与评测也相对客观和科学。所以，本报告主要从产业体系的角度对城市功能进行研究，这里及下文对城市产业的分析也可以看作是对城市功能的分析，二者可以相互替代。

个区域的价值与其产业之间存在一种互动关系，不同的产业会选择在不同价值的区域，而区域的价值也会因产业的分布而变化，再影响其他产业的选择和分布。

区域的产业体系是众多从事不同产业的企业和从事产业不同环节的企业的宏观表现。而企业的选址是基于追求其利益最大化目的进行的，需要考虑被选区域的综合因素，如基础设施条件、人力资源状况、土地价格、制度环境等。

区域的空间价值主要受两个方面影响：一是先天的自然条件和自然资源；二是人类的活动，这是改变区域空间价值的主要方面。而在人类的活动中，主要是经济活动改变这种价值，这种改变的过程通常是由经济活动所带来的各种要素，包括劳动力、资本、技术等的聚集和扩散所引起的。这种聚集和扩散主要是在产业的选择和发展中实现的。

对于区域整体而言，其要素环境、产业选择、空间价值之间存在着如图 1 - 1 反映的关系：

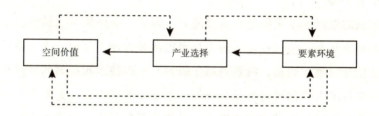

图 1 - 1　要素环境、产业选择、空间价值之间的关系

注：图中实线箭头表示三者之间的主要影响方向，即区域的要素环境往往决定着该区域的产业选择状况，由于选择的产业不同引起区域空间价值的变化。图中虚线反映着空间价值对于产业选择有着反作用力，也影响着区域的要素环境，产业选择状况会影响到要素的聚集和扩散，从而也影响到区域要素环境的变化。因此，区域空间价值、产业选择、要素环境之间存在着一种互动关系。

（二）要素环境分析框架

区域的要素总体上可分为软、硬两个方面，即：区域要素环境 = F（硬要素，软要素）。其中：

硬要素 = 生产要素 + 基础设施 + 区位环境 + 产业基础

软要素 = 文化特征 + 制度环境 + 管理营销 + 开放程度

这些要素共同影响着产业体系的构成，其作用机理可用以下模型反映。（见图 1 - 2）

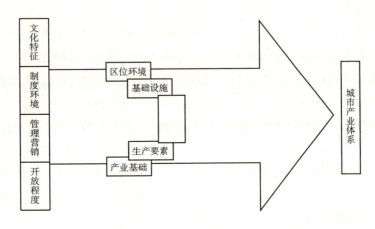

图 1 - 2 产业选择模型

1. 生产要素

区域的生产要素主要是指区域的人力资本、金融资本、科学技术、知识资源等的状况，包括存量、潜力和可得性等方面。其中，人力资本是影响产业发展的重要因素，特别是对于研发、生产技术水平高的产业和企业而言，高技术人才的可得性是选址的一个重要考虑因素。金融资本的影响主要反映在区域的金融资本规模、金融体系质量、资本获得的便利性和金融成本等方面。资本规模大、流动便利的区域往往更容易吸引资本密集型的制造业以及现代金融服务业。此外，区域的科技实力、科技创新能力、科技转化能力也影响着产业的发展和选址。拥有某种科技和知识资源的区域，发展相关新技术产业或同一产业特定产品具有比较和竞争优势，也更容易吸引相关产业。例如，旧金山吸引了大量知识经济的产业，包括计算机、无线电通信、多媒体、生物科技等，主要是因为当地有大量世界级大学和其他科研机构，其科技实力和技术创新能力具有巨大的吸引力和发展潜力。

2. 基础设施

区域的基础设施因素是指区域拥有或可分享的对内对外能源、交通、通信、信息、文化、卫生、旅游、娱乐等设施。基础设施直接影响到企业的运营成本，同时也影响到企业员工的生活。目前，除了企业的房地产部门、业务部门、法律部门参与选址考察与决策外，人力资源部门也日渐参与其中，在选址的时候重点考虑员工的交通、住房和生活便利性等问题。

在基础设施中，交通和通信设施至关重要。交通和通信技术的迅猛发展降低了空间联系的成本，使运输成本在产品成本中的比重大大减少（附加价值较大的高技术产品更是如此），同时也便捷了远距离协调与控制。基础设施完善的地区往往有利于企业的辐射范围和自身选址范围的扩大。

基础设施对于不同产业而言，影响也不尽相同。对于传统产业特别是其中的中小企业，受自身能力和实力的局限，往往无法真正利用先进的交通和通信技术，无法享受到技术进步带来的成本和时间上的节约。对于这些企业来说，靠地理接近以节约运输成本仍有必要。另外，对于那些要求面对面的产业而言，基础设施的发达也不会影响企业选择聚集的趋势。

3. 区位环境

区位环境主要包括区域的自然资源禀赋状况、自然条件、区域的经济区位状况等。

自然资源是指在自然界中，一切能被人类利用的自然物质要素。区域内自然资源主要包括区域内的矿物岩石、地表形态、土壤覆盖层、地上与地下资源、海洋资源、水资源、太阳能、降水以及生物圈的动植物资源。自然资源是许多产业的重要生产要素，例如采掘业、食品加工等，对于产业选择有着重要的作用。

自然条件，从广义上讲包括自然资源；从狭义上讲，则是指除自然资源以外的所有影响经济增长的自然因素，如自然地理位置、地质条件、地貌条件、水文条件、气候条件等。区域的自然条件是否符合产业本身要求和产业从业人员要求也是影响产业选择的重要因素，区域地理位置常常是决定一些企业选址的关键因素。如企业的业务依靠海运，则最好选址在港口城市；主要依靠空运，则最好选择机场附近；销售企业选址往往考虑人口密度比较高的地区等。

区域的经济区位主要是指区域的市场需求，具体是指区域腹地的市场规模、腹地居民的需求偏好、需求挑剔程度等。

4. 区域产业基础

区域产业基础主要是指区域内目前的产业集群发展、产业竞争态势、产业链的完备性等。

产业集群是由多个企业组成的一个空间构造紧凑、网络密度高的经济活动集团。在产业上，相互关联企业之间的高度集中可以产生外部经济效应，有利于降低生产成本和提高企业的劳动生产率。因此，区域产业集群的发育状况常常是产业选择的重要依据。一般而言，以下几种产业更需要形成产业集群：

①新产业。由于产品发展快速及进入本地市场的需要，因而需要与当地专家或顾客面对面地交流，因而对地方的依赖性比成熟产业更强。

②以非标准化或为顾客定制的产品为主的制造业。需要与客户面对面地进行信息交流，地方联系相对较强。

③生产过程连续的产业，如炼油、石化原料、塑料加工等产业。由于生产过程及生产设备具有不可分的特点，不同工厂之间彼此接近，常常在同一地点完成全部生产活动，所以地方联系较强。

④规模较小，组织简单（如单一工厂等）的企业。由于这些企业在获得资金、技术与市场方面常常遇到困难，因此与当地其他企业的合作愿望较强烈。

5. 文化特征

区域文化特征主要包括价值观念、社会心理、宗教信仰、行为方式、家庭与社会组织、风俗习惯、道德准则等。区域的文化作为一种无形的、内在的要素资源对产业选择产生作用。如社会文化常常影响企业间交流的质量，从而影响到企业的选址和产业的分布。在一个信任度高的区域环境下，交易成本较低，信息和知识交流通畅，企业间联系会因此增强。频繁的交流与合作还有利于创新，推动整个区域的生产系统发展，这种文化环境往往更容易吸引一些柔性度高的产业。另外，以市场开拓为目的的跨国投资也常常会选择具有相同文化和消费心理特征的地区。

6. 制度因素

区域的制度包括政治制度、经济制度和文化制度等。经济制度又可分为企业制度、市场制度和政府制度等。

制度因素对企业选址影响很大。企业是否选择一个地区，常常要分析该地区是否存在制度上的机遇和风险。例如，我国珠三角地区早期的发展应该说主要是由于国家的政策导向和该地区的制度优势吸引了大量外资和国际产业转移所推动的。从许多地区产业发展历程看，一般处于起步阶段时的企业在选址时，更注重一些政策倾斜状况，如北京许多软件公司在发展初期就选择对 IT 和软件行业有政策优惠的中关村，当发展到一定阶段以后，会更多地考虑环境因素，如办公楼环境、性价比、人力资源状况等。

7. 管理营销

管理营销要素主要包括区域内企业管理能力和政府管理质量。区域内的企业管理资源和管理水平越好，则区域在发展高技术、高附加值产业时就更具比较优势。政府管理包括政府对企业、对社会和对自身的管理。政府办事高效、廉洁自律、公正执法，以及城市和区域的社会生活和企业生产顺利进行都有助于企业降低交易成本，更容易吸引产业的聚集。此外，政府制定的城市发展战略的科学性、政府的营销能力对于产业发展和引导也具有重要的影响。城市的知名度和形象，政府管理人员的实际管理水平，政府信誉和廉洁程度，对域外企业和商旅人员的相关决策会产生较大的影响。

8. 开放程度

在当今经济全球化和区域一体化的背景下，区域的开放程度成为其吸引和发展产业、参与国际和地区经济合作的重要影响因素。

区域的开放包括经济、社会、文化的开放，包括对国内、国际和本区域内部的开放。区域的开放程度高，就可聚集区域内或全球的生产要素，提高区域的聚集力，吸收区域外部的知识、技术、技能、制度、文化、战略管理等，促进本地生产要素的高级化和环境的改善，有利于区域参与更大范围内的合作和竞争，有利于在更大范围内选择自身合适的产业或产业环节。区域在开放中提升自身辐射能力，对于高附加值产业和高附加值环节的吸引更有竞争力。

上述区域要素环境对于不同产业的影响是不一样的。即使同一产业，其不同的环节受区域要素的影响也不尽相同。一般而言，处于研发环节的企业选址往往更多地考虑人力、资本等生产要素，以及周边配套服务和设施状况。对于许多企业的生产环节而言，更看中的是产业链即相关配套产业的发育程度。目前，国内不少产业园区逐渐衰落，其中一个重要原因就在于过去往往只重视企业量的累积，没有重视产业链的培养，导致许多新产业不愿进来，而原有产业也开始外迁。另外，土地成本也是重要的因素之一。对于销售环节的企业而言，往往看重的是区域的地理位置、基础设施状况、市场需求状况等。

（三）产业体系分析框架①

参考目前国内外主流分类方法，结合研究的需要，本报告对产业体系的分析框架如表1-1所示。

表1-1　城市产业体系分析框架

产　　业	产业环节			
	研发	生产	营销	服务
原料加工制造业				
低技术产品制造业				
高技术产品制造业				
装备制造业				
金融业				
房地产业				
会展业				
物流业				
文化业				
旅游休闲业				
商务服务业				
信息传输、计算机软件业				
商贸服务业				

上表中对产业体系的分析，纵列表示各产业的不同辐射影响范围，可分为当地、区域、全国、洲际、国际五个层面。此外，由于产业每一环节价值不同，而且当前国际分工也已从传统的垂直型分工向混合型分工转变，呈现出产业间分工、产业内分工与产品内分工并存的多层次新格局。也出现了从发达国家输入资本、技术、原材料和零部件进行加工、组装制

---

① 本报告综合考虑了联合国与国家统计局对产业的不同划分规则，主要以制造业和服务业为主，重点分析以下十三大类产业，即：原材料加工制造业，低技术产品制造业，装备制造业，高技术产品制造业，金融业，房地产业，会展业，物流业，文化功能，旅游业，商务服务业，信息传输、计算机软件业和商贸服务业。需要注意的是，农业，特别是现代农业对促进城市发展也非常重要，只是由于农业地域性强，相关统计数据不够充分，本报告未将农业纳入产业分析之中（在城市营销战略和策略中会有涉及），但可以肯定的是，制造业和服务业的发展对农业产业高级化的作用显著，融合先进制造业与现代服务业的新型农业（如都市农业、生态农业等）将是成都发展的重要产业，也是成都城市功能的重要体现。

成品的逆向垂直分工。这种情况下，一个地区的竞争优势也不再仅体现在某个特定产业或某项特定产品上，还体现为在产业链条中所占据的环节或工序上。因此，本报告认为，在产业体系的研究过程中需要对产业链的各环节的区域选择进行深入分析。

一般而言，产业价值链可以分为四大环节①：一是研发环节，包括研究与开发、创意设计、生产及加工技术的提高等分环节；二是生产环节，包括后勤采购、母板生产、系统生产、终端加工、测试质量控制、包装和库存管理等分环节；三是营销环节，包括分销物流、批发及零售、广告、品牌管理及售后服务等分环节；四是服务环节，包括处理和再循环。

产业体系不仅反映出区域内部的产业种类，还体现着区域内部产业之间，或者内外部产业之间，或者是产业不同环节之间的联系（如图 1 – 3所示）。如一个区域的产业内部之间，或者与外部区域的产业之间存在上下游的关系，不同产业的不同环节互相服务的情况。因此进行一个区域的产业选择，必须认识这种联系关系，进而分析产业体系的构建。

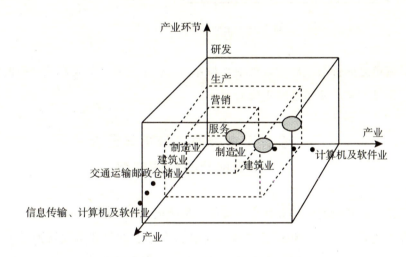

图 1 – 3　区域内产业体系中产业联系状况

---

① 产业价值链的环节具体在服务业与制造业上侧重点有所不同，在下文的分析中，报告在遵循一般环节规定的前提下，将服务业的产业环节主要分为研发、决策、营销和服务，制造业的产业环节主要分为研发、决策、制造、营销和回收，以便于针对不同产业的生产特点进行研究。

（四）空间价值体系理论

全球所有城市和地区的空间价值分布高低起伏、极不均衡，即使一个城市内部的空间价值也存在由中心区向边缘递减的一般趋势。图1-4反映了世界各个城市或地区之间的空间价值存在的差异，山峰表示城市内部中心区空间价值的大小，而山脚则表示城市边缘的空间价值。

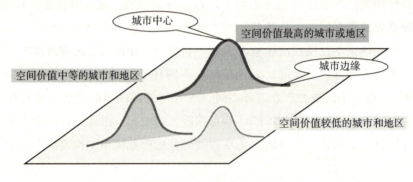

图 1-4　空间价值体系示意图

城市之间价值差异和城市中心与外围的价值差异，既是产业分布的结果，也是影响产业演进的重要因素。

二　全球产业价值、分布与要素
环境现状与发展趋势

在日益开放的经济和社会环境中，地缘概念呈不断模糊的趋势。应立足全球放眼世界，从更高更广的空间层面来考虑成都城市发展的重大问题。以下，我们从空间维度出发，重点从产业的角度出发，考察全球产业价值体系、产业分布及要素环境的现状及其发展趋势，以充分解读成都城市营销所处的综合环境状况和空间发展背景。

在分析全球产业发展状况中，由于数据的限制，我们选用人均GNI来代表空间价值的高低，因为某个国家高附加值产业占据主导地位的话，相应的国民收入水平也必定较高。通过人均GNI，我们将全球的主要国家和地区分为高产业价值、中上产业价值、中下产业价值和低产业价值国家和地区。在分析产业分布时，根据资料我们将制造业分为原材料与初级产品产业、制成品产业和高科技产业，将服务业分为运输产业、旅游产业和其他商业性服务产业；在分析产业环境时，我们选取了人力、资本、科技、基础设施、环境、制度、管理和开放八个因素。

（一）全球产业价值体系的现状与未来

1. 全球产业价值体系的现状

高产业价值国家和地区主要分布在除东欧外的其他欧洲地区，东亚、太平洋地区、北美和中东也较为集中；中上产业价值国家和地区则主要分布在南美；低产业价值国家和地区主要集中分布在西非、东非和南非；而中下产业价值国家和地区在产业上的分布最为广泛，相对集中在南美、东欧、中亚、东亚和太平洋地区（如图 1 - 5 所示）。

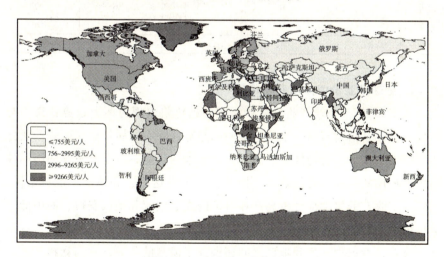

图 1 - 5　全球空间价值分布

* 为数据缺失国家，下同。

目前，全球的产业价值分布（如表 1 - 2 所示）呈现明显的两极分化状态。以美国、日本、德国、英国等发达国家和地区为代表的高产业价值国家和地区占有全球大部分的产业价值财富。而以广大发展中国家和地区为代表的中下产业价值和低产业价值国家和地区却只占有全球产业价值财富的很少部分。这主要是由不少发展中国家和地区国内复杂的经济、政治、社会原因和不平等的国际经济政治秩序造成的。这种全球产业价值分布不均的状态在短期内难以得到较大的改变。

表 1-2　全球产业价值的分布（按数量）

单位：%

	高产业价值 国家和地区	中上产业价值 国家和地区	中下产业价值 国家和地区	低产业价值 国家和地区
欧洲其他地区（除东欧）	49	6	2	0
东亚和太平洋地区	24	13	20	9
北美	20	0	0	0
中东	8	9	9	2
东非和南非	0	13	8	26
西非	0	3	2	34
南亚	0	0	2	11
东欧和中亚	0	13	25	12
北非	0	3	6	0
南美	0	41	28	6
小　　计	101	101	102	100

2. 全球产业价值体系变动趋势

未来 20 年，全球产业价值体系变动趋势将表现为两大趋势：集中与扩散。集中是指财富向少数地区集中的趋势并没有减缓。由于国际产业分工、资本、技术、管理能力、高级人力资本的优势，以及不平等的国际政治经济秩序的存在，使得财富不断流向少数发达国家和地区。也就是说，国际分工收益的绝大部分由高产业价值的发达国家和地区获得，而中低产业价值的发展中国家和地区只能够获得其中的一小部分。并且即使这一小部分收益，发展中国家和地区之间还展开了激烈的争夺，它们竞相开出各种优惠条件，如税收优惠，允诺最大限度地开放国内市场，承诺遵守发达国家和地区制定的严厉的经济规则，甚至作出政治上的让步。扩散是指在财富聚集的同时，以聚集点为中心的产业，价值有不断提升的趋势。主要表现为：第一，随着欧洲一体化的步伐加快，东欧的一些中上产业价值国家和地区有可能变为高产业价值国家和地区；东欧的一些中下产业价值国家和地区将变为中上产业价值国家和地区。第二，在新兴市场国家和地区中，一部分中下产业价值国家和地区将向中上产业价值国家和地区发展。

全球产业价值体系在原有路径上延续并有所变化，在资源和市场的竞争中，强者仍然占有有利地位。然而世界正在走向多元，只要善于把握机会并付出努力，所有参与者都有跨越式发展的可能。

成都是中国西南地区乃至中国西部的增长极，具有空间资源集中的有利条件，更是中国西南和广大西部地区发展的辐射源和中国区域发展的战略节点。同时，从更广阔的范围看，成都也具有作为中国面向南亚、西亚乃至欧洲国家和地区战略节点的潜质。

（二）全球产业分布现状与未来趋势

1. 全球制造业产业分布现状与未来趋势

通过对全球制造业的产业地图和发展情况表（如表 1-3 所示）的分析，我们不难发现，高产业价值国家和地区的制造业大部分都是高附加值的制造业，原材料与初级产品（如图 1-6 所示）等低附加值的产业占出口总额的比例不高，平均只有 25.52%；附加值高的制成品产业（如图 1-7 所示）和高科技产业（如图 1-8 所示）占出口总额的比例都很高，平均为 69.43% 和 14.9%。低收入国家和地区情况则相反，制造业大部分都是低附加值的制造业，低附加值的原材料与初级产品产业占出口总额的比例非常高，平均高达 70.7%，高附加值的制成品产业和高科技产业占出口总额的比例都较低，平均为 28.94% 和 2.9%。

表 1-3　全球制造业发展情况

国家和地区层次划分	产业价值	原材料与初级产品产业	制成品产业	高科技产业
	人均 GNI	占出口额比例（平均值）（%）		
高产业价值国家和地区	9266 美元及以上	25.52	69.43	14.9
中上产业价值国家和地区	2996～9265 美元	48.36	49.35	7.3
中下产业价值国家和地区	756～2995 美元	53.88	41.42	2.9
低产业价值国家和地区	755 美元及以下	70.70	28.94	2.9

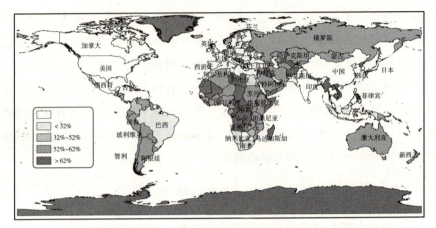

图1-6 全球原材料与初级产品产业分布

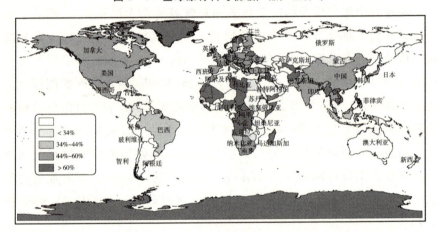

图1-7 全球制成品产业分布

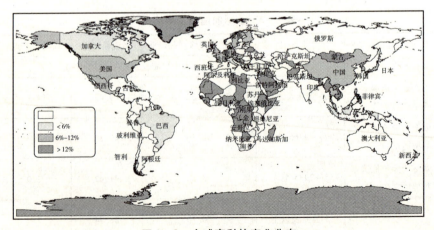

图1-8 全球高科技产业分布

随着国际产业转移由制造业的生产加工、物流供应环节向制造业的高端延伸，由单纯的生产加工、组装的转移扩展到整个产业链的转移，国际制造业分工将由传统的垂直型分工向产业间分工、产业内分工与产品内分工并存的多层次产业间分工格局转变；由产业间分工、产业内分工进一步发展到产品内分工；同一产品的任何一个制造或服务环节，都可能转移到成本更低的地方去生产。高产业价值国家和地区将战略重心前移，通过专利、技术标准等手段牢牢地控制高技术产业与制造业的高端环节；同时，将生产环节以及应用性研究开发等非核心部分向发展中国家和地区加大转移力度。

2. 全球服务业产业分布现状与未来趋势

在对全球服务业（如表1-4所示）的产业分析中，我们将高产业价值国家和地区与中上产业价值国家和地区的数据结合起来分析，将中下产业价值与低产业价值国家和地区的数据结合起来分析。通过分析我们发现，运输产业（如图1-9所示）和旅游产业（如图1-10所示）在所有不同的产业价值国家和地区中所占的GDP比例相差不大，这反映运输和旅游这两项产业在很多国家和地区的地位都相当重要，是国民经济的重要组成部分。然而，包含保险与金融服务、专业技术服务、文化和娱乐服务等在内的其他商业性服务产业（如图1-11所示），则在高产业价值与中上产业价值国家和地区所占的比例要大于在中下产业价值与低产业价值国家和地区的比例。这说明，附加值高的其他商业性服务产业在发达国家和地区占据重要地位，而在很多发展中国家和地区，传统的运输和商业服务业所占比例仍然很高。

表1-4 全球服务业发展情况

国家和地区 层次划分	产业价值 人均 GNI	运输产业	旅游产业	其他商业性服务产业
		占 GDP 百分比（平均值）（%）		
高产业价值国家和地区	9266 美元及其以上	17	30	22
中上产业价值国家和地区	2996～9265 美元	17	30	22
中下产业价值国家和地区	756～2995 美元	12	25	14
低产业价值国家和地区	755 美元及其以下	12	25	14

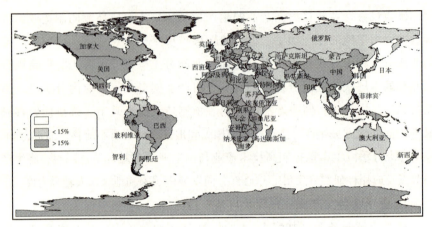

图 1 − 9　全球运输产业分布

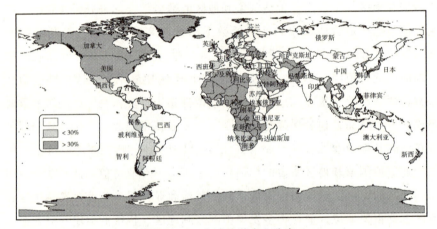

图 1 − 10　全球旅游产业分布

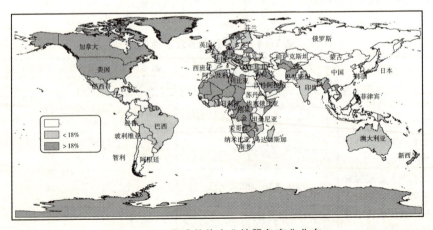

图 1 − 11　全球其他商业性服务产业分布

目前，服务业已经成为高产业价值国家和地区国民经济的主体，不少中上产业价值和中下产业价值国家和地区服务业在经济发展中也占有十分重要的地位。因此，我们预测，随着全球经济一体化的不断发展和各国经济的增长，未来20年内，服务业在不同产业价值层级的国家和地区的重要性都会不断增强。在高产业价值国家和地区，服务业仍然继续保持着主体地位，同时，金融保险与金融服务、专业技术服务、文化和娱乐服务等高端服务业的比例将会不断加大。随着中上等产业价值和部分中下等产业价值国家和地区的经济发展水平的提高，这些国家和地区的服务业也将逐渐成为国民经济的主体。而对于低产业价值国家和地区来说，随着工业化的继续发展，服务业也将会有进一步的增长。

先进制造业和现代服务业发达是高产业价值国家和地区的重要特征，也是中下产业价值国家和地区的努力方向和路径选择。从经济发展、产业基础科技水平等各方面来看，成都都具有成为先进制造业和现代服务业中心的可能，因此，未来需要充分重视和挖掘自身优势，将城市发展的重点转移到先进制造业和现代服务业上来，积极促进基础好、科技含量高、附加值高的先进制造业和现代服务业优先发展，将跨越发展的潜在可能转化为充满动力的现实力量。

（三）全球产业要素分布现状与变动趋势

1. 全球人力资源、资本、科技和基础设施要素分布现状与变动趋势

通过对全球产业环境和产业环境影响因素（如表1-5所示）的分析我们发现，产业价值高的国家和地区的人力资源丰富、资本力量雄厚、科技发达、基础设施良好，这四项产业环境要素值都要大于中上产业价值、中下产业价值和低产业价值国家和地区。尤其是在科技方面，高产业价值国家和地区的科技实力、科技创新能力和科技转化能力都要远远大于其他三种类型的国家和地区，这是发达国家和地区产业附加值高的一个重要原因。因此，改善人力资源、增加资本实力、提升科技水平和加强基础设施是加强产业环境建设、提升产业附加值的重要举措。低产业价值和中低产业价值国家和地区要提高产业附加值，在人才、资本、科技和基础设施方面必须采取有力措施予以改善。

表 1 - 5　全球产业环境影响因素表（一）

国家和地区层次划分	产业价值	人力资源因素	资本因素	科技因素	基础设施因素
	人均 GNI	因素值			
高产业价值国家和地区	9266 美元及其以上	0.2795	0.3865	0.3071	0.4156
中上产业价值国家和地区	2996～9265 美元	0.2237	0.2479	0.0659	0.2255
中下产业价值国家和地区	756～2995 美元	0.2101	0.2370	0.0606	0.2052
低产业价值国家和地区	755 美元及以下	0.1472	0.1489	0.0332	0.1408

　　与全球产业价值的变动趋势一致，高级人力要素、资本要素、技术要素等将进一步向高产业价值国家和地区聚集，具体而言，就是发达国家和地区拥有先进的技术、充足的资金和高素质的技术管理人员；而发展中国家和地区拥有大量闲置的低技能的劳动力。高产业价值国家和地区掌握着国际规则的制定权，主导着国际规则的运行，如世界银行、国际货币基金组织、世界贸易组织等都在发达国家和地区的主导和控制之下。

　　高级要素也有向新兴市场的中上产业价值国家和地区与中下产业价值国家和地区扩散的趋势。一方面，随着经济全球化的深入，尤其是区域经济一体化的发展以及跨国公司生产国际化程度的不断提高，人员的跨国流动也普遍加强，其中具有高技能的劳动力流动性更强。另一方面，随着产业的扩散和产业转移，资本要素、人力资源要素都会向产业转移的方面扩散，产业转移承接国将不断改善交通条件、通信条件等基础设施条件，不断改善产业发展环境来吸引产业的转移。因此，一些发展中国家和地区的要素环境将会得到较大的提升（见图 1 - 12 至图 1 - 15）。

　　2. 全球环境、市场制度、政府管理和开放要素分布现状与变动趋势

　　通过对图 1 - 16 及表 1 - 6 的分析表明，在环境质量方面，低产业价值国家和地区与高产业价值、中上产业价值、中下产业价值国家和地区的差别非常大。鉴于数据获取的限制，我们以人均二氧化碳的排放量作为环境

图 1－12　全球人力资源要素分布

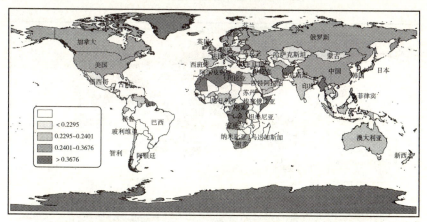

图 1－13　全球资本要素分布

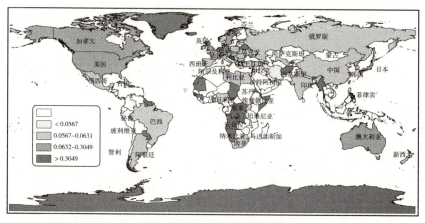

图 1－14　全球科技要素分布

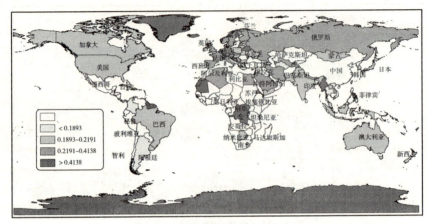

图 1 – 15　世界基础设施要素分布

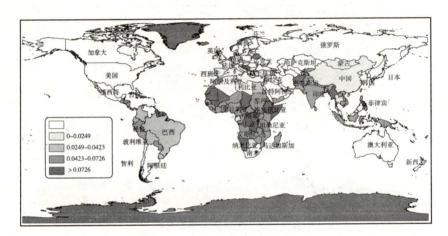

图 1 – 16　世界环境质量要素分布

表 1 – 6　全球产业环境影响因素表（二）

国家和地区 层次划分	产业附加值	环境质量因素	市场制度因素	政府管理因素	开放因素
	人均 GNI	因素值			
高产业价值国家和地区	9266 美元及其以上	0.0439	0.6773	0.4092	0.3044
中上产业价值国家和地区	2996 ~ 9265 美元	0.0243	0.5062	0.2340	0.2588
中下产业价值国家和地区	756 ~ 2995 美元	0.0683	0.3998	0.2097	0.2328
低产业价值国家和地区	755 美元及其以下	0.4675	0.1931	0.1008	0.2150

质量的测量指标。不少低产业价值国家和地区经济发展水平低，工业发展落后，农业往往占据了国民经济的主导地位，因此温室气体的排放量相对较少，环境的破坏程度相对较低。很多中上产业价值国家和地区与中下产业价值国家和地区还都处在工业化的加速进行阶段，如中国、巴西、阿根廷、智力、土耳其等国家和地区，温室气体排放相对较多，因此环境质量较差。而高产业价值国家和地区，如美国、加拿大、澳大利亚等国虽然在环保投入上相对较多、环保意识也相对较强，但仍然是全球温室气体的主要排出地，因此环境质量问题依然存在。这说明，在经济发展过程中，环境保护问题非常重要，经济发展与环境保护必须并举。在市场制度（如图1-17所示）和政府管理（如图1-18所示）方面，高收入国家和地区的市场制度完善程度和政府管理水平都要远远高于低收入国家和地区，良好的市场制度与先进的政府管理水平是这些国家和地区产业发展的重要保障。而在经济开放方面（如图1-19所示），高产业价值国家和地区、中上产业价值国家和地区、中下产业价值国家和地区与低产业价值国家和地区之间的差别不大，这说明在全球经济一体化的情况下，大多数国家和地区都已经融入到世界经济的大格局中。

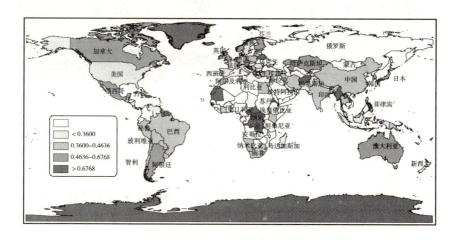

图1-17 世界市场制度要素分布

环境问题是一个全球性的问题，无论是高产业价值国家和地区、中上产业价值国家和地区、中下产业价值国家和地区，还是低产业价值国家和

— 成都城市国际营销战略 —

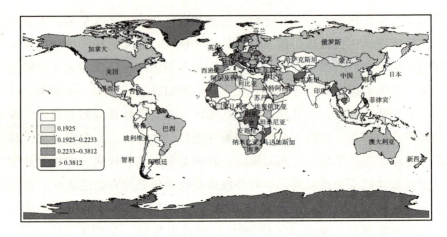

图 1 - 18　世界政府管理要素分布

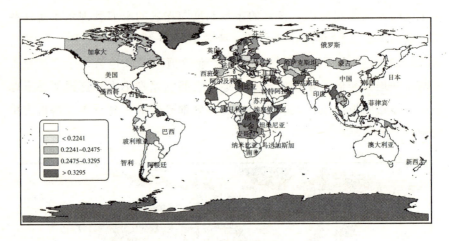

图 1 - 19　世界开放要素分布

地区，都必须共同面对，虽然未来环境质量在不同产业价值层级的国家和地区中仍会有所差别。另外，随着部分中上产业价值国家和地区与中下产业价值国家和地区经济改革程度的不断深入，市场经济制度将会不断地健全和完善，政府管理水平也会不断提高，其与高产业价值国家和地区在制度与管理方面的差距将会逐步减小。在经济开放方面，全球经济一体化和区域经济集团化将会继续深入发展，不同产业价值层级的国家和地区之间的经济联系会进一步增强。

　　全球产业要素，特别是高级产业要素正在按照市场规律集中和分散，并且随着科技进步速度的加快，这种集中和分散更加市场化，要素在全球流动以寻找能够实现最优报酬的空间。同时，一些以前可能并不突出的要素（如制度、文化、环境等）的作用正日益显现，并成为影响其他要素聚集、分散以及区域发展的重要力量。在这种形势下，不同的国家和地区面临着不同的选择，因此，必须在全球要素流动的视角下思考自身发展问题，内外结合谋求发展。成都拥有较具竞争力的要素条件，更具有积聚要素的能力，可以也能够立足中国、面向世界吸引要素。

依照统计数据，成都市2006年实现GDP为2750亿元，人均2.49万元，即3213美元（按2006年汇率计算）。参照我们对国家和地区产业价值的划分，成都处于2995～9266美元之间，属于上中等水平，其在空间价值、产业分布、要素环境等方面具有中上产业价值地区特征。

总的来看，在目前全球的产业价值体系、产业分布与要素环境下，成都处在一个充满机遇的发展阶段。国际环境相对稳定，空间价值集中分散，产业转移加快，要素自由流动，都为成都提供了难得的战略机遇和广阔的发展空间，使成都有机会接受最新的发展理念和科技成果，并有可能展示自身形象和彰显自身价值，实现经济社会全面、健康、可持续地发展。同时，由于成都仍然是发展中地区，在升级产业结构、克服资源环境约束、参与区域竞争等方面都面临着严峻的挑战和巨大的压力（如表1-7所示）。

表1-7　全球产业价值、产业分布与要素环境对成都的影响

主要方面	主要影响
产业价值	• 国际经济政治秩序的主流仍然没有发生根本性改变，发达国家和地区仍占据优势地位，但发展中国家和地区在和平与发展的主题下也拥有机会。在一个相对稳定的国际环境中，成都处于战略机遇期和黄金发展期，面临难得的发展机会 • 产业价值的集中聚集和分散聚集使得传统地理意义上的边缘地区逐渐摆脱了"非中心"的困境，不断强化的跨区域合作与竞争使成都的空间地位更加突出 • 成都不仅是中国西南和西部地区的增长极，更是中国面向西亚、南亚乃至欧洲地区对外开放的空间战略节点。这一战略地位将使成都的城市功能更加高端化和国际化 • 与发达国家和地区相比，成都的整体发展水平仍然比较落后，在赶超对手、提升自身空间价值的过程中还面临着全球化竞争的风险和压力

主要方面	主要影响
产业分布	● 全球化促进国际分工的不断发展,产业转移不断加快,国内外制造业、现代服务业将加速向西部转移。成都具有良好的投资环境优势和基础,将成为产业转移的重点地区 ● 人民生活水平和收入的提高使服务业变得越来越重要,服务业在就业和国民生产总值中的比重不断加大,服务业水平的高低已成为衡量地区经济发达程度的一个重要标志。不断优化产业结构,促进现代服务业发展已经成为成都发展的必然选择 ● 文化正日益成为国家和区域竞争的软实力,特有的优秀文化是参与竞争的巨大优势,本土文化的生命力也正变得更加顽强。成都拥有 4500 多年城市文明史和 2310 多年建城史,悠久的历史给这个城市留下了丰厚的文化积淀,在中国传统文化和民族文化资产中占有举足轻重的地位。这种深厚的文化底蕴、丰富的历史遗产在成都的旅游、文化等服务产业发展方面必将拥有更广阔的舞台 ● 发达国家和地区仍然在产业上游占据领先优势,在技术研发、战略管理和品牌营销等环节占有产业链中最大部分的利润。成都既要积极承接产业转移,又要狠抓自主创新,增强区域产业的国际竞争力,还需要付出持续而巨大的努力
要素环境	● 各种生产要素全球化聚集和扩散淡化了区域要素禀赋的作用,为内陆地区提供了难得的机会。成都可以在世界范围内发现和吸引自身所需要的人才、资本、技术等资源,在自由开放的条件下分享要素收益和文明成果,缩小与世界发达国家的差距,并参与国际竞争 ● 全球化使得其他生产要素充分流动,而文化、环境等相对稳定的要素变得更加重要。成都所拥有的悠久历史和独特的文化,优美而宜人的环境,已成为一种稀缺的战略资源,对区域发展的推动作用将不断强化 ● 要素竞争的全球性使得成都将面对来自世界范围内不同类型地区和城市的挑战,区域竞争的形势将更加激烈和复杂。同时,无论在保持自身优势还是在吸引外来优质要素方面,成都所面临的任务都很艰巨

三 世界城市文明发展历史及特征

　　城市文明的发展折射着人类文明演进的历史轨迹。世界城市文明史同时也是一部记录人类城市文明兴衰的史诗。有的古城持久繁荣,至今仍散发出过人的魅力;而有的城市曾经辉煌过,但随着时间的流逝其耀眼的光环却逐渐黯淡,甚至消失在世人的记忆中。以下列表中(表 1 – 8 至表 1 – 12),我们归纳和总结了城市文明发展史并探索了城市兴衰的原因,以期从历史的角度(时间维度)来挖掘成都的城市价值。

表1-8 史前城市文明发展历史及特征

时 代	史 前
空间特征	亚、非、拉地区的城市孕育和引导早期城市文明,空间价值最高
功能特征	以人居、文化和军事功能为主
典型区域	主要分布在六大人类文明发源地(即西亚两河流域,古代埃及,南亚印度河流域,中国,古希腊—罗马,玛雅—阿兹),如希腊、底比斯、楼兰、玛雅、巴比伦、克里特、罗马等城市
主要影响因素	• 优越的自然区位条件——如从巴勒斯坦的西海岸延伸至埃及的尼罗河谷地,再到底格里斯河及幼发拉底河流域,这一地区构成了所谓的"新月沃地",河流冲积平原,食物和淡水充足 • 安全和强大的政权——各城市均为当时强有力帝国的中心,有发展的基本安全保障。如罗马的统一强大、公民身份的确认使其成为国际大都市 • 商业文化传播形成城市文明——克里特通过橄榄油和锡贸易,吸收了埃及和美索不达米亚的商业思想,形成了欧洲最早的城市文明 • 军事安全需要形成城市文明——中国早期城市都是能扼守交通要冲,防守军事据点和军事要塞 • 自然、社会环境的恶化破坏城市文明——高度发达的希腊城邦由于过度放牧致使土地贫瘠、城市环境恶劣,导致瘟疫泛滥、内乱不休,加之游牧民族入侵而走向衰落,进入了黑暗时代;楼兰也因人类过度开发滥用资源,导致生存条件恶化,城市消亡 • 玛雅——由于封闭保守,不与外界接触,选择逃避山林,导致文明中断

表1-9 古代城市文明发展历史及特征

时 代	古 代
空间特征	亚洲地区城市空间价值最高,其他地区较低
功能特征	政治、商业功能为主
典型区域	主要是亚洲城市,如大马士革、巴格达及中国和印度的城市。中世纪以后,西方复兴,意大利的威尼斯、热那亚、佛罗伦萨等城市繁荣,随后西班牙马德里、葡萄牙里斯本、法国巴黎、荷兰阿姆斯特丹等城市也相继崛起
主要影响因素	• 优越的自然区位条件——如阿拉伯地区的城市控制了东西方交流的商路,占据了有利位置,得到了迅速发展 • 安全和强大的政权——如葡萄牙、西班牙、荷兰都曾是强盛一时的世纪帝国,其首都城市也因此而成长壮大 • 工商业发达——如意大利威尼斯、荷兰阿姆斯特丹都是纯粹的商业城市,市民多数以开展国际贸易为生。中国魏晋南北朝隋唐时期城市发展呈南升北降、重心南移的态势,出现了沿大运河、沿长江城市带,也是由于工商业的带动 • 文化制度影响——欧洲城市文艺复兴培育了市民商业文化,而这种文化也促进了技术和工艺的发展;《古兰经》在阿拉伯地区城市相当于一种社会规范;中国儒家文化则渗透在政治经济各个方面

续表 1 – 9

时　代	古　代
主要影响因素	• 基础设施改善——如文艺复兴后的欧洲城市建筑有大型的城市广场、联排式的多层住房、图书馆、博物馆、城市园林等，城市基础条件有了极大改善；中国城市的建设水平也大幅提高，形成了长安、东京、北京等国际大都市 • 教育进步促进城市发展——如法国巴黎主要依靠教育发达，形成人才的聚集地，成为欧洲文化和艺术之都 • 落后的制度影响城市发展——如印度有香料、奢侈品等优势产品，能够在贸易中获利，但其种姓制度和排外思想却极大地影响了其发展速度和动力 • 不思进取的文化影响城市发展——如西班牙马德里、葡萄牙里斯本等城市的衰落主要是因为食利和享乐主义的泛滥

表 1 – 10　近代城市文明发展历史及特征

时　代	近　代
空间特征	欧洲地区城市空间价值最高，亚、非、拉地区逐渐走向衰落
功能特征	制造、商业功能为主
典型区域	主要在欧洲城市，如伦敦、巴黎等，其他一些殖民地地区的资源、交通城市也有所发展，如中国的唐山、焦作、郑州、徐州、蚌埠等
主要影响因素	• 科学技术进步——如工业革命首先在英国发生，科技带来的生产力的巨大发展也在英国城市集中体现，使英国城市成为世界科技的中心 • 发展资本雄厚——如英、法等国在海外推行殖民主义，在国内开展圈地运动，进行原始积累，为城市经济发展提供了雄厚的资本支持 • 工商业发达——如英、法主要城市都是全球的制造业中心或商业中心，吸引了来自世界各地的大量人、财、物涌入，形成了城市发展的良性循环 • 优越的自然区位条件——如英国靠近大西洋，河流密布可用于发电和交通运输，还有丰富的煤炭资源，为英国城市发展制造业提供了有利条件 • 文化制度影响——如欧洲国家历来有商业文化传统，又通过不断地改良和革命确立了工商业的主体地位，市场制度不断完善、管理思想日趋开明，使欧洲城市具备发展现代产业的生机和活力 • 落后的制度制约城市发展——如中国的封建制度已走向束缚生产力发展的晚期，压制了城市新兴工商业的发展 • 外患内忧的环境抑制城市发展——如大多数殖民地国家通常都面临国内反抗和国外压迫双重压力，在动荡不安的环境中城市也不可能健康发展，即使一些资源和城市交通有了一定程度的发展，但这些城市也主要是为发达城市提供原材料，不是真正意义上的主流城市 • 自然条件区位不利影响城市发展——如荷兰城市大多地理空间狭小，资源要素不充裕，客观上限制了城市的发展空间和水平

表 1-11　现代城市文明发展历史及特征

时　代	现　代
空间特征	北美地区城市空间价值最高,欧洲及日本次之,其他地区再次
功能特征	制造、服务功能为主
典型区域	主要是北美城市,如纽约、芝加哥、底特律、费城、波士顿等,此外,日本东京、大阪,德国柏林和前苏联莫斯科等城市也在二战后崛起
主要影响因素	●科学技术进步——如科技革命主要在美国发生,纽约、芝加哥等城市均优先分享科技成果,发展迅速 ●发展资本雄厚——如美国城市早期发展主要依靠欧洲投资,后来通过产业发展和贸易积累了大量的资本,有力地推动了城市发展 ●工商业发达——如美国主要城市都是全球的制造业中心或商业中心,高度发达的制造业和服务业使城市实力不断增强 ●人才优势明显——如美国本身就是一个移民国家,其城市也都是移民城市,来自世界各地大量的优秀人才为美国城市发展提供了持续的动力 ●优越的自然区位条件——如美国地理位置优越,资源丰富,这些为吸引移民、投资创造了良好的条件,使美国城市更具有竞争优势 ●和平稳定的环境——如美国城市在两次世界大战中均未受到破坏,处于相对和平稳定的环境中,赢得了难得的发展机遇 ●文化制度的影响——如美国丹佛是一座移民城市,其城市文化具有包容开放、自由民主的特征,这种文化多元性极大地增强了城市的吸引力 ●战争使城市发展倒退——如伦敦、巴黎等曾是世界最先进的城市,由于屡经战乱,元气大伤,二战后政治经济地位逐渐被美国城市取代 ●环境恶化影响城市发展——如日本大阪由于过度发展工业,从水城变成了"烟城",污染严重,造成大量人才和资本流失,阻碍了城市的发展

表 1-12　当代城市文明发展历史及特征

时　代	当　代
空间特征	亚洲地区开始复兴,空间价值提升较快
功能特征	人居、文化等服务功能为主
典型区域	既有发达国家和地区的传统城市,又有发展中国家和地区的新兴城市
主要影响因素	●科学技术进步——如印度班加罗尔通过大力发展科技与教育,使城市发展成为世界"软件之都",成为新兴城市发展的典范 ●基础设施发达——世界先进城市如纽约、东京等基础设施条件都非常优越,尤其是信息基础设施非常发达,大大降低了交易成本,提高了生产效率 ●产业优势明显——城市分工明确,有自己的优势产业,如达沃斯主要发展综合会展业,带动城市经济全面发展 ●体制机制灵活——如香港只是弹丸之地,由于实行自由开放的市场经济制度,发展成为了国际大都市 ●良好的人居条件——如洛杉矶地域开阔,气候温和,工业略有发展,产业向外扩展,具有宜居优势

续表 1 - 12

时　代	当　代
主要影响 因　素	● 良好的文化氛围——如爱丁堡和慕尼黑都注重传统文化发扬和现代文化融合，鼓励多元文化发展，独特的文化气息使它们在激烈的城市竞争中独具魅力 ● 良好的城市管理——如新加坡注重城市规划和建设，强调儒家思想教育，对提升市民素质，塑造城市形象产生了积极影响 ● 积极的城市营销——如首尔专门成立了城市营销机构，制定了城市营销战略规划，积极向世界营销自己，取得了良好的效果

在对全球城市文明发展史梳理的基础上，我们进一步选取以下九个城市对城市文明兴衰问题进行探讨。尽管这些城市选自不同的大陆和国家，其兴衰存亡的命运也有很大的差别。然而这些城市都深处内陆，相对封闭，与成都具有地理条件上的相似性，这些城市发展的经验与教训，将为成都思索自身特色和地位、开展城市营销活动，提供一定的参考与借鉴。

（一）爱丁堡：用文化营造优雅的城市

爱丁堡是英国北部城市，苏格兰首府，经济、文化中心。位于苏格兰中部低地的弗斯湾南岸。1329 年建市。1437～1707 年为苏格兰王国首都。18～19 世纪成为欧洲重要文化中心之一。爱丁堡曾是苏格兰面向欧洲大陆的商贸港口，也受惠于北海油田的兴盛，但它没有走工业城市的发展道路，始终是苏格兰的政治、文化中心，始终恪守着一条承诺：用文化营造一个最优雅的城市。目前，爱丁堡已经成功经营了 58 届爱丁堡艺术节，每届艺术节，都由以古堡为背景的苏格兰军乐节、世界著名戏剧节和边缘艺术节三大部分组成，充分体现民族与世界艺术的融合，传统文化与现代文化交流的特点。2006 年 10 月，爱丁堡被联合国教科文组织授予第一个"世界文学城市"的桂冠。苏格兰有关部门估计，"世界文学城市"这一头衔每年可望给爱丁堡带来大约 220 万英镑的收入，给苏格兰其他地区带来约 210 万英镑的收入。在爱丁堡，文化已经不仅仅是文明的传承，而且已经成为整合社会价值和经济价值的城市品牌。

（二）普罗旺斯：闲适从容的生活之城

普罗旺斯位于法国南部的内陆丘陵地区。最初的普罗旺斯北起阿尔卑斯山，南到比利牛斯山脉，包括法国的整个南部区域。罗马帝国时期，普罗旺斯就被列为其所属的省份。随着古罗马的衰败，普罗旺斯又被其他势力，如法兰克、撒拉逊人、封建领主所控制，还曾被法兰西帝国与罗马教皇瓜分。几个世纪以来，尽管战乱与动荡给普罗旺斯留下了一个混淆的疆界概念，但普罗旺斯始终保持着"闹市中的平静"，将古今风尚完美地融合在一起，以靓丽的阳光和蔚蓝的天空令世人惊艳。这里不仅有阴晴不定的天气，跌宕起伏的地势，还是食客的天堂、艺术家的圣地和追求浪漫生活人们的"世外桃源"。英国人彼得·梅尔曾热情赞扬过普罗旺斯独特的生活风格，在他的笔下，"普罗旺斯"已不再是一个单纯的地域名称，更代表了一种简单无忧、轻松慵懒的生活方式；一种"宠辱不惊，看庭前花开花落；去留无意，望天上云卷云舒"的闲适意境。

（三）慕尼黑：传统与现代交融的活力都市

慕尼黑是德国巴伐利亚州首府，位于伊萨河上游，是德国南部政治、文化和交通中心，人口 130 万。早在一千多年前，爱尔兰的僧侣就在慕尼黑定居，布道传教，12 世纪以来的将近 800 年中，这里一直是拜恩王国维特尔斯巴赫家族的王城之地，由于建筑风格独特，有"伊萨河畔的雅典"的称号。今天的慕尼黑仍然是德国最瑰丽的宫廷文化中心和历史文化名城，除拥有一家规模巨大的国家图书馆、43 个剧院及一所拥有 8 万多名学生的大学外，还以博物馆多、公园喷泉多、雕塑多和啤酒多闻名于世。一直以来，在追求保存传统乡村田园宁静安逸的同时，慕尼黑始终是一座开放的城市，有着国际大都市的繁华阔气，人们的生活则具有传统保守和现代开放的两面性，多元文化在这里共生共存；而在经济方面，慕尼黑坚持传统产业与现代产业并举，传统文化产业不断兴旺，汽车制造、电子工业等新兴产业也非常发达，有"巴伐利亚硅谷"之称。

（四）丹佛："掘金者"的梦想天堂

丹佛是美国科罗拉多州首府，位于雄伟壮丽的落基山东麓，濒南普拉特河。那里，早先渺无人烟，直到 1858 年发现金矿后，才建立了最初的居民点。随落基山脉地区矿业和大平原农牧业的兴起，随着横贯大陆的中太平洋铁路建成通车，以及全国大规模的向西移民开发，城市得以迅速发展。1975 年，这里开采出石油和天然气，一时间来自全球各地的人们蜂拥而至，丹佛从此身价百倍，发展迅猛，一跃而成为美国中西部著名城市。丹佛也成为美国成长最快的城市之一，它被认为是美国的缩影，自诞生之日起，它就是包容开放、充满活力的城市。在这里，有众多著名的科技企业，有良好的基础设施，有各样的人种和文化，胸怀梦想的"掘金者"们能够尽情挥洒他们的激情，展示他们的才干，获得他们所追求的财富与价值，同时，他们不断地追求也使这座城市更加充满魅力。

（五）班加罗尔：科教打造"软件之都"

班加罗尔是印度南部城市，卡纳塔克邦首府，始建于 16 世纪。自 1831 年起，被英国殖民主义者占领，直到 1947 年英军才撤离该市。班加罗尔是一座历史文化名城，但其闻名更多则来自于科技产业的发展。1958 年，德克萨斯公司在班加罗尔建立了一个设计中心，为其他跨国信息技术公司来此设点开辟了道路。20 世纪 60 年代，印度中央政府将其确定为投资的重点地区，把重点国防和通信研究机构，如科学研究所、国家航空研究所、雷达电子发展公司等设在该市，使该市的信息技术产业得到迅速发展。同时在 20 世纪 70 年代大力发展教育事业，在这里云集了印度许多名牌大学，使这里成为印度平均受教育程度最高的地区之一。科技、教育的飞速进步使班加罗尔迅速成为印度最富裕和最有活力的城市，目前已成为全球第五大信息科技中心，有 131 家国际大型 IT 公司在此落户，成为闻名海外的"科技之都"和"印度硅谷"。

（六）巴格达：动荡中的战地危城

巴格达是伊拉克的首都，位于国土中部，跨底格里斯河两岸，距幼发拉底河仅 30 多公里，是伊斯兰世界历史文化名城。公元前 18 世纪，巴比伦《汉穆拉比法典》提到的巴格达（意为"天赐"）为一重镇。公元 755～762 年，阿拔斯王朝在底格里斯河西岸始建新城，作为阿拉伯帝国都城。8 世纪中期至 9 世纪，巴格达城扩建，经济繁荣，交通发达，商贾云集，店铺林立，学者荟萃，文化昌盛，成为哈里发帝国的政治、经济、贸易、文化和宗教中心。在这块土地上孕育了伟大的巴比伦文明，它创立了世界上第一部法典，筑造了世界七大奇迹之一的"空中花园"，以及传说中让上帝感到又惊又怒的巴别通天塔；它还首先把一天分为 12 个时辰，实行 7 日一周制，创造了世界上最古老的文字——楔形文字，并率先使用陶盘作餐具。而战乱却是这座城市挥之不去的阴影，公元 833 年以后，阿拉伯帝国屡遭侵略，巴格达也多次遭到破坏。特别是 1258 年和 1401 年，席卷西亚、欧洲的蒙古骑兵先后两次洗劫巴格达，图书馆和博物馆的艺术珍品被付之一炬。在现代，海湾战争不仅毁了伊拉克的国计民生，也毁了大量人类文明的无价之宝。在充满硝烟的动荡局势中，巴格达昔日的辉煌早已不见，未来的发展也令人担忧。

（七）开封：被边缘化的千年古都

开封地处中原腹地、黄河之滨，是一座历史文化悠久的古城。自建城至今已有 2700 多年的历史。战国时期的魏国，五代时期的后梁、后晋、后汉、后周以及北宋和金七个王朝曾先后建国都于开封，故称"七朝都会"。尤其是北宋时期，从陈桥兵变到南宋偏安，历经九帝 168 年，"人口逾百万，货物集南北"，是当时全国的政治、经济、文化中心，也是国际性的大都会，有着"琪树明霞五凤楼，夷门自古帝王州"、"汴京富丽天下无"的美誉。1000 年前的开封，是中国古代城市文明的一个高峰，其繁华程度是西方人无法想象的。1000 年前，也就是 11 世纪初的时候，整个欧洲尚处在比较荒蛮和落后的时期，当时的英国要等待 800 年以后才得以崛起，成为世界经济的中心；法国和德意志莱茵河地区采取封建的封臣领主制度，城市的发展受到限制，巴黎和纽伦堡还是一些很小的城市，在经济发展史中无足轻重。然而，随着海洋经济的发展，开封也逐渐退出了世界一流城市的舞台，今天的开封更是远不及历史上的风光，虽然从理论上讲，其仍然是中国著名的历史文化名城，地理位置也仍然是北上南下、西进东出的枢纽城市，但在现实中，开封市中心距郑州市中心 72 公里，两城市边界处相隔不足 40 公里，属于 45 分钟通勤圈，在郑州的极化效应下，大量要素流向郑州，开封的发展已经受到严重的制约，面临着严重的被边缘化局面。

（八）楼兰：掩埋在风沙中的文明王国

楼兰是中国西部的一个古代小国，国都楼兰城（遗址在今中国新疆罗布泊西北岸）。楼兰名称最早见于《史记》。《史记·匈奴列传》记载，大约在公元前 3 世纪时，楼兰人建立了国家，当时楼兰受月氏统治。公元前 177～公元前 176 年，匈奴打败了月氏，楼兰又为匈奴所辖。楼兰文化堪称世界之最，轮台古城、且末遗址、古墓葬群、古烽燧、木乃伊、古代岩壁画等等都曾无比辉煌，在世界文化史上具有特殊地位。然而，楼兰——这座丝绸之路上的重镇在辉煌了近 500 年后，逐渐没有了人烟，在历史舞台上无声无息地消失了。究其原因，据《水经注》记载，东汉以后，由于当时塔里木河中游的注滨河改道，导致楼兰严重缺水，尽管楼兰人为疏浚河道作出了最大的努力和尝试，但楼兰古城最终还是因断水而废弃了。可以说，楼兰的消失是由于人类违背自然规律导致的，盲目乱砍滥伐致使水土流失，风沙侵袭，河流改道，气候反常，瘟疫流行，水分减少，盐碱日积，最终造成了"上无飞鸟，下无走兽，遍及望目，唯以死人枯骨为标识耳"（法显《佛国记》）的苍凉景象。

（九）玛雅：故步自封阻断文明之路

玛雅是古地区名，范围约为今墨西哥南部塔巴斯科、坎佩切、尤卡坦等州和危地马拉、洪都拉斯以及伯利兹外围地区。公元 1 世纪到 5 世纪，玛雅人先后在该地区兴建一些城邦，当时已有发达的农业，对天文、数学、历法、雕刻技术也有卓越的创造，史称"玛雅文明"，为美洲文化的发源地之一。12 世纪后衰落，16 世纪西班牙入侵时被摧毁。今天，玛雅仍是墨西哥 56 个印第安民族之一，他们人数不多，纯粹的玛雅人更少，大多数已经或多或少地与其他民族混血，但仍然保持着自己的语言、古老的生活方式和生产方式，在风俗习惯、民间艺术等方面仍保持着自己民族的传统。然而，这些保留下来的传统与辉煌的古代世界文明史上的玛雅文明已不可同日而语。从历史上看，玛雅文明似乎是从天而降，在最为辉煌繁盛之时就戛然而止。关于玛雅文化衰亡的原因，曾经有过种种揣测，有人说是因为环境变化，有人说是因为战乱所致，但都没有确凿的证据。目前，大多数学者都认为，抛开外来的不可知神秘因素不谈，玛雅实际上一直处于一种独立、闭塞的发展环境里，是在一个相对落后的经济基础上建立了发达的古代文明，而这种发达蒙蔽了他们的眼睛，后世儿孙故步自封，未能发扬创新精神和进取精神，取得新的成就、新的进步和发展，自然被历史淘汰。

从上面的介绍和分析中，我们可以看到城市文明的发展漫长而曲折，世界科技、经济、政治、文化中心城市一直在不断转移。但同时我们也看到，成功的城市有其个性的特点，更有其共同的原因。区位、科技、资本、环境、文化制度等始终是影响城市繁荣发展的关键因素。

（1）自然区位是城市繁荣发展的重要条件

各个时期最繁荣的城市都具有良好的自然区位条件，自然资源丰富、区位交通便利使城市更容易获取发展的战略物资和机会，也更容易吸引人才和资本进入。目前，尽管信息化使空间地理的概念逐渐模糊，但自然区位仍然是城市发展不可模仿和替代的重要条件。

（2）科学技术是城市繁荣发展的推动力量

科学技术始终推动着城市的发展，尤其是近代以来，技术革命发生过的城市都是当时最先进的城市，而大力发展科技产业的城市也往往能够迅速崛起，成为世界城市的"新贵"。

（3）资本丰裕是城市繁荣发展的必要条件

城市发展始终需要有保障的物质及人力资本的投入，尤其随着科技进步的步伐加快，人力资本作为高级生产要素，其推动城市发展的作用更加突出，一个拥有雄厚人力资源基础，能够留住人才、吸引人才安居创业的城市更容易在激烈的城市竞争中脱颖而出。

（4）生态环境是城市繁荣发展的重要保证

生态环境好坏往往直接影响到城市的成长甚至存亡。实践证明，生态环境良好、人与自然和谐共生的城市能够带给城市居民更佳的生产生活环境，而污染严重、环境恶化的城市往往只获得短期的经济利益而透支了自身的发展潜力，缺乏可持续发展的后劲。

（5）文化制度是城市繁荣发展的思想基石

文化制度属于意识范畴，与物质生产力一同推动着城市文明的发展。制度先进、文化开明的城市一般都是其时代最发达的城市，能够不断创新、开放包容的城市也会获得迅速的发展。而制度落后、封闭保守的城市则通常发展缓慢，即使由于特定的资源条件或历史机遇能够取得短期的繁荣，但终究会由于自身文化制度的消极性逐渐衰落甚至消亡。

（6）稳定和平是城市繁荣发展的基本保障

动荡地区的城市居民往往疲于应付战乱与骚动带来的破坏性后果，无暇顾及城市建设和生产生活，城市科技、教育、文化等也都得不到稳定的环境发展。而在和平的环境下，城市居民在基本安全得到满足的基础上，生产的潜能会得到释放，创造性也被极大地激发，城市发展则充满了活力。

城市发展是多种内外因素共同作用的结果，是否具有良好的外部发展条件，是否具备优秀的发展基因是城市兴衰的关键所在。立足全球城市文明史的高度，在总结和分析城市发展经验的基础上，对照成都实际条件，我们发现，全球空间价值在集中与分散的浪潮中呈现出新的特点，亚洲地区面临着重新崛起的机会，而文化、环境等城市要素更成为城市发展的关键所在。成都面临着发展的绝佳时机，也具备城市不断繁荣发展的主要特质，自身蕴涵着巨大的潜力，具有在国际城市竞争中脱颖而出的优良素质（如表 1－13 所示）。

表 1－13　成都城市发展的优势和表现

主要优势	主要表现
优越的区位条件	成都处于人类文明"奇迹"的聚集带——北纬30度,历史上就是西南地区重要的工商业大都会。今天的成都,是西部大开发的"支撑点"、"辐射点",西南地区的"三中心、两枢纽",是西南地区重要的金融中心、科技中心,还是西南地区最大的商品集散地和物流中心,具有巨大空间和发展潜力。
良好的城市环境	成都自古就是肥沃富饶的"天府之国",几千年来自然风貌保持良好,今天依然气候温润,山川秀美,物产丰富,自然环境良好,适宜人居,被投资者、旅游者、外来移民誉为"来了就不想走的城市",具有无可比拟的环境优势。
开放的城市文化	成都自古就是一个众多外来人口杂居的移民城市,具有包容的社会心理和开放的良好心态,从来没有故步自封停滞不前,从来都注重创新和交流,无论是传统的、现代的,学院的、世俗的,所有的主张和思想都可以在这里和平相处,沟通交融。
雄厚的科技基础	成都科技基础雄厚,近现代以来一直是西南地区的科教中心,目前拥有全国领先的科技园区、科技企业,并有十几所国家级、省级高等院校及数十所各类中等专业学院和职业学校,整体科研水平和科研实力均非常出色。
安定的发展环境	成都尽管也经受过几次战乱,但总的来看还是以平稳的时期居多,而且,由于地处西南,其他地区的战乱往往还突显成都的稳定,"盛世享太平,乱世独安宁",吸引大量移民涌入,促进当地的发展和文明的传承。今天,世界纷争不断,中国风景这边独好,和平稳定的大环境再次为成都提供了坚实的保障和发展条件。

四　成都城市功能分析①

在充分认识成都发展的时空背景的前提下，我们通过对成都城市功能进行分析，进一步探究成都城市发展的方向，以期为成都城市营销战略的制定与实施提供宏观层面的参考与支持。

（一）产业选择的一般分析模型

1. 指标体系

根据本报告建立的产业选择弓弦模型、经济增长理论和城市经济，以及产业经济理论，基于对城市的社会经济特征、人口规模结构、产业经济特征、房地产、自然资源、交通设施、社区发展、游憩文化资源、教育科研和社会治安等内容的全面审视，建立城市潜在产业分析指标体系（表1-14 中显示的是指标体系中的一级和二级指标，三级指标有 160 多项，不在表中说明，在具体产业分析中会有涉及）。

表 1-14　产业分析指标体系

指标名称 （解释性指标体系）	城市潜在产业分析指标体系 （内涵或构成）
（一）硬竞争力	
人才竞争力（KZ1）	
KZ1.1 人力资源数量指数	人力资源规模
KZ1.2 人力资源质量指数	人力资源质量
KZ1.3 人力资源配置指数	人力资源供求
KZ1.4 人力资源需求指数	人力资源投资和消费需求
KZ1.5 人力资源教育指数	人力资源潜力
资本竞争力（KZ2）	
KZ2.1 资本数量指数	资本规模
KZ2.2 资本质量指数	资本自量
KZ2.3 金融控制力指数	金融控制和服务
KZ2.4 资本获得便利性指数	获得资本难易程度

---

① 如前文所述，城市产业分析与城市功能分析具有替代性，所以这里的城市功能分析在内容上依然沿用产业分析的框架与方法。

指标名称 (解释性指标体系)	城市潜在产业分析指标体系 (内涵或构成)
科学技术竞争力(KZ3)	
KZ3.1 科技实力指数	科技资源投入
KZ3.2 科技创新能力指数	科技产出
KZ3.3 科技转化能力指数	科技转化
结构竞争力(KZ4)	
KZ4.1 产业结构高级化程度指数	产业结构
KZ4.2 经济结构转化速度指数	结构转型
KZ4.3 经济体系健全度指数	服务体系健全性
KZ4.4 经济体系灵活适应性指数	各类经济主题对经济变化的反映
KZ4.5 产业聚集程度指数	产业集中状况
基础设施竞争力(KZ5)	
KZ5.1 市内基本基础设施指数	市内基本生产和生活设施
KZ5.2 对外基本基础设施指数	对外大型设施
KZ5.3 信息技术基础设施指数	技术型基础设施
KZ5.4 基础设施成本指数	基础设施价格
区位竞争力(KZ6)	
KZ6.1 自然区位便利度指数	城市区位的天然方便程度
KZ6.2 经济区位优势指数	城市地区的发展经济优势
KZ6.3 资源优势度指数	城市地区的资源禀赋
KZ6.4 政治文化区位优势指数	社会区位优势
环境竞争力(KZ7)	
KZ7.1 城市环境质量指数	基本环境质量状况
KZ7.2 城市环境舒适度指数	环境舒服程度
KZ7.3 城市自然环境优美度指数	整体自然环境
KZ7.4 城市人工环境优美度指数	
(二)软竞争力	
文化竞争力(KZ8)	
KZ8.1 价值取向指数	社会价值观
KZ8.2 创业精神指数	创业观念和意识
KZ8.3 创新氛围指数	创新的社会环境
KZ8.4 交往操守指数	交往守信程度
制度竞争力(KZ9)	
KZ9.1 产权保护制度指数	财产保护程度
KZ9.2 个体经济决策自由度指数	经济自由度
KZ9.3 市场发育程度指数	市场完善程度
KZ9.4 政府审批与管制指数	政府监管制度
KZ9.5 法制健全程度指数	城市法律制度

续表 1 – 14

指标名称 （解释性指标体系）	城市潜在产业分析指标体系 （内涵或构成）
政府管理竞争力（KZ10）	
KZ10.1 政府规划能力指数	政府的战略决策
KZ10.2 政府推销能力指数	政府营销绩效
KZ10.3 政府社会凝聚力指数	政府威信、社会稳定性
KZ10.4 政府财政能力指数	政府融资能力
KZ10.5 政府执法能力指数	依法管理水平
KZ10.6 政府服务能力指数	政府服务水平
KZ10.7 政府创新能力指数	政府创新水平
企业管理竞争力（KZ11）	
KZ11.1 管理应用水平	城市企业有效管理程度
KZ11.2 管理技术和经验	管理工具和手段
KZ11.3 激励和约束绩效	管理人力绩效
KZ11.4 产品和服务质量	管理产出绩效
KZ11.5 企业管理经济效益	最终经济效益
开放竞争力（KZ12）	
KZ12.1 经济国际化程度	国际开放度
KZ12.2 经济区域化程度	区域开放度
KZ12.3 人文国际化指数	人文开放度
KZ12.4 社会交流指数	社会交流程度

2. 分析计量模型

根据上述产业定位弓弦模型，我们利用模糊曲线对样本数据进行拟合分析，最后求出影响城市产业的重要因素，即确定最重要影响因素和指标权重的模型。本报告利用模糊曲线原理，建立经验计量模型。模糊曲线分析法主要是用来压缩输入数据的维度，发现影响产出变量的重要因素。它通过求相关度、贡献弹性，根据样本点拟合样本曲线，最后选取出影响变量的重要因素。

影响城市产业定位的因素非常多，模糊曲线分析方法具有压缩变量的功能，定位计量分析可通过两步进行。第一步，根据理论和经验选取影响产业尽量多的指标，让其与城市综合竞争力进行模糊曲线的因果分析，得出各指标贡献弹性。第二步，利用模糊曲线压缩变量的产业和原理，以及定位分析框架中因素，根据阈值法（数值的边际减小量最大的值点设为阈值点），选择前10～20个最重要（贡献弹性最大）的指标，然后以各指标的贡献弹性为权重，将样本城市的各指标数据加总计量进行比较，可得出样本城市某项产业的定位指数得分和排名。得出的指数是样本城市的相对数，即某样本城市某产业的定位竞争力指数。城市产业定位竞争力指数反映一个城市相对其他城市在某一产业中潜在能力的大小，它是一个城市产业定位的基本参考值指数。

（二）影响产业的关键因素

考虑到数据的易得性，计量部分所研究的城市产业选择范围主要是制造业和服务业。还有若干产业，比如建筑业、电力煤气及水的供应业等为城市所必需的配套产业，因此不再作分析。本部分通过计量分析得出所选13大产业的最重要影响因素。

1. 原材料加工业制造业

原材料加工业主要指对原料进行初加工的制造业，包括农副产品加工、食品饮料业、烟草制造、木材加工及竹藤棕草制品业、石油加工及炼焦、化学原料制造业、化学纤维制造业、橡胶制品业。根据计量结果，综合起来看，成本因素对原料加工业影响巨大（如图1－20所示）。

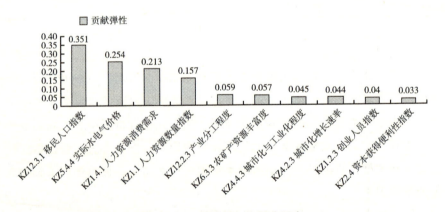

图1－20　原料加工业影响因素

2. 低技术产品制造业

低技术产品制造业主要包括：纺织业，服装及其他纤维制造业，皮革、毛皮羽绒及其制品业，造纸及纸制品业，印刷及记录媒体的复制业，文教体育用品制造业，日用化学产品制造业，塑料制品业，非金属矿物质品业，金属制品业，工艺美术制品业和其他生产生活用品制造业。劳动力成本和基础设施（对外和对内）对加工制造业的影响是决定性的（如图1－21所示）。

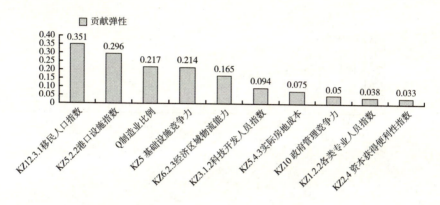

图 1－21　加工制造业影响因素

3. 装备制造业

装备制造业主要包括：金属冶炼及压延加工业（含新材料产业）、通用专用设备制造业、交通运输设备制造业、电气机械制造业。该行业对人才竞争力和基础设施竞争力的要求较高，发展该行业有利于本地吸引人才，加快城市化、工业化的发展（如图1－22所示）。

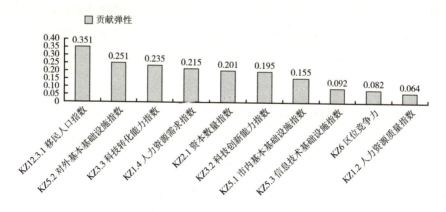

图 1－22　装备制造业影响因素

4. 高技术产品制造业

高技术产品制造业主要包括：医药制造业、电子通信及设备制造业、仪器仪表及文化办公用机械制造业。

对高科技制造业影响最为巨大的因素依次为高科技产业综合指数、科技基础设施、科技转化能力指数（如图1-23所示）。

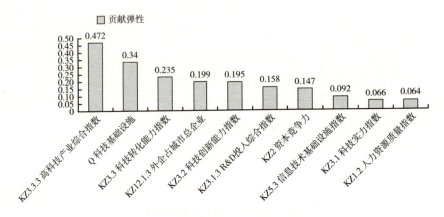

图1-23　高科技制造业影响因素

5. 金融业

对金融业影响最大的因素依次为经济国际化程度、经济区位优势指数、资本数量指数、金融控制力指数。经济国际化程度越高的地区其金融业发展的也越好；经济区位优势度体现的是经济腹地的发展水平和市场规模，旺盛的资金需求是影响金融业的重要因素；充足的资金供给才能满足旺盛的资金需求，资本数量指数体现了资金供给的能力。金融控制力指数表现为金融机构的数量和提供服务的程度，对指数的影响也较大（如图1-24所示）。

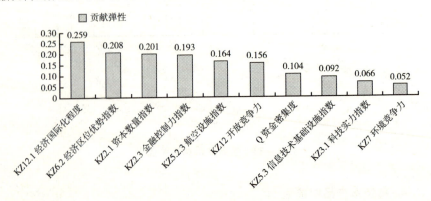

图1-24　金融业影响因素

6. 会展业

对会展业影响最大的是经济国际化程度、对外基本基础设施指数、科学技术竞争力和经济区位优势指数。其中经济国际化程度的影响力最大，说明会展业向国际化发展的方向；对外基本基础设施和经济区位优势度表明，迅速便捷的基础设施和优势的经济区位有利于缩短会展活动的时间和扩展会展活动的空间；科学技术竞争力不仅有利于为会展业提供高效的综合保障机制，还能成为会展业活动的良好素材（如图 1－25 所示）。

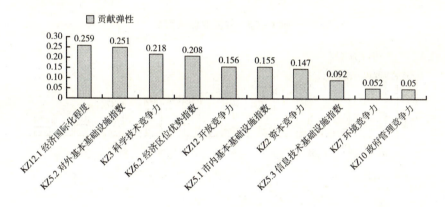

图 1－25　会展业影响因素

7. 物流业

物流业对于交通运输能力具有特别的依赖性，便捷的交通及其交通网络是发展物流业的核心要素；已经形成物流业规模的地区，发展物流业具有很大优势；物流人才的重要性对于我国这样一个物流人才奇缺的国家尤为明显，物流人才问题正成为许多城市发展物流业的短板；同时，物流业需要占用一定的土地作为仓储设施，因此也应考虑基础设施成本投入（如图 1－26 所示）。

8. 旅游业

我们把旅游业大体分为风景旅游、文化旅游和娱乐休闲服务。风景旅游业是指城市依托本地的自然风光和人工风景对旅游者提供风景观光、住宿、饮食、娱乐和购物等服务。文化旅游业是指为旅游者消费提供文化体验的服务。总体来看，资源条件、基础设施、供给中的自然景观和人工环境、开放程度和政府管理是决定旅游产业定位的主要因素（如图 1－27 所示）。

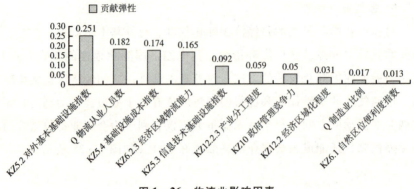

图1-26　物流业影响因素

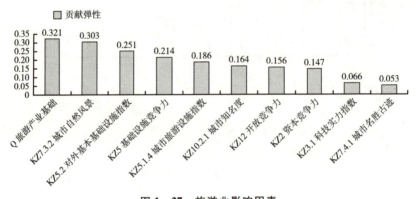

图1-27　旅游业影响因素

9. 文化产业

在我们的研究中，文化产业涵盖了新闻出版业、广播电视业、电影业、娱乐业、艺术业、群众文化业、图书馆业、文物业、博物馆业、广告业、咨询业、博彩业、竞技体育业、网络业及其他产业。对城市文化产业定位影响最大的因素依次为城市自然环境优美度指数、科学技术竞争力、基础设施竞争力、资本竞争力指数（如图1-28所示）。

10. 房地产业

移民人口指数对房地产的影响最大，发展房地产业就是要吸引移民人口。同时，居民对城市的自然环境要求也比较高；经济国际化程度的高低和对外基础设施的完备性将决定能吸引多少居民到当地居住，也是影响房地产业的重要因素。基础设施竞争力和经济区位优势度指数反映了居民对生活方便性的考虑，影响也很大（如图1-29所示）。

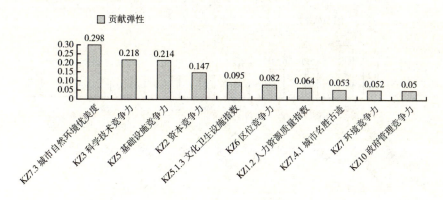

图 1 - 28 文化产业影响因素

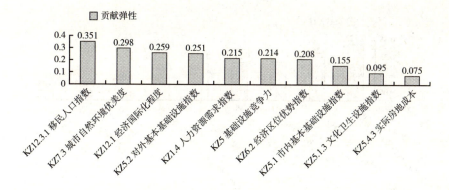

图 1 - 29 房地产业影响因素

11. 信息传输、计算机软件服务业

该行业属于生产性服务业，对人才、科技和资本的竞争力要求比较高。同时，经济区域的国际化程度和区位优势度对该行业的影响也较大。发展该行业，需要本地具有雄厚的科技实力，也就是需要专业科研院所的支持，同时需要巨额的研发经费和本地良好便捷的基础设施做保证（如图 1 -30 所示）。

12. 商务服务业

该行业属于生产性服务业，主要包含信息咨询服务业和决策管理控制服务业（企业总部服务业）。该行业发展所需要的起点比较高，从国际经验来看，主要集中分布在大都市区。从计量结果来看，政府管理竞争力、资本竞争力、基础设施竞争力和科技竞争力对该行业的影响较大，此外，发展该行业需要本地具有一定的市场规模（如图 1 -31 所示）。

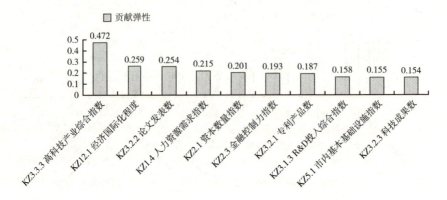

图 1 - 30 信息传输、计算机软件业影响因素

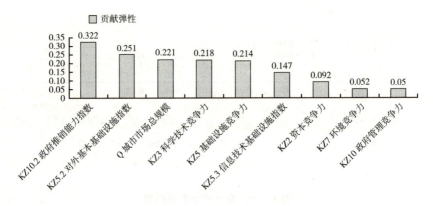

图 1 - 31 商务服务业影响因素

13. 商贸服务业

本行业属于分配性服务业。主要包含批发和零售业。发展该行业，不仅仅是为本地居民服务，更重要的是为了满足外来游客的消费需求。因此，该行业受旅游业的影响较大。经济国际化程度和对外基本基础设施指数也体现了该产业主要面向外来游客的特点。除此之外，该地的市场规模、基础设施、商贸业从业人员规模和城市总人口以及环境竞争力指数都对本产业影响较大（如图 1 - 32 所示）。

（三）成都产业潜在竞争力分析及产业选择

1. 成都产业潜在竞争力分析

根据产业定位弓弦模型的计量分析可得出各城市的产业潜在竞争力指

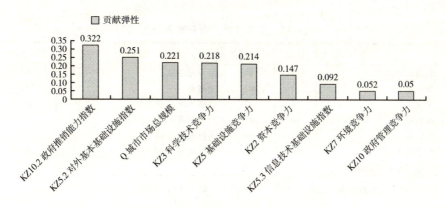

图1-32　商贸服务业影响因素

数,该值是在全国55座城市中作比较,根据竞争力指数值进行排名,排名所用的数值是经过处理后的排名指数。为了使雷达图表达得更清晰,我们对每个地区的产业竞争力排名做了一个统计处理,即排名指数。排名指数越高,则排名越靠前(如图1-33、表1-15所示)。

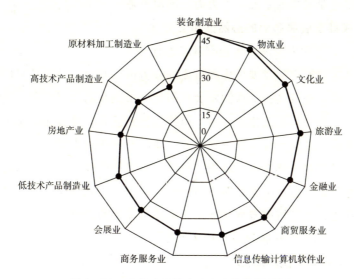

图1-33　成都产业潜在竞争力指数雷达图

通过计量我们发现,成都各项产业竞争力指标表现及排名均比较靠前,这体现了成都良好的基础条件和发展空间。竞争力较强的产业如下,制造业:装备制造业、低技术产品制造业;服务业:物流业、文化业、旅

表1-15　成都市产业潜在竞争力排名*

产　业	排名	排名指数	产　业	排名	排名指数
装备制造业	6	45	商务服务业	15	36
物流业	8	43	会展业	16	35
文化业	9	42	低技术产品制造业	16	35
旅游业	10	41	房地产业	19	32
金融业	12	39	高技术产品制造业	21	30
商贸服务业	12	39	原材料加工制造业	25	26
信息传输计算机软件业	14	37			

*这里主要指在55个城市比较中，成都排名指数在30以上的产业。

游业、金融业、商贸服务业、信息传输计算机软件业、商务服务业、会展业；房地产业、高技术产品制造业。从产业构成的角度看，成都制造业和服务业发展水平都比较高，制造业在某些领域（如装备制造业）具有强大实力，而服务业发展势头良好，具有极大的潜力。可以预见，成都未来的城市功能将更多地体现在先进制造业和服务业方面，因此，成都应在保持先进制造业优势的基础上，大力发展服务业。

2. 成都发展服务业的必然性和必要性

（1）成都大力发展服务业有其必然性

对全球城市文明发展历史和特征的分析可以看出，是否具有良好的外部发展条件，是否具备优秀的发展基因是城市兴衰的关键所在。成都具有发展的良好条件，在文化、环境、科技等方面还具有许多地区无法比拟的实力和潜质，具有培育和促进现代服务业成长的优秀素质。同时，服务业的发展还可以对成都文化、环境、科技等优势产生固化作用，有助于文化的传承与创新、自然生态的循环与保护、科技的创新与传播。所以，大力发展服务业，提升城市服务功能是成都城市发展的必然选择。

（2）成都大力发展服务业有其必要性

对全球产业价值体系、产业分布与要素环境的分析可以看出，目前，服务业已经成为高产业价值国家和地区的主体。现代服务业所带来的附加值远高于传统产业，不断促进产业升级、占据服务业制高点既是高产业价值国家和地区繁荣发展的经验所在，也是发展中国家和地区实现跨越发展的有效途径。在这一背景下，成都必须审时度势，把握当前发展的历史机遇，重点发展现代服务业，提升城市服务功能，才有可能在激烈的区域竞争中迅速崛起。

　　数据显示，2006 年，成都第一产业实现增加值 193.4 亿元，按可比价格计算比上年增长 4.8%；第二产业实现增加值 1213.0 亿元，增长 18.6%；第三产业实现增加值 1343.6 亿元，增长 11.2%；第一、二、三产业比例为 7.0∶44.1∶48.9，对全市经济增长的贡献率分别为 2.6%、57.2% 和 40.2%。可以看出，在成都市的三次产业中，第三产业发展迅速，已居主导地位，具备了持续发展的实力。但第三产业对经济增长的贡献率还不高，说明成都传统服务业比重还比较高，高附加值的现代服务业发展还相对滞后。在人均 GDP 超过 3000 美元，工业化和城市化不断加速的今天，成都有必要不断充实服务业基础，大力发展现代服务业，增强城市的服务功能。

3. 成都产业选择

　　根据我们对趋势的判断和定量分析，在充分考虑环保要求和产业价值的基础上①，我们认为，成都市的未来产业体系主要集中在 "9 + 2" 产业上，即物流业、文化业、旅游业、金融业、商贸服务业、信息传输计算机软件业、商务服务业、会展业、房地产业、装备制造业和高技术产品制造业。这其中，现代服务业包括九类，先进制造业包括两类，体现了成都城市未来产业的发展方向，也指明了成都城市功能的价值取向和影响能力（如表 1 – 16 所示）。

表 1 – 16　成都产业体系及辐射范围

产　业		辐射范围			
		区域	全国	洲际	国际
服务业	物流业				
	文化业				
	旅游业				
	金融业				
	商贸服务业				
	信息传输、计算机软件业				
	商务服务业				
	会展业				
	房地产业				
制造业	装备制造业				
	高技术产品制造业				

————————

①　正如前文所分析的，成都城市产业发展的方向应是现代服务业和先进制造业，尽管在低技术产品制造业方面，成都的竞争力计量结果排名也比较靠前，但在产业发展大方向、环境保护和产业附加值要求的限制下，这类产业在本报告中不被考虑进入主导产业之列。

（1）物流业

现代物流作为现代经济的重要组成部分，在国民经济和社会发展中发挥着重要作用。根据潜在产业的定量分析，物流业主要受到基础设施竞争力、区位竞争力、科技竞争力的影响。第一，成都市的物流基础设施建设粗具规模。成都是中国西南地区重要的铁路运输枢纽，宝成（宝鸡—成都）线、成渝（成都—重庆）线、成昆（成都—昆明）线和达成（达县—成都）线均在成都交汇。成都现有成都东站、成都南站、成都西站、青白江大湾车站四个主要铁路客货运站场，运输业务辐射西南、联结全国各大城市。在航空方面，成都从事客货运输的企业主要有以成都双流国际机场为基地的中国国际航空西南公司和四川航空公司，以及东方航空公司、南方航空公司等多家国内航空企业和香港港龙航空公司、泰国航空公司、韩亚航空公司、澳门航空公司、新加坡胜安航空公司等国际航空企业，有较为充裕的运输能力，可以为客户提供客货混载和货运包机业务。而2006年4月建设的旨在重点发展航空运输、航空物流、仓储配送的成都航空物流园，其航空货物年处理能力为250万吨，将成为辐射西部地区乃至全国、连接国际国内主要城市的国际性航空枢纽型园区。在公路方面，成都是中国45个公路主枢纽城市之一，经过成都和以成都为起讫点的国道主干线和国道干线共有9条。同时，成都还是中国公路密度最大的城市之一，所辖10区4市6县全部通高速公路，位居西部第一；成都市地处连接大西南乃至南亚地区的交通要道，具有极其重要的空间战略地位，区位优势也非常明显。现代物流业离不开完善的信息系统的支持，目前的物流信息技术涉及的电子数据交换（EDI）、无线通信（WAP）以及互联网技术（WEB）、信息网络技术、供应链管理系统（SCM）等都属于成都信息产业发展范畴，雄厚的科技产业基础为成都物流业高端化发展提供了强大的支撑（如表1-17所示）。

表1-17 物流业及其环节辐射范围

功能	区域	全国	洲际	国际
研发				
决策				
营销				
服务				

（2）文化产业

成都是一座有着四千多年文明史和两千多年城市发展史，文化积淀极其深厚的历史文化名城。从潜在产业的定量分析我们可以看到，对文化产业影响最大的因素是城市自然环境、科技竞争力、基础设施和人力资本。而自然环境和基础设施主要影响文化的消费，而文化的创意则由科技和人才决定。就成都而言，文化资源丰富的优势应该充分发挥，应在继续打造大熊猫文化、金沙文化、青城山—都江堰世界文化遗产等三大全球性文化品牌和整合开发三国文化、诗歌文化两大文化资源的基础上不断深入挖掘文化财富，推动文化产业全面繁荣发展。同时，当代信息产业已不再是单纯的信息技术产业，而是信息技术与文化内容的交融汇合。从一定意义上说，网络等传媒产业的生存能力取决于"内容"的创造和消费，取决于与广大消费者的日常生活、工作与娱乐、休息的联系。没有千百万人需要或喜爱的文化节目，没有与千百万人的实际生活相关的内容，高新技术与新经济就没有了市场，没有了市场也就失去了持续发展的内在动力。数字化内容文化产业的未来发展有着巨大的潜力，存在着巨大的商机。作为文化重镇的成都，在网络信息产业的发展上，紧紧追寻国际步伐，几乎与国际先进水平同步发展；在技术与人才上，有着自身独特的优势，这些为成都文化创意产业跨越式发展奠定了科学基础，提供了技术保障和丰富了人才储备。成都应乘势而上高端起步，着力推动新兴数字技术支持的新媒体信息内容文化率先产业化，从新兴内容产业等高端产业入手，以数字化等高新技术促进文化创意的产业化，改造传统文化生产流通方式，带动整个文化创意产业的全面改革，实现整个行业的提升（如表1-18所示）。

表 1-18　文化产业及其环节辐射范围

功能	区域	全国	洲际	国际
研发				
制造				
决策				
营销				
服务				

（3）旅游业

成都旅游业的发展具有得天独厚的优势。根据定量分析的结果可以看到，旅游业的发展主要受到环境竞争力、设施竞争力和开放竞争力的影响。从环境竞争力看，成都是中国著名的历史文化名城，除拥有都江堰—青城山世界文化遗产，三千多年历史的金沙遗址，武侯祠、杜甫草堂等17个国家级文物保护单位外，以成都为中心的周边地区还聚集了九寨沟、三星堆、峨眉山和乐山大佛等一大批世界级旅游景区景点，且世界唯一的大熊猫繁育研究基地就设在成都。从设施竞争力看，今天成都已经具有了结构比较完善、品质比较高端，积累了一定经验的旅游产业基础。2006年年末，成都市有三星级以上饭店93家，旅行社256家。从开放竞争力看，成都正全方位地向国际化大都市的目标迈进，为成都国际旅游业的发展创造了机遇和条件。近年来，成都市接待入境旅游人数不断走高，各客源市场全面增长，2006年实现旅游总收入340.2亿元，增长18.7%；入境旅游者58.0万人次，增长15.9%；接待国内旅游者4003.7万人次，增长10.6%；旅游外汇收入2.0亿美元，增长14.8%。成都的旅游业已经形成了相当的产业规模，具备了多元化、多层次的综合配套接待能力，已建成比较完善的旅游生产体系。伴随着人民生活水平的提高和商务交流活动的频繁，未来成都将不仅会在传统旅游方面继续获得回报，更会在商务旅游等高端旅游市场赢得发展机会（如表1－19所示）。

表1－19　旅游业及其环节辐射范围

功能	区域	全国	洲际	国际
研发				
决策				
营销				
服务				

（4）金融业

成都是中国重要的区域性金融中心，拥有中国人民银行、中国银行监督管理委员会、中国证券监督管理委员会、中国保险业监督管理委员会的大区分行和派出机构；成都拥有众多的国际金融机构，除四大国有银行及地方商业银行外，东京三菱银行、英国渣打银行、美国花旗银行、法国巴黎国民银行、新加坡华联银行、香港汇丰银行等十几家外资金融机构在蓉设立了分行或代表处，同时还拥有证券营业部 82 个，保险公司 31 家；成都金融业务交易活跃，目前金融业务交易居中国西部各城市首位，证券业务成交量仅次于上海、深圳，列全国第 3 位。2006 年末，成都的金融机构各项存款余额 5485.3 亿元，比上年末增长 22.5%；全部金融机构各项贷款余额 3631.4 亿元，增长 17.0%；全年证券交易额达 3654.4 亿元，增长 87.2%；保费收入 98.7 亿元，增长 31.6%。成都具有发展金融业得天独厚的优势。当然，成都发展金融业不能只依靠这些先天优势。由定量分析我们可以看到，影响金融业的主要因素有开放竞争力、资本竞争力和科技竞争力。其中，开放竞争力和科技竞争力指的是投资环境，资本竞争力则指的是市场需求。成都的科技竞争力是比较强的。从开放竞争力看，过去已经有许多外资银行、跨国公司到成都投资兴业，成都也拥有了一批与国际业务接轨的金融人才，伴随着中国市场的全面开放，成都金融开放度也会不断加快，外资金融机构会纷至沓来，成都将成为这些机构在西部地区开展金融活动的首选城市。从资本竞争力看，成都是西部资本最丰富的城市之一，不但有大量大型国有企业的总部，也聚集了许多国际大企业的研发、生产和地区总部，形成了巨大的金融市场（如表 1 - 20 所示）。

表 1 - 20　金融业及其环节辐射范围

功能	区域	全国	洲际	国际
研发				
决策				
营销				
服务				

（5）商贸服务业

作为西部最大的商贸中心，成都自身拥有 1000 万消费人口，背靠四川 8700 万人口的巨大市场，辐射西南、全国乃至部分东南亚和中亚地区。2005 年，成都社会消费品零售总额达 999.2 亿元，位居中国西部地区第一。早在 20 世纪 90 年代，商贸业就被列入成都经济的支柱产业，商贸业的发展水平已经成为成都经济发展的重要标志。推动商贸业发展是成都发展的客观要求。成都商贸业的发展，首先，要与自身地位及建设现代化国际城市相适应的经济规模和综合实力相一致。目前，成都商贸业发展迅速，截至 2006 年末，成都市年成交额上亿元的商品交易市场有 29 个，其中上 10 亿元的市场有 12 个。其次，随着城乡居民收入稳定提高，多元化消费结构逐步升级，居民的消费方式已越来越倾向于方便、快捷。商贸业发展要充分利用新型业态，要应用电子商务、连锁经营、物流配送、便利店、便民店、折扣店等新型业态，提升传统商贸业以适应新兴消费市场需求。最后，商贸业发展要适应城市人民生活的需要。成都目前已初步形成多个次级商业中心，但是，随着中心城区居民外迁和新建居住区不断增多，城郊结合部和郊区城镇的商业设施相对不足，商业网点布局不合理问题也日益突出。大力发展以一定居住地域为载体，以便民利民为宗旨，以不断提升居民生活质量为目标，为社区居民提供日常物质生活、精神生活需要的商品和服务的社区商业是成都市未来商贸业发展的重点。社区商业兼容了先进的商业业态、完善的商业组合、优美的购物环境和周到细致的服务，迎合了城市居民的消费需要，将成为商贸服务业中新的经济增长点（如表 1 – 21 所示）。

表 1 – 21　商贸服务业及其环节辐射范围表

功能	区域	全国	洲际	国际
研发				
决策				
营销				
服务				

（6）信息传输与计算机软件业

成都是中国西部地区最重要的科技研发中心和智力资源库。成都具备良好的科技产业基础，是国家软件产业基地（成都）、国家集成电路设计（成都）产业化基地和国家信息安全成果产业化（四川）基地所在地，拥有英特尔、中芯国际、中兴通信等一批国内外知名企业和国腾、迈普、南山之桥等一批本地企业，已形成了集成电路制造、光电显示设备制造、数字视听产品制造、光通信产品制造等产业链。截至“十五”期末，全市规模以上高技术工业企业达 320 家，实现销售收入 341.65 亿元，占全市工业的 22.3%；软件产业实现销售收入 130 亿元，出口 3000 万美元。成都具有科技人才优势，目前各类专业技术人员总数达到 58 万人，列全国大中城市第四，西部地区第一。特别重要的是，成都 IT 人才聚集度位居西部之首，是 IT 产业发展的人才高地。成都市拥有 20 多所高等院校，其中 9 所院校具有 IT 类相关专业，拥有从信息技术基础理论到前沿领域完整的学科群，电子科技大学、中电集团 10 所、29 所、30 所、邮电 5 所、总参 57 所、航空航天 611 所以及大量承担信息科学技术领域科研任务的四川大学、西南交通大学、中科院成都分院、中国工程物理研究院等，形成了以国家重点学科、国家重点实验室、国家工程研究中心、国家级企业技术中心为基地的完整科研—转化—生产的创新体系，每年提供的高技术成果数以万计。未来，成都应紧跟科技时代潮流，以集成电路、软件和信息服务业为核心，以电子元器件、光电产业等制造业为重点，把成都建设成为中西部实力最强的信息服务业基地和电子信息制造业基地，进一步发挥城市的科技功能（如表 1 - 22 所示）。

表 1 - 22　信息传输与计算机软件业及其环节辐射范围表

功能	区域	全国	洲际	国际
研发				
决策				
制造				
营销				
回收				

（7）商务服务业

商务服务业是从制造业内部的生产服务部门独立、分离出来，发展而成的新兴服务产业。作为中间投入服务，它直接为生产、商务活动而非向个体消费者提供服务。现代商务服务业是一种高智力、高集聚、高成长、高辐射、高就业、高附加值、低资源消耗的产业，具有国际性、知识性、创新性、协同性、信用性等特征。商务服务业既是一个国家（地区）现代化水平的集中表现，也是现代经济增长的基本动力来源。同时，商务服务业的发展水平，决定着大都市对城市体系中次级城市的经济支配能力。商务服务业目前已经成为成都的主导产业之一。按照国际经验来看，未来成都的生产性服务业必将超过制造业而成为推动经济增长的主导力量。成都的商务服务业是在科学规划的基础上，站在国际级的高度上定位的。成都具备发展国际级服务业的基础条件。近年来，成都市开发区、试验区、工业园区发展迅速，已成为成都制造业的主要集聚地。这些"园区经济"的壮大，使得服务业向外围地区的扩散有了根基。同时，大多数世界500强企业都相继在中国开设了代表处、研发中心，并且，总部经济在成都"生根"，也为高端商务服务业提供了机遇。越来越多的咨询、信息、法律、会计等服务型企业在成都聚集，将逐渐形成商务服务规模优势。此外，成都雄厚的科技实力也为电子商务的发展提供了良好的平台（如表1-23所示）。

表1-23　商务服务业及其环节辐射范围表

功能	区域	全国	洲际	国际
研发				
决策				
营销				
服务				

（8）会展业

会展业作为现代商务服务业中重要的组成部分，是经济学家眼里的"效率最高的产业"。会展能直接促进装饰、广告业的发展，对交通运输、商业销售、旅游、饭店、餐饮娱乐、电信、金融等相关产业具有明显的拉动作用。根据计量结果，会展业主要受到科技竞争力、基础设施竞争力和开放竞争力的影响。从科技条件来看，成都是西南地区科教中心，自身科技产业发展迅速，已经形成规模，具有发展会展经济的有利条件；从基础设施条件看，成都已经具备了一定的会展设施基础，同时，随着世纪城·新国际会展中心、温江花博会会展中心、天府博览中心、省科技馆等场馆及配套设施建设完成，会展基础设施条件将更加完备。另外，成都办展机构林立，全国具有办展资格、能力和办展经验的专业协会，有60%在成都，这是其他城市都无法比拟的。从开放竞争力看，成都是个市场中心，会展经济已经粗具规模，各种类型的国际国内技术交流会、商品交易会、信息发布会、经济研讨会等会议逐年增加，多种集商品展示、交易和经济技术合作等功能为一体，并具备信息咨询、投资融资和商务服务等配套功能在内的综合性会展形式在成都也有体现。成都会展业在西南乃至全国具有巨大的市场和消费示范作用，具备会展业所需要的影响和辐射能力（如表 1 - 24 所示）。

表 1 - 24　会展业及其环节辐射范围表

功能	区域	全国	洲际	国际
研发				
决策				
营销				
服务				

（9）房地产业

建设宜居城市是成都未来的发展方向，而房地产则是宜居建设的首要因素。房地产业的大力发展是推动成都经济增长的巨大动力，也是解决成都大量当地人口和外来人口居住所必需的。成都未来的房地产业的市场需求将持续增长。从定量分析的结果来看，房地产业的发展主要受到人才竞争力、城市环境竞争力、设施竞争力的影响，即市场需求的影响。成都目前有 1000 多万人口，随着经济增长，城市环境的不断改善和基础设施的进一步完善，以及城乡一体化步伐的加快，成都对人才的聚集效应会越来越强，人口数量还会不断增加，人口的结构也逐渐朝着高级化发展。本身巨大的人口基数和人口的不断聚集将会给成都的房地产业带来巨大的市场需求，而不断释放的巨大市场需求又会不断刺激成都城市房地产业的发展（如表 1 - 25 所示）。

表 1 - 25　房地产业功能及其环节辐射范围表

功能	区域	全国	洲际	国际
研发				
决策				
营销				
服务				

（10）装备制造业

有关数据显示，装备制造业作为国民经济的脊梁，其各项经济指标占全国工业的比重高达 1/5 ~ 1/4。而作为高新技术的载体，信息技术、核技术、空间技术等，无一不通过装备制造业创造。成都装备制造业发展历史悠久、门类齐全，在精密机械关键技术与成套装备制造、机械（重大装备）、汽车装备制造、新材料制造和研发等方面具有显著优势，出现了以磁悬浮列车为代表的一大批领先装备，具有发展装备制造业的良好基础条件。同时，成都拥有丰富的人才和科技资源，不仅为成都发展装备制造业提供了强大的智力支持，更为成都加快信息化发展，进而带动工业化，推进信息技术在装备制造业的应用提供了保障。成都应努力提高装备设计与制造能力，自主创新，着力解决行业关键技术，增强核心竞争力，推动产业做大做强，促进装备制造业由"成都制造"向"成都创造"转变（如表 1 - 26 所示）。

表 1 - 26　装备制造业及其环节辐射范围表

功能	区域	全国	洲际	国际
研发				
决策				
制造				
营销				
回收				

（11）高科技产品制造业

成都高科技产品制造业实力比较强，医药制造业、电子通信及设备制造业等都具有一定竞争优势。从影响因素的角度看，成都科技基础设施完善、科技人才充裕，具有发展高科技产品制造业的良好条件。但是，从计量分析结果看，目前，成都高科技产品制造业的现状与成都发展的要求还有距离，突出表现在研究开发与制造衔接不紧密、科技成果转化能力不强等方面。例如，电子信息产业是成都的主导产业之一，在成都及其周边地区，聚集了大批在国际国内有影响的 IT 企业和高水平研发机构，研究能力很强，但是产业发展的潜力尚未充分发挥，高端集成电路、关键元器件、基础软件等核心产品的制造能力跟沿海等发达地区相比仍存在一定差距。成都具有发展高科技产品制造业的潜质，未来应积极发挥科技对产业的支撑和引领作用，促进产业集聚和优势产业链的形成，提高科技成果产业化应用水平，不断提升高科技产品制造业在城市经济发展中的地位（如表 1－27 所示）。

表 1－27　高科技产品制造业及其环节辐射范围表

功能	区域	全国	洲际	国际
研发				
决策				
制造				
营销				
回收				

通过对成都城市功能的分析，我们可以看到，未来成都城市的主要功能主要体现在生产和服务两个方面，具体来说，主要体现在物流功能、文化功能、旅游功能、金融功能、商贸服务功能、科技功能、商务功能、会展功能、人居功能和现代制造功能等方面。其中，服务功能是主要功能，也是未来成都发展的主要方向。同时，成都城市功能的发挥不仅囿于区域本身，而且，其服务功能（如文化、旅游等）的辐射范围是洲际乃至国际的，这也要求成都未来的发展需要具备国际眼光和面向世界的地位。

（四）成渝经济圈的国际价值

我们可以看到，成都具有重要的战略地位、良好的要素条件、优越的产业基础、丰富的文化资源和国际交流合作经验，它具有成为世界，特别是亚欧经济、社会、文化交流合作平台的巨大潜力。同时，我们应该注意到，这个平台是建立在合作双赢基础上的，它不仅能为成都带来广阔的发展空间，更能为亚欧其他地区和国家带来丰厚的回报，这样的合作和交流具有坚实的基础和美好的发展前景。

首先，成渝经济区具有沟通亚欧的重要战略地位。成都是成渝经济区的重要组成部分。目前，已确定的成渝经济区辖区面积 15.5 万平方公里，占西部面积的 3%；2005 年的 GDP 近 9000 亿元，占西部的 26%；常住人口 8000 多万，占西部人口的 25%。成渝经济区水资源、水能资源、天然气资源和钒钛等矿产资源特别丰富；有良好的工业、农业、交通、科技、教育基础，是西部经济最发达、经济密度最高的区域；是国家重要的国防科技研发生产基地；是西部城市密度最高的城市密集区，全国少有的双核城市群；是长江上游生态环境的安全保护带；是西部少有的符合经济区基本条件，具有巨大生产能力和开发潜力，能够带动西部地区经济繁荣和提高全国综合国力的重要经济区。虽然成渝经济区与长三角、珠三角、津京冀等相对发达的经济区相比有许多劣势，但由于它位于西部的核心地区，具有连接西北、西南和通海达疆的优越条件，因此，它是最有条件成为中国经济第四增长极的板块。它构成了国家的战略后方基地，又是国家面向东亚、南亚和欧洲改革开放的新窗口，具有重要的战略地位。

其次，成都的产业结构与布局状况具有面向欧亚交流合作的广阔空间。成都的各种生产要素比较丰富，基础设施比较发达，制造业和服务业在西部地区乃至全国都具有一定优势，电子信息产业、机械制造业、医药产业等产业的竞争力更是明显。像成都这样一个具有重要战略地位的地区，且其产业发展的条件又很好，因此，是符合国际要素流动和产业发展需要的，其城市聚集和辐射的能力必然会超出一省一国的限制，会对周边国家和地区产生影响，且必然在更广阔的空间内接受先进要素流入和产业转移，同时也会产生积极的扩散作用，成为亚欧交流的重要节点。

再次，成都丰富的文化资源为亚欧交流提供了有利条件。成都的文化具有悠久的历史和鲜明的个性，是中国的更是世界的。从目前的情况来看，国际文化的交流往往更容易、更便利。成都依托良好的文化资源，开展了如"中国成都国际非物质文化遗产节"等许多卓有成效的交流工作。成都在要素禀赋和发展速度上都具有明显优势，具备成为文化保护、传承和发展重要平台的有利条件。

最后，成都与东盟、欧盟和欧洲国家日益频繁的交流合作为其成为亚欧交流平台提供了动力。就东盟而言，《中国与东盟全面经济合作框架协议》中提出，2010年将建成中国—东盟自由贸易区，逐步取消所有货物贸易中的关税与非关税壁垒，实现绝大部分产品零关税，同时实现服务贸易自由化，建立开放和竞争的投资机制。中国—东盟自由贸易区建成后将形成一个拥有17亿人口、GDP达2万亿美元、贸易额达1.2万亿美元的巨大市场。东盟国家存在着不同的发展层次，各种档次的产品都会找到市场空间。从目前的情况看，成都具有地域上临近的有利条件，其机械、轻工、纺织、家电、农用品等方面在东盟的竞争优势十分明显，相关企业将获得一个巨大而且门槛不太高的市场，合作交流必将更加深入和频繁。就欧盟而言，2006 年，在欧盟企业中有广泛影响力的中国—欧盟投资贸易合作洽谈会在成都举行，这是其进入亚洲国家以来首次在非首都城市举办，也是中欧历史上规模最大的经贸洽谈盛会，吸引了 478 家中国企业、欧盟 25 国 384 家企业，企业现场预约洽谈 5008 场，最终，中欧一对一商务洽谈 4844 场，取得了巨大的成功。之所以选择成都，主要是欧盟期待与包括西部省区在内的众多中国省区进一步发展经贸关系，拓展与中方的合作空间，而成都市近年来在市场开放方面取得的显著成绩和独特的区域枢纽地位有目共睹。可以想象，随着成都经济社会发展，双方的交流也会更加密切。就亚欧国家而言，目前成都与许多国家建立了良好的合作交流关系，取得了不错的成绩，同时，亚欧各国也意识到了成都的潜力，积极主动与成都开展合作交流。以英国为例，英中贸易协会在北京、上海、成都等 9 个城市设有办事处，成都办事处是唯一在中国西部设立的办事处，其业务覆盖四川、重庆、云南、贵州、西藏、新疆六个省市自治区，为许多英国工商界和教育界的企业机构在成都投资提供服务，并组织英国企业来成都考察，寻找商机。不断密切的经济往来，不仅为成都提供了巨大的发展机遇，也为亚欧各国带来了丰厚的回报。

综合上述的分析，我们可以得出如下重要结论：

首先，成都发展前途光明且潜力巨大。成都具有良好的要素条件和产业基础，具有实现跨越式发展的"先天性"优势，因此，需要积极开展本地化行动，立足区域实际，努力实施城市营销战略，挖掘自身潜力，展现自身优势。

其次，成都未来的城市功能是服务性的。以创业、旅游、人居为中心的服务功能将成为成都城市的主要功能，这些功能的实现是成都城市营销战略规划的基本方向。

最后，成都未来的城市功能是国际性的。成都不仅是中国的成都，也是国际更大区域的成都，其有望成为沟通欧亚的纽带与桥梁。基于价值和功能的国际化思考是成都城市营销战略规划的基本思路。

第二章
成都城市国际营销目标与任务

城市营销战略植根并且服务于城市发展战略。地区发展愿景及原则，构成了城市营销战略的目标指向和行动约束。其中，发展愿景应能界定城市的主要发展领域，能够确定城市的远期发展道路，勾画出清晰的、激动人心的、催人奋进的城市发展战略图画，其是城市持续发展的内在动力之一。而从营销的角度来看，这种愿景还应进一步具体化为一系列的、不同层次的目标。城市营销者据此制定营销目标并对相应的目标负责，以切实推进城市发展战略的实施。

一 成都市发展愿景与发展原则

(一) 成都市发展愿景

1. 成都总体发展愿景定位

基于经济全球化、科学技术发展、中华文明全面复兴、西部优先发展区域崛起、成都市建设全国统筹城乡综合配套改革试验区的背景，对成都内外发展条件所进行的分析，以及成都的"三最"发展愿景和新近提出的"全域成都"发展理念，我们从城市营销的视角进行了进一步的发掘，认为成都总体发展愿景可描述为：沟通欧亚的知识型、创意型田园城市（或：沟通欧亚的智慧型田园城市）。

2. 愿景解析

上述总体发展愿景，是对成都"三最"发展愿景的进一步展开和发展。

（1）人居环境最佳：世界上最宜人类生活的田园城市（garden city）之一

"田园城市"理论最早由英国人霍华德于1898年提出，它的核心内涵是城乡协调发展以及人与环境的协调发展。上佳的人居环境，不仅是现代国际化城市的基本要素和重要保障，更是城市发展、城市竞争力和吸引力增强的重要因素。《成都市国民经济和社会发展第十一个五年规划纲要》中也明确提出了要推进资源节约型和环境友好型社会建设。基于此，成都的首要发展愿景应是积极培育和发挥人居环境最佳的优势，创建世界一流的宜居田园城市。

（2）投资环境最优：国际上最宜脑力创业的知识城市（intellectual city）之一

知识型城市是内涵式发展的典范类型，可以为以高新科技产业、创意产业等为代表的脑力创业活动提供丰厚的智力基础和精神支持。在全球经济一体化的时代背景下，打造富有特色的城市投资环境优势，构建国际最宜脑力创业的知识城市，应当成为成都未来城市定位的重要组成部分。

（3）文化氛围最好：全球最具开放魅力的内陆城市（opening city）之一

文化是城市之魂，是凝聚城市精神、展现城市魅力、吸引城市顾客的核心要素之一。凡是有持续发展生命力的城市无不以其独具特色和活力的文化生动地展现着城市的魅力。这其中不仅有自身文化的积淀，更有不同文化间的交流、吸纳、借鉴和创新。作为中国西南部的内陆城市，成都是发展至今最具张力的亚洲文化起源地之一，充满巨大的文化神秘感和吸引力。因此，营造优良的城市文化环境和文化氛围，努力成为全球最具开放魅力的内陆城市，应是成都未来城市发展定位的基本目标之一。

（4）综合竞争力最强：亚欧交流最具潜力的平台（node city）

随着全球化的不断深入发展，我国将进一步对外开放，经济实力将不断增强，国际交往的范围将不断扩大，国际交流也将更加频繁。以成都的城市素质及其所处的地理区位来看，以成渝协同为基础，立足中国中西部，积极开发资源，努力使之成为南连南亚、东南亚，西接欧洲的欧亚大陆交流平台，是完全有这个潜力的。成都未来的发展之路，应通过积极培育"三大优势"来提升城市综合竞争力，努力将成都打造成为亚欧经济、贸易、文化交流中的重要战略节点。

（二）成都市的城市发展原则

成都城市营销是一项系统工作，需要统一、明确的远景目标来协同各方努力。同时，成都城市营销又是一项立足于经济社会发展实际、着眼未来的战略选择，它和成都整体的经济发展战略密切相关。因此在制定营销目标时，应该主要遵循以下原则：

1. 城乡一体，均衡发展

成都获批成为国家统筹城乡综合配套改革试验区，不仅是对成都近年来在城乡一体化进程中成功经验和不懈努力的肯定，更是成都城市发展的战略导向和奋斗目标。用"全域成都"的理念实施城乡统筹，推动市域经济、政治、文化、社会建设一体化发展，整体推进城市和农村的现代化，努力构建现代城市和现代农村和谐相融、历史文化与现代文明交相辉映的新型城乡形态；努力提高城乡规划管理的质量和水平，努力提高城镇化建设的质量和水平，逐步实现农村居住和生产、生活条件与城市接轨。

同样，成都城市营销也要以城乡一体化均衡增长为指导原则。在区域分工、城市形象定位和推广上都要突出体现这一特色，树立成都"和谐包容"的城市形象，推动形成城乡同发展、共繁荣的均衡增长局面。

2. 知识立市，跨越发展

内涵式发展是当今城市发展的必然趋势和奋斗目标，其特征是低消耗、高产出，重环保、禁污染，实施可持续发展。而知识型城市就是有别于传统工业城市的内涵式城市发展模式。成都市拥有深厚的文化积淀和丰富的文化资源，拥有数量众多的高等院校和科研院所，具备知识型城市的前提条件和发展潜质。

在今后的经济、社会发展过程中，要坚持知识立市的原则，注重发挥知识、人才等高级要素的潜力和作用。产业发展的动力应依赖于集约型增长方式，这就要充分重视人力资源的培育，突出人的意识、能力和作用的发挥，通过人力资本的积累，实现智力资源同自然资源和各种社会资源（信息、金融、网络等）的高效结合。因此，在城市的产业决策上，应有选择地发展知识型、轻型、低运量的产业。具体来说，就是要有选择地发展高技术含量、高附加值的新兴产业，如商务会展、软件开发、电子信息等，走高知识含量、高技术水平和高管理水平、高附加值、高度专业化的发展道路。通过贯彻执行这一原则，更好地实现地区经济、社会的跨越式发展。

3. 悠闲从容，积极创新

城市文化在某种程度上也可以理解为城市的性格，也就是生活方式的特色、风格及其文化气质。巴蜀文化塑造了成都悠闲从容的城市性格，但是，在以往的经验中，"休闲之都"的城市形象是一把"双刃剑"，既带给成都生活惬意舒适的良好形象，也给城市顾客留下了慵懒、缓慢的消极和负面印象。因此，成都城市营销要大力挖掘休闲的正面意义，鼓励人们在宽松和包容的氛围中，不断去"试错"，在这种宽松的氛围里进取。要通过文化的力量激发创新，倡导"休闲是为了更好地创造"这一都市生活及工作理念。坚持这一城市发展原则，才能打破上述"悖论"对城市发展的束缚，赋予悠闲从容的城市性格以积极创新和追求品质的时代意义及崭新内涵。

同时，城市营销管理也应该统一于这一发展原则，通过观念创新和制度创新来引入自由竞争，激活经济发展。引导并塑造成都悠闲洒脱、务实创新的城市精神。这种独特的氛围在国际营销中能够与西方城市的"后现代"理念形成更好的沟通。

4. 全球眼光，地方行动

如前所述，成都应以亚欧交流战略节点和最具潜力平台作为城市未来的发展愿景。这就要求成都具有敏锐的全球发展眼光，善于分析环境、适应环境、利用环境和改造环境，掌握国际最新资讯，学习国际最佳经验，预测未来发展趋势。同时，在未来的发展中，更为重要的还是要练好"内功"，要结合自身的优势和特色，发挥比较优势，突出自身在区域分工中的差异化定位，既要融入区域的整体发展之中，又要保持自主自立、有所作为。"全球视野"（think globally）和"本地行动"（act locally）的寓意即在于此。

二 成都市城市营销目标

（一）成都城市营销的总体目标

成都战略发展转型是其城市营销的基础，而城市品牌化则是成都城市营销的根本追求。通过五年的国际营销努力，使成都成为具有一定国际知名度和国际地位的国际性城市。据此，未来五年内成都城市营销目标可以确立如下。

1. 外部形象方面：城市国际品牌初步建立，城市国际知名度显著提升

城市形象，从顾客的角度说就是城市产品和服务的高度抽象。鉴于城市形象在城市营销中所起的关键性作用，因此，对城市形象进行长期的、战略性的管理非常必要。建立城市品牌是增加成都吸引力的有效方法，其核心问题在于塑造城市个性、凸显城市品牌价值，构建差异化的、有特色的城市形象。

虽然成都已经成为我国西南部重要的区域性城市，其对外交流范围和层次均在不断增强和提升，但据课题组进行的成都品牌全球调查结果显示，成都的国际知名度不高也是不争的事实。因此，城市营销的总体目标就是要不断提升成都在国际范围内的知名度和美誉度，开发以文化、商务、旅游为突出特色的城市产品，树立城市品牌形象。通过持续的营销努力，不断增加成都城市品牌资产，使其品牌认知度、美誉度、忠诚度在国际同类城市中达到中等偏上水平，并成为国内城市品牌化的标杆和典范城市之一。

2. 载体建设方面：国际性城市的框架初步建立

载体建设是城市营销的物质保障和制度保障，是营销服务的实体构成。城市品牌的塑造和提升，城市营销的开展和推进，载体的建设和完备是必不可少的前提条件和基础保障。这样，营销活动的展开和营销管理的实施才能掷地有声、有章可循。

成都在基础设施方面虽然已具备一定的基础，达到了一定的水准，但与世界同类城市相比较还存在不同程度的差距。为此，成都在未来五年内要加大基础设施建设的力度，不仅要有"量"的扩展，更要注重"质"的提升。

在制度载体建设方面，应提高政府的服务意识和管理水平，推动服务型政府的建设，建立和完善公私合作机制，提升城市公共管理水平，完善城市制度保障体系。

通过提升和完备载体建设，初步建立国际性城市的框架，使主要设施建设指标和服务满意度基本达到个别优于世界同类城市的国际化水准，在国内城市中处于领先地位。

3. 营销管理方面：市场导向的城市营销管理体系初步建立

营销管理是成都城市营销成败的关键环节。营销活动的实施和营销目标的达成从根本上来说依赖于决策、管理和执行机构及个人的行动力。因此，提高组织管理效率和效能也是成都城市营销目标体系中的重要指标。

未来五年，成都城市营销管理的目标就是初步建立以市场为导向的营销管理体系。具体而言，第一，确立并逐步完善城市营销组织框架，并在发挥计划职能方面，制定科学动态的城市营销规划；第二，在领导环节上，能够对各项营销活动提供明确有力的推动与支持；第三，在发挥组织职能方面，努力构建分工明确、决策合理、执行有效、快速响应的营销组织构架；第四，在营销协同方面，应形成城市营销各类利益相关者共同参与的协同整合机制；第五，在营销管理控制过程中，能够初步建立品牌监测体系，有针对性地对城市营销工作进行有效的监督、反馈和修正。

此外，品牌管理更是营销管理中的重中之重。品牌管理的核心宗旨是整合城市品牌资源，保证城市主品牌与旅游、营商、文化及人居等副品牌的协调一致，做到既独特鲜明各有侧重，又彼此呼应、浑然一体。

（二）城市营销目标分解

成都城市营销的总体目标，应分解为旅游、投资、文化和人居等具体的城市产品领域的营销目标。

1. 城市旅游营销目标

在未来发展中（2008～2012年），要深度挖掘和整合文化旅游资源，延伸成都旅游产业链，提高旅游服务质量，开发旅游精品，占领高端市场，把成都建设成为集观光、度假、休闲、商务、会议、展览等为一体的综合性旅游目的地；促进成都专项旅游开发，打造成都高质量的强势旅游品牌形象。

具体来说，成都城市旅游营销的主要目标有如下几个方面。

（1）打造强势旅游目的地品牌形象

旅游营销工作应着力于品牌设计、品牌推广、品牌整合、品牌监管、品牌维护、品牌拓展等一系列紧密相连的行动，形成观光、文化、娱乐、商务、休闲、康体等多种各具特色的专项旅游良好发展的产业体系，旨在打造成都强烈鲜明和具有持续吸引力的旅游目的地品牌形象,这是城市旅游营销的首要目标和任务。

(2) 扩大入境旅游,提升客源结构

成都入境旅游市场无论从游客数量还是客源结构上,都和北京、上海、杭州等城市有着或大或小的差距。未来五年内,成都旅游营销努力的主要目标是不断扩大入境旅游的规模。在此基础上,实现由数量型增长向质量型增长的转变和由简单过境旅游向综合深度旅游的转变,逐步提升和优化客源结构。

(3) 开发一批具有世界影响力的旅游旗舰产品

在旅游产品开发方面,深度开发文化资源,提供有内涵、高质量的文化旅游产品,着力打造世界文化遗产如都江堰—青城山、金沙文化等高端旅游产品,形成具有国际知名度和吸引力的旅游旗舰产品群。

(4) 依托成都特色,打造文化之都

成都应致力于对传统文化的挖掘、整理与保护,对地方文化的深度开发,对现代文化的推陈出新与合理产业化,大力推进文化建设,营造独树一帜的城市文化氛围,使积淀深厚、别具一格的成都文化品牌初步确立,并带动文化和经济、社会发展的良性互动。

2. 城市投资促进目标

在成都未来发展中 (2008 ~ 2012 年),应充分挖掘和发挥成都作为欧亚交流战略节点的潜质和优势,将成都建设成为西南中国与其他区域的经贸平台,联系南亚、东南亚的经贸平台和联系欧洲的内陆经贸平台,充分发挥其作为重要区域性经贸平台在亚太经济崛起中应有的重要作用。

具体而言,促进成都城市投资的主要目标有以下几个方面。

(1) 优化、提升产业结构

投资促进的指导思想是优化外来直接投资在行业间的分布,引导外来直接投资投向金融、物流、会展、文化创意等新兴产业。其一,要发挥成都文化资源优势,打造文化创意产业基地;其二,发挥旅游资源优势,深度开发休闲旅游产业;其三,积极培育和发展高新科技制造业;其四,大力推进都市工业和现代农业的发展。通过努力,使城市产业适度多元化发展初见成效,产业结构得到极大的提升和优化。

（2）优化投资环境，在亚洲地区形成独具特色的营商品牌

在硬件环境上，形成贯通四川省及西南地区，辐射中东部及全国的大交通网络，并通过云南、贵州延伸到东南亚，通过西藏延伸到西亚和欧洲；在软件环境方面，促使公共部门的相关服务意识和政府行政效率得到根本改善。在此基础上，做好投资促进的营销推广工作，塑造和提升成都高科技、创意、会展、旅游等产业在亚洲地区独具特色且极富吸引力的营商品牌。

（3）初步形成亚欧交流的基本平台和机制

通过加强基础设施建设和完善软环境，逐步挖掘和发挥成都作为连接南亚，辐射欧洲、东南亚的欧亚大陆交流平台的潜力。通过积极培育城市旅游、文化、投资和人居诸方面的优势，不断提升城市综合竞争力和吸引力，将成都打造成为亚欧经济、贸易、文化交流重要的战略节点。

（4）打造成都创意之都的品牌，形成文化创意产业基地

文化创意产业是发展势头良好的朝阳产业。文化产业发展的关键是人才问题，成都应培养和引进文化产业所需的人才，通过五年的努力，使成都文化创意产业专业化人才和经营管理人才的培养发挥出长效机制作用，大力引进高素质的文化创意人才在成都定居、工作或投资创业。同时，形成投资文化创意产业发展的多元化融资渠道，并以文化创意产业基地为载体，树立成都"创意之都"的城市品牌。

（5）初步形成一批具有一定国际知名度的原产地产品品牌

产品的品牌价值是城市价值的重要表现。成都应打造一批具有一定国际知名度的原产地产品品牌，以增加产业无形资产、增强城市投资吸引力，更可从产品品牌和企业品牌的角度，对城市品牌加以推进。

3. 宜居城市建设目标

在成都未来的发展中（2008～2012年），本着"以人为本"的理念，处理好发展与保护的关系、本地居民与外来人员的关系，建设和谐成都，实现可持续发展。保护自然环境，营造宁静、清洁、祥和的成都居住环境；完善城市基础设施和公共服务，建设便利、舒适、快捷的现代生活环境；缩小收入差距，提高居民的幸福指数；完善医疗卫生和公共服务网络，提高居民生活质量。

具体而言，成都的宜居城市建设目标有如下几个方面。

（1）打造田园城市，使城市居住环境得到极大改善

按照人与自然和谐发展的原则，将城市的传统与现代因素，自然与人文因素进行合理统筹，如根据旅游容量，合理规划成都旅游业的发展，保护自然和人文资源，消除因过度开发而带来的负面影响。不断改善城市居民的居住环境，提高生活品质，完善城市公共交通体系和医疗卫生等公共服务网络，建设舒适、便捷的现代化宜居城市，全面提升成都作为国际性田园城市的品牌形象。

（2）构建和谐城市，引导和树立积极的社会风气

通过学校教育、家庭教育、奖励措施、新闻宣传等方式，加强人文道德教育，引导尊重知识、尊重人才和积极进取的社会风气，营造和谐包容、创新开放、公平竞争的社会氛围。通过社会舆论的引导，树立积极进取、真诚友爱的社会风气。

（3）积极进行国际化城市建设

创建世界最宜人类生活的田园城市是成都未来发展的城市愿景，据此目标的要求，成都应从国际顾客的现实和潜在的安居需求出发，参照国际化城市的人居指标，借鉴世界宜居典范城市的成功经验，完善基础设施建设，如建立和完善面向国际人士的中小学校，设立国际化医院，为国外顾客的购物消费活动提供便捷化的服务，公交、厕所等公共设施中语言指示标志的国际化，提供能够更好地为国际顾客服务的生活社区，以及国际化的网络服务等。

（4）塑造人才就业和创业乐土的城市形象

采取大力培育和积极引进双管齐下的人才策略，形成并强化初级教育、高等教育和职业教育相结合的教育体系，提升成都人口素质；同时，吸引更多的高科技人才和创业型人才来成都定居、创业。

（5）文化消费产品得到有效的开发、拓展与推广

首先，满足市民日益增长的文化生活需求，深度挖掘和开发城市文化产品，加强城市顾客对城市文化的了解和认同，使城市顾客的归属感和满足感得到不断的提升。其次，大力开发国际化文化产品，根据国际顾客的文化心理和消费特点，开发并提供针对西方游客的娱乐、文艺、宗教等方面的设施、活动和产品等，不断提升成都文化产品的国际化水准。

三　成都城市营销的任务

为了实现以上成都营销的总体目标和分项目标，成都仍有很长的路要走。城市营销要以城市的建设和发展为前提，因此，成都 2008～2012 年需要做的工作有以下几项。

（一）抓住历史机遇，拓展国际市场

1. 切实把握历史机遇，实现城市跨越发展

全球化提供了一个更加开放的空间和更加广阔的市场，使成都有机会接受最新的发展理念和科技成果，并有可能成功展示自身形象，彰显自身价值。

中国国际分工地位的转型，为成都发展现代服务业，特别是发展科技、金融、商务、文化创意等服务业提供了国家战略支持。

成都的地缘优势、交通优势和大批专业技术人才优势，促使其将更多地承接东部地区的产业转移，为本地经济发展注入新的动力。

日益频繁的国际交流将为成都展示其独特的民族风情、深厚的文化底蕴、丰富的历史遗产提供更加广阔的舞台，使其更具魅力并焕发新的生机，对成都国际形象的提升和旅游、文化等相关产业的发展将大有裨益。

国务院批准成都市建设全国统筹城乡综合配套改革试验区，将赋予其城市发展更大的灵活性和创造性，有助于成都突破传统体制藩篱，在重点方面、关键领域进行深入大胆地改革实践。

2. 坚持立足需求导向，努力拓展国际市场

面临千载难逢的历史机遇，成都应更多地着眼于国际市场，密切关注市场需求状况，扩展国际交流、进行全面合作，不断拓展国际市场。同时，也要发挥市场监测和研究的作用，运用专业的国际营销工具，为国际市场的开拓提供有效的指导和可行的建议。

（1）巩固市场竞争中已有的领先地位（原产地领先品牌的开发）

成都作为国家确定的全国首批三座最佳旅游城市之一，其以奇丽的自然景观、独特神秘的古蜀文化、天府美食购物、生态休闲娱乐等为主要代表的旅游产品体系已基本建成，城市旅游形象鲜明。在文化产业方面，新

闻出版、广播电视、文化旅游和数字娱乐以及文化创意产业中的软件业等也属成都的优势产业。高科技产业领域的电子信息产业（尤其是软件产业）、航空航天产业居于国内领先水平。蓬勃发展的会展业也成为近年来成都的"亮点"，成都市也已将"构建会展之都"写入"十一五"规划中。此外，成都在推进城乡一体化过程中发展的现代农业，特别是绿色观光休闲农业，在西南地区，甚至在国内都具备了较强的竞争力。针对上述的优势产业，成都应在原产地领先品牌的保护和开发上下大力气，做好营销工作，维护和巩固市场领先者的地位和优势。

（2）补缺尚未满足的市场需求（原产地品牌的补缺）

目前，全球正在进行的发达国家知识型、劳动密集类服务业部门的小规模转移以及制造业中低运输量、高科技产业部门的大规模转移，为成都创造了难得的市场机遇。成都拥有丰富的劳动力资源优势和良好的产业布局基础，其可以通过积极打造原产地品牌，开辟国际补缺市场，以打开国际市场大门，占领一定的国际市场份额。

（3）创造新的产品市场（原产地品牌的创新）

随着经济社会的不断发展和城镇居民生活的日益改善，原有单一陈旧的产品结构和产品功能已然不能满足现代人的需要，尤其是都市居民日趋多元化和个性化的消费需求。这也印证了全球化过程中一个重要的新趋势，即越全球化就越本土化，形成了全球专业化和地方综合化齐头并进的矛盾统一体。一个突出的表现就是发达国家城市产品的出口比例在减少，而内销比重却在加大。这既给营销工作提出了新的课题，也带来了新的机遇。针对这一问题，就需要进行高端的营销运作，即不断创造新的市场需求，成功开发新的产品市场，更好地满足本地目标市场的需求变化。因此，通过市场调查和预测，探寻新的市场"空白点"，重新细分和选择目标市场，对原有产品进行改造升级和新产品的设计开发，就成为城市营销更好地服务于城市顾客的重要内容。开发新的产品市场，可以更好地服务和满足个性化的需求；开发新的产品市场，还可以扩展巨大的市场空间，有益于增加就业岗位和扩大就业范围，实现"当地人服务当地人"。具体来说，成都应大力发展那些可以满足本市居民多元化需求的进口替代产业，如都市制造业、都市农业、都市服务业，精心培育和创新一批原产地品牌。

（二）加强基础建设，改善软环境

城市营销旨在通过优化、提升城市的软硬件环境及相关服务，发掘和创新城市的独特吸引力，来满足市民、投资者、旅游者、企业等城市顾客的生活和工作需求、创业和投资需求、旅游和休闲需求以及企业发展和扩张的需求等，进而树立城市正面和良好的形象，提升城市的核心竞争力。因此，加强基础建设、改善软环境，应是成都城市营销的基本任务。

1. 加强基础设施建设的任务

（1）城市关键基础设施达到国际化水准

在旅游基础设施方面，要顺应国际潮流，如推进新兴主题酒店和娱乐城的建设；在服务投资的关键设施方面，应根据世界性企业和公司的投资需求，建设和完善满足国际化需求的基础设施；在人居方面，重点保证和实现教育、医疗等的国际化水准。通过努力，使基础设施体系更加完整化、配套化和现代化。

（2）基础设施实现网络化配套服务和管理

基础设施的网络化和便捷化是现代国际化城市的重要标志和优势所在。成都应在完善基础设施的基础上，抓好网络化配套服务，在产品创新和管理创新上有所突破（如开发集出行、购物、储蓄等功能于一体的城市居民消费卡等）。另外，还要做好基础设施的高效协同，减少居民和城市顾客不必要的时间、降低金钱成本。

（3）基础设施的信息化水平极大提升

加大信息基础设施的建设力度，主要是通信设施和网络设施的建设。通过信息技术的应用和普及，实现信息基础设施的智能化和便捷化。

2. 改善软环境方面的任务

（1）制度环境

首先，积极营造创业环境，打造企业平等发展、公平竞争的成长平台。成都需要进一步改革法律和政策环境，着力削弱仍然存在的行政性垄断及地区封锁，营造更加宽松自由的商业氛围，进一步为国内外投资者提供更广阔的商业机会和发展前景；同时，加大对投资者，特别是中小投资者的支持和保护力度，加快企业登记注册速度，更加注重规范和明确部门职能，强化对违规行为（如内部交易等）的市场监管，鼓励和保护更多的企业家投资创业。

其次，积极推动行政改革，打造优质高效的公共服务平台。成都需要进一步转变政府职能，进一步取消、下放、合并一批审批审核事项，将与政府性质及职能不相符的事务交给企事业单位和市场中介组织，把政府的作用限定于提供公共产品和公共服务方面；进一步简化行政约束，继续缩小行政审批范围，撤销直接从事、干预微观经济活动和社会事务的机构，杜绝政府各部门和各行政授权单位重复、交叉执法的现象；进一步推进行政审批制度创新，健全市场准入制度，规范生产、经营许可证发放，完善办事制度，减少审批环节，缩短审批时间，明确责任制度，落实"谁审批、谁负责"的原则；进一步加强网络建设和网络技术运用，推动"网上审批"形式的应用与普及，提高办事效率，降低商务成本。

最后，积极优化信贷环境，打造结构合理、渠道畅通的金融服务平台。成都需要进一步改善融资环境，完善金融结构，拓宽融资渠道，特别是推动地区性民营中小银行的发展；需要大力发展解决中小企业贷款抵押问题的民营担保业，并在有条件的地方试点筹建能够对中小企业投资计划进行审核、并提供融资担保等促进中小企业发展的机构；需要进一步完善消费者征信体系，健全企业信用评估机制，加快地区性的个人、企业信用体系和评估机制的建设。

（2）文化环境

首先，形成和谐包容、真诚热情的城市文化氛围。市民观念要有利于吸引投资者，不能排外歧视，应实施非国民待遇。通过公共教育、舆论宣传等方式和途径，不断提升居民文化素质和素养，为城市顾客特别是国际顾客，营造和谐的人居环境和舒适的投资创业氛围。

其次，形成高效的公共管理和政府管理服务体系。政府公务人员和社会公众群体都要形成顾客至上的服务意识。进而完善法律法规，简化行政程序，改善营商环境。

（三）引进高级要素，提升产业层次

1. 高级要素的系统引进

人才：高级专业人才是对竞争优势起决定作用的核心要素之一。成都应重点引进急需的国际化高层次管理、国际商务会展以及高新科技和创意等领域的专业人才；未来，成都在积极从境外引进人才的同时，应建立教育枢纽，加强对本地人力资源的深度开发，自主培养中高级管理、科技和创意等领域的专业人才队伍，推动自主创新。

资金：广开投融资渠道，积极利用各种融资手段，引进战略性投资，加强区域金融中心的建设。要大力改善招商引资的软环境，培育多元化的投资主体。通过努力，逐步形成多渠道、多层次、多方位的投融资体系。

科技：高新技术也是对竞争优势起决定作用的重要因素。成都高等教育和科研机构虽然起步较早，但规模较小，自主研究和高水平开发能力较弱，新技术基础薄弱，不足以满足成都未来发展高新技术产业和知识型经济的需要。因此，今后需要通过各种渠道充分使用外部先进科技成果，同时建立自身的知识创新工程。

2. 产业层次的全面提升

遵循全球产业发展规律、立足自身现实和条件，迎接全球产业转移的机会，实施产业跨越式发展战略；打破从农业到轻工、再到重工、然后才是服务业的传统产业升级路径，而是直接从工业化初级阶段进入以现代服务业和高科技制造业为主导的后工业社会。为此，确立以下六大重点产业体系。

高新科技制造业：成都已确定在汽车制造、电子信息、核技术应用、生物制药、新材料、航空航天等六大产业领域进行重点推进。

现代服务业：包括金融、保险、会展业、商务服务业（包括会计、广告、法律、设计等）、物流、信息传输计算机软件业等。

休闲旅游：形成休闲旅游产业链，主要以旅游业、商贸服务业及房地产业为主体，带动上下游产业的配套发展和良性互动。

文化创意：成都已经具备较好的文化产业发展基础，今后应着力打造文化创意产业基地，并积极促进音乐、戏剧、动漫、摄影、电影、传媒、出版等产业的持续发展。

都市工业：未来五年内，成都市应以自身独特的信息流、人才流、现代物流、资金流等社会资源为依托，以产品设计、技术开发和加工制造为主体，以都市型工业园区、楼宇为载体，重点发展电子信息产品的研究、开发和组装，软件开发、制造业，服装服饰业，广告印刷与包装业，钻石珠宝等工艺美术品和旅游产品，室内装饰装潢产品设计、开发与组装业。

现代农业：经过近几年的努力尝试，成都已积累了社会主义新农村建设的成功经验。在发展现代农业方面，应引进和推广先进农业生产技术，实现地区农业发展的规模化、集约化和高效化。

（四）塑造城市品牌，增益品牌资产

城市品牌化作为一种专业化的城市形象管理手段，表现为城市对自我期望形象的规划、设计和管理，是一种主动的创造和安排。良好的城市形象是吸引游客、投资者、企业及人才的重要条件，也是市民荣誉感和归属感的源泉。可以说，成都品牌是全体成都市民共享的宝贵财产。

启动专业化的城市品牌建设，必须有规范的品牌设计和规划，包括城市品牌核心价值的提炼，城市个性的总结和描述，城市主题口号的征集和确定，城市视觉形象的设计，以及成都品牌的建设、传播与管理的总体战略规划等。开启并加强成都品牌建设，就是要使成都的城市形象置于有序的和专业化的管理之下，最终使成都尽可能摆脱负面形象的困扰，树立其应有的、独特的美好形象。

（五）整合营销资源，创新组织机制

应该看到，除了认识上和技能上的隔阂，成都城市营销的规划、运行和管理，还存在着组织上和制度上的障碍。鉴于多元主体及多元目标是城市营销区别于企业营销的一个基本特征，成都要制定合理的营销规划，协同营销决策，就必须创设相应的城市营销组织平台和协同机制。

因此，我们建议由成都市政府牵头，设立"成都城市营销委员会"，作为城市营销的规划和管理机构。成都城市营销委员会的组织架构，应强调将不同的群体进行整合，如城市主要的公共部门、企业部门、社会组织和市民等。在这一组织结构中，政治、经济和社会等各方面要素应高度协同，以体现战略城市营销协调发展的原则和要求。

如前所述，成都的城市营销工作其实一直都在推进，比如旅游局、文化局、投促委、商务局、文旅集团，以及其他的机构、社团和企业等，都在按照各自的理解和目标，投入各自的资源来营销成都。然而，由于上述的营销资源和营销努力缺乏统一的规划和协同，因而致使营销的效率和效

果大打折扣。

我们认为，在"成都城市营销委员会"成立后，其能够对所有公共部门、社会部门的涉及城市形象和城市营销的计划和推广方案进行必要的指导和协调。此外，市政府还应引导、鼓励当地企业积极参与成都的城市营销，特别是企业所涉及的城市形象的营销宣传，应确保其符合"成都城市营销委员会"制定的营销战略方向及城市品牌规范。

（六）加强外部协同，推动区域营销

《成都市国民经济和社会发展第十一个五年规划纲要》指出：在强化自身发展的同时，加强区域合作，拓展新的发展空间，巩固和增强成都作为西部开发战略高地的地位和作用。要构建成都经济区，推进成渝经济区区域合作，并加强与国内其他区域的合作。从城市营销的角度来看，成都在未来五年的发展过程中，应积极建立外部营销资源和自身营销努力的协同机制。一方面，要学会创造机会，即要有敏锐的市场洞察力和有效的营销执行力，这样，才能保证营销工作有的放矢、产生实效；另一方面，也要学会捕捉机会，就是要利用周边区域已经创造出的机会，开展双赢或多赢合作。

具体而言，成都在加强外部协同、推动区域营销中应着眼于以下五个方面。

1. 成渝一体化

成都与重庆有着经济、地理、文化等诸多方面的紧密联系。一个是西南大省省会城市，一个是中国第四直辖市。在现实的城市发展中，两个城市不可避免地会出现空间上的竞争与城市利益的冲突。因此，趋利避害，采取竞合战略，构建成渝一体化的协同营销体系，如联合招商，结成旅游目的地联盟等，才是两市实现"双赢"的最佳战略选择。成都和重庆拥有良好的资源互补与交通便利基础，在加强自身竞争力的同时，通过发挥区域整体竞争力，强化区域整体形象，还可以实现区域经济、社会和环境效益的最大化。

2. 成都与周边地区的协同

目前，在旅游营销中，成都已经取得了与周边地区联合推广的初步成效。2006 年 7 月，成都与甘孜藏族自治州达成区域合作协议，两地政府

联手搭建宣传平台，联手宣传两地特色旅游资源，共同打造"大香格里拉"国际旅游精品线。双方在相关旅游宣传上推介对方旅游产品和线路，实现客源、资源、信息共享。此外，2007 年 5 月，中国西部旅游三大品牌的代表——成都文化旅游发展集团、峨眉山管理委员会、九寨沟风景名胜区管理局在成都签订了"营销联盟战略合作协议"，成都—峨眉山—九寨沟旅游目的地营销联盟正式建立。今后，成都一方面应扩展与周边地区的合作范围，以旅游联合营销为平台，不断增添合作项目，扩大合作领域，深化合作机制；另一方面，应致力于现有营销协同机制的完善、联合营销方式的深化、营销效果的评估和整改等，使地区合作的"合力"真正得到发挥和提升。

3. 成都与四川省的协同

成都作为省会城市，有着其他省内城市无法比拟的资源、信息、政策优势，因此，成都应恰当地举全省之力，发挥联合营销的辐射效应和聚合效应。以成都旅游品牌为统领，整合全省的旅游资源。《四川省"十一五"旅游产业发展规划》中所反映出的构建"大成都"旅游区的概念，就是以成都为圆心，将一小时车程为半径区域内的省内旅游资源整合于其中。这样不仅是对成都旅游资源的扩展和旅游吸引力的提升，也是实现多方共赢，推动全省经济、社会发展的有效方式。成都与省内其他城市的协同，较之与国内及国际城市和地区的协同更具有先天的地缘优势、人脉优势，更易于达成共同的战略目标，因此，也更易于实现共同的利益。

4. 成都与国内城市的协同

外部协同还包括成都与国内其他城市的合作。截至 2007 年 6 月，成都已先后与桂林、昆明、南京、洛阳、许昌、南阳、亳州、汉中、襄樊等城市及所在的省、市旅游局签署了《打造中国三国文化旅游区域合作协议》，至此，与六省八市的三国文化旅游营销联盟已经成立。旅游方面区域联合营销的开展和尝试，对探索投资、文化及人居等方面的协同营销模式，可以起到积极的启示作用。在深化现有区域营销方式的基础上，寻求更多的合作机会，发现更大的合作空间，应是成都营销行动和营销管理的主要任务。

5. 成都与国外城市的协同

成都还要注重国际化营销合作和地区联动。成都与国外城市的协同可以采取项目合作与战略合作两种形式。

项目（主题）合作是成都以旅游、文化、投资等领域的具体的项目或产品为媒介，与国外城市或地区进行的联合营销。如开展全球范围内的田园城市合作，举办国际论坛、博览会等；以大熊猫为媒介，建立起与世界不同地区间的友好城市网络，开展大熊猫友谊之旅、文化巡展等活动；以国际航线为纽带，组织与国外城市之间的旅游、商贸、文化交流活动。

战略合作是立足未来的全面协同，其合作营销的范围更广，如积极寻求北纬30度城市的合作，共同举办"魅力北纬30度文化巡展"、"魅力北纬30度旅游推介"等活动。

总之，成都城市营销应加强研究与规划，更加积极、主动地参与地区营销，拓展合作范围；更加积极、主动地创造机会，捕捉机会，以此来增强成都的营销力度，扩展城市的营销领域，为成都城市总品牌和旅游、营商、人居等副品牌的传播、推广作出积极的贡献。

第三章
成都城市形象分析与城市品牌化战略

在城市营销的实际操作过程中，城市品牌化往往是专业化城市营销战略的关键。通过开展基于城市品牌的城市营销活动，将更加有效地整合城市营销资源和要素，实现既定的城市营销目标。

科特勒等（1993）在其著名的 *Marketing Places* 一书中，用了相当大的篇幅来讨论地区品牌化问题。芬兰城市营销专家 Rainisto（2003）更明确指出，"地区品牌化是增加地区吸引力的方法，其核心问题在于构建地区识别（place identity）"。城市品牌化，已然成为城市营销理论研究的前沿热点问题之一。

所谓城市品牌，就是一个城市历史文化、地理资源、经济技术等要素被公众广泛认同的最具典型意义的称谓，是通过一系列的手段向其目标公众所展示和传达的能表现城市核心价值、个性和定位的名称、标语、标志、符号或图案。城市品牌是从诸多形成要素中综合、概括、抽象、比较、筛选出来的。形成城市品牌的要素包括历史角色、文化底蕴、人文风情、地理特征、产业优势、经济实力、特殊活动等多个方面。

城市品牌的塑造对一个城市经济的发展有着极其重要的意义，具体表现在以下几个方面。

第一，有助于展现城市特色，增强城市魅力，并为城市的未来发展产生激励和指导的作用；

第二，有助于吸引人才和外资；

第三，有助于增强城市居民的认同感、荣誉感和凝聚力；

第四，有助于带动旅游业的发展；

第五，有助于增强公众对政府的信任感；

第六，有助于增强城市综合竞争力。

城市品牌的打造，关键是定位及其推广。目前，国内大多数城市的品牌定位，还处在一句话定位、以口号取代定位的非专业化时代。这样的定位办法，不可能达到准确和合理的水平，因此也导致了诸多的恶果，造成资源的浪费。成都品牌定位，应跳出既往窠臼，通过专业研究和设计的道路，开辟城市品牌的全新定位及推广时代。

城市品牌塑造是一个严谨的设计、规划和管理过程，其基础设计流程如图 3 - 1 所示。

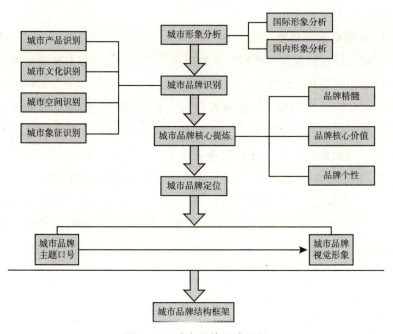

图 3 - 1 城市品牌设计流程

资料来源：本研究设计。

一 成都城市形象分析

城市形象分析是开展城市品牌战略规划的前提，通过城市形象分析，可以从中了解当前城市品牌管理的现状及问题，掌握目标顾客对品牌的理解与认知，为开展系统的城市品牌设计提供依据。对于成都市的城市形象分析，主要是从国际形象和国内形象两个维度来展开。

（一）国际形象分析

通过成都国际形象分析，可以从中了解国际顾客对成都城市形象的认知与态度。那么，成都市在国际上的形象究竟是怎样的？为此，我们委托国际权威的市场调查机构 GMI 针对成都城市形象的相关问题，于 2007 年 7 月对澳大利亚、加拿大、法国、德国、印度、日本、韩国、马来西亚、英国、美国 10 个国家的海外人士以及国内的外籍人士展开了问卷调查，最终获得了大量可靠的第一手数据。从调查的情况来看，成都市目前在国际上的形象表现如下：

1. 成都的国际角色

了解成都在国际市场中所承担的角色，能够为开展富有成效的城市营销战略规划提供直接的参考。从调查的情况来看，海外人士与国内外籍人士的认知存在一定差异，只在成都作为"旅游城市"的角色方面取得了一致。从海外调查的情况来看，在关于"成都在国际上所能够承担的角色"这一问题的调查中，在被调查者认为描述得第一贴切、第二贴切和第三贴切的回答中排名前三位的分别是文化城市（23.1%、16.4%、13.0%）、商贸城市（20.2%、10.0%、10.0%）和旅游城市（17.4%、17.2%、15.3%）（如图 3 - 2 所示）。而国内外籍人士则有七成以上认同"旅游城市"、"休闲城市"和"人居城市"的描述（如图 3 - 3 所示）。

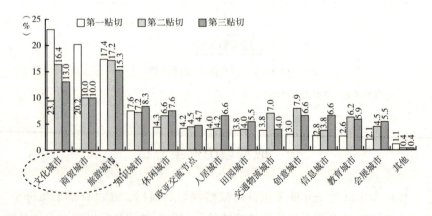

图 3 - 2 海外人士对成都国际角色的认知

数据来源：本研究整理。

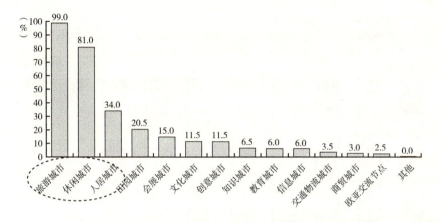

图 3 - 3　国内外籍人士对成都国际角色的认知

数据来源：本研究整理。

另外，从对 10 个国家的调查结果来看，也存在一定的差异：英国（68.0%）、美国（64.7%）、加拿大（62.7%）和澳大利亚（58.0%）的受访者倾向于认为成都承担的是"文化城市"的角色；韩国（68.8%）、德国（52.0%）、法国（48.0%）的受访者认为成都承担的是"商贸城市"的角色；马来西亚（65.7%）、日本（65.5%）和印度（51.0%）的受访者则认为成都承担了"旅游城市"的角色（如图 3 - 4 所示）。

2. 成都的品牌个性

关于成都市城市品牌个性的认知，国内外籍人士和海外人士的认知也存在较大的不同。从调查的结果看，海外人士喜欢用"自然"（37.4%）、"成功"（33.8%）、"创新"（30.8%）、"和谐"（28.9%）等词汇来描述成都的城市个性；而国内外籍人士则愿意用"快乐"（44.5%）、"惬意"（40.0%）、"自然"（40.0%）和"悠闲"（39.5%）来形容成都的个性（如图 3 - 5 所示）。

另外，这一调查结果也与另一个问题的回答情况相契合，即"如果用季节来表现成都，您认为春夏秋冬哪个季节最能表现成都"。由调查可知，近半数海外人士认为"春季"（49.5%）最能够表现成都，而国内外籍人士的答案则是"夏季"（35.0%）和"春季"（34.0%）（如图 3 - 6 所示）。事实上，人们关于"春季"的美好想象往往会与"生机"、"自然"、

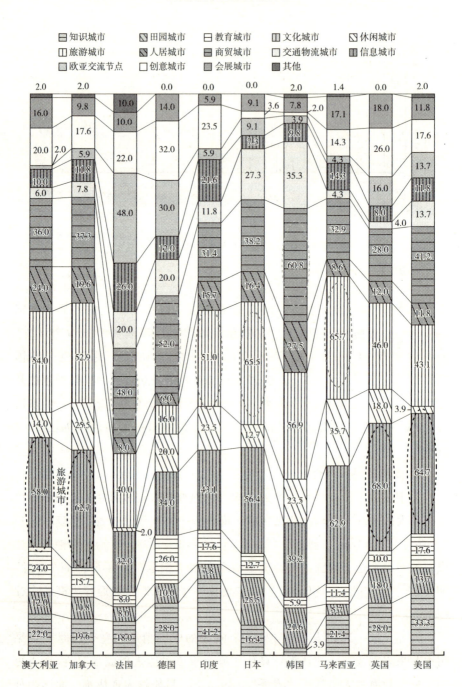

图 3 - 4　十国人士对成都国际角色的认知

数据来源：本研究整理。

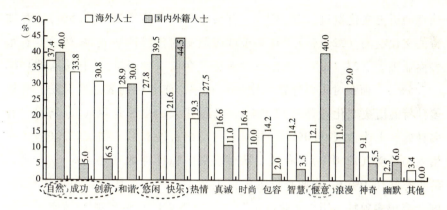

图 3-5　海外人士和国内外籍人士对成都城市品牌个性的认知

数据来源：本研究整理。

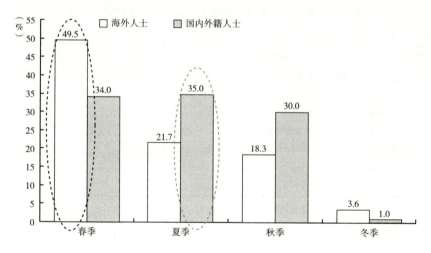

图 3-6　海外人士和国内外籍人士对"季节表现成都"的认知

数据来源：本研究整理。

"绿色"、"和谐"、"创新"等意向相联系，而关于"夏季"的正面联想则可能涉及"快乐"、"阳光"、"沙滩"、"悠闲"、"放松"、"惬意"、"舒适"等。因此，这一问题的调查也进一步显示了国际人群对成都城市品牌个性的认知。

3. 成都的核心价值

在对成都的城市核心价值的调查中，海外人士与国内外籍人士的认知也有所不同。在对海外十国的调查中，排在前七位的表述分别是：有很多独特的历史文化遗迹（39.7%）、有很迷人的自然景观（32.5%）、有独特的文化氛围（32.1%）、有关于城市起源的独特神话（24.2%）、有很多商业机会（23.3%）、适合举办展览及会议（18.5%）、有怡人的环境（15.5%）。而在对国内外籍人士的调查中，前七位的表述则又是：有很多独特的历史文化遗迹（57.0%）、有很迷人的自然景观（55.5%）、有多样的乡土饮食（49.0%）、有很多这里出身的有名人物（22.0%）、有怡人的环境（17.0%）、有关于城市起源的独特神话（16.0%）、有良好的生态（16.0%）。在调查排名的前七项中，两类群体有四项认识一致，即"有很多独特的历史文化遗迹"、"有很迷人的自然景观"、"有关于城市起源的独特神话"和"有怡人的环境"（如表 3 - 1 所示）。

表 3 - 1   海外人士和国内外籍人士对成都核心价值的判断

单位：%

排名	海外人士的判断		国内外籍人士的判断	
1	有很多独特的历史文化遗迹	39.7	有很多独特的历史文化遗迹	57.0
2	有很迷人的自然景观	32.5	有很迷人的自然景观	55.5
3	有独特的文化氛围	32.1	有多样的乡土饮食	49.0
4	有关于城市起源的独特神话	24.2	有很多这里出身的有名人物	22.0
5	有很多商业机会	23.3	有怡人的环境	17.0
6	适合举办展览及会议	18.5	有关于城市起源的独特神话	16.0
7	有怡人的环境	15.5	有良好的生态	16.0

注：此两类群体中关于成都核心价值认知的排名前七项中各项比例均超过 15.0%。
资料来源：本研究整理。

4. 成都的品牌形象

提到成都会给受众带来什么样的联想呢？在关于成都品牌形象的调查中，海外人士与国内外籍人士对成都的印象存在较大差异。在提到用什么样的形容词来描述成都时，海外人士会选择"历史悠久的"（41.2%）、"传统的"（38.6%）、"迷人的"（29.9%）；而绝大多数国内外籍人士则会用"历史悠久的"（70.0%）、"惬意的"（38.5%）以及"高生活质量的"（39.5%）来形容成都，两者只在"历史悠久的"这一点达成共识（如图 3 - 7 所示）。

从调查的数据可以看出，相对来讲，海外人士对成都形象的感知，是

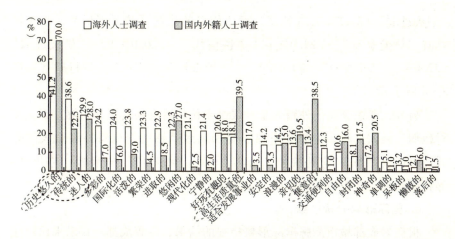

图 3-7　海外人士和国内外籍人士对成都城市品牌形象的认知

数据来源：本研究整理。

比较离散的，较多的人对成都的印象主要还是基于成都的历史与自然景观。而国内外籍人士对成都的形象的认识则比较聚焦，他们对成都形象的认知更多地集中于生活形态与社会文化层面，特别是"生活质量高"、"惬意"等意向已较多地被他们所接受。这一方面表明，成都以往面向国内的城市宣传工作所取得的重大成效，另一方面，这也为成都面向国际市场开展城市营销工作提供了重要的参考和借鉴。

5. 成都的市民特质

在调查城市形象的过程中，研究目标受众对一个城市市民特征或性格特点的认知，也是了解目标受众对城市形象认知的重要方面。因此，本研究也针对海外十国人士和国内外籍人士开展了关于"成都市民特质"的问卷调查。从调查的结果来看，较多的德国（66.0%）、印度（56.9%）、马来西亚（50.0%）、英国（46.0%）、加拿大（45.1%）、澳大利亚（44.0%）和美国（41.2%）受访者认为成都市民具有"讲信用"的特质；而相对较多的日本受访者则认为成都市民具有"热爱家乡"（43.6%）和"热情亲切"（36.4%）的特质；韩国和法国的受访者对成都市民特质的认知相对比较离散，比较多的韩国受访者认为成都市民具有"热情亲切"（35.3%）、"开放的"（33.3%）、"包容的"（31.4%）、"勤勉的"（31.4%）、"讲信用"（27.5%）、"热爱家乡"（23.5%）、

"积极进取"（23.5%）等特质，而比较多的法国受访者则认为成都市民具有"热爱家乡"（24.0%）、"讲信用"（20.0%）、"积极进取"（22.0%）、"开放的"（30.0%）、"热情亲切"（22.0%）等特质（如图 3-8 所示）。

另外，考虑到国内外籍人士对成都市民特质会相对更加了解，因此在对他们开展调查时，本研究采取了更加细致严谨的李科特五级量表的方式。由调查可知，"有礼貌"、"自尊心强"、"讲信用"、"亲切"、"开放"等特质受到较多被访者的认同（如图 3-9 所示）。

6. 国际形象分析小结

根据对成都城市品牌国际形象检视的结果，尽管成都一直以来比较注重国际营销，举办了大量的节事活动向海外推广成都城市品牌，但目前成都城市品牌的国际知名度还比较低。从国际调查的结果来看，大部分境外人士对成都知之甚少，对中国城市的认知主要集中在北京、上海和广州。而对成都有点概念的被访者，则或多或少地对成都存在片面认识甚至是误解。他们往往将成都与"熊猫"联系在一起，与良好的自然环境联系在一起。这些认识只是了解了成都品牌的一个侧面，而没有认识到成都的真正优势与价值。而更有甚者则在此基础上将成都演绎成为一个中国西部的落后城市。这当中的一个重要原因是成都目前还没能准确把握住城市最深刻、最珍贵的价值，进而缺乏承载这一价值的、达到国际水准的城市品牌设计（包括标志和口号等）。这使得成都已有的推广活动没有了依托，也无法凝聚成一个合力指向同一个目标。另外，成都与国际、国内、省内乃至市内的国际机构的联络、沟通和服务机制也缺乏战略设计，已有的联系往往是各个城市产品的主体或政府部门出于发展某项城市产品的考虑而开展联系，这些联系既没有较好的延续性，也没有与其他部门的城市营销工作协同起来，因而使得成都的国际知名度迟迟得不到有效的提升。

（二）成都国内形象分析

对城市国际营销的开展不能仅仅把注意力聚集在国际市场上，而是要在国内市场与国际市场上协同运作，共同打造城市品牌。为此，在了解城市国际品牌形象的同时，还需要掌握城市国内品牌形象。所做市场调查获得的数据反馈了成都的国际品牌形象，那么成都国内品牌形象又

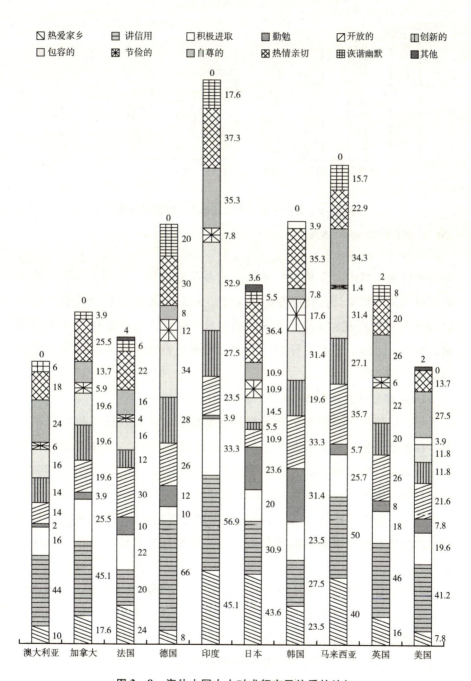

图 3-8　海外十国人士对成都市民特质的认知

数据来源：本研究整理。

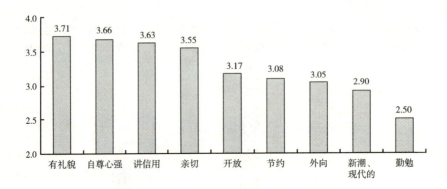

图 3 - 9　国内外籍人士对成都市民特质的认知

数据来源：本研究整理。

是怎样的呢？国内顾客是如何来认知成都品牌的呢？为了更好地了解成都的国内品牌形象，在此部分的研究中，我们将运用比较分析法，选择11 个与成都存在现实或潜在竞争关系的城市展开讨论。这 11 个城市分别是：北京、上海、广州、深圳、苏州、杭州、重庆、大连、西安、昆明和武汉。

1. 成都总体品牌形象

城市品牌是一个城市的功能性、情感性、自我表现性等战略识别要素，在公众头脑中共同生成的一系列独特认知和联想。对于城市总体品牌的评价，可以利用城市总体品牌指数这一数量工具。城市总体品牌指数是社会公众对城市品牌形象的综合认知和评价[1]。利用这一指标，我们发现成都城市品牌形象在各竞争城市中处于下游，但相比西部城市而言，成都的总体品牌在国内市场中的形象则具有一定的竞争优势（如图 3 - 10 所示）。

城市名称在互联网中被引用的次数可以在很大程度上反映一个城市的知名度。因此，为了进一步了解成都相对于上述竞争城市的国内外知名度，我们还对各城市名的网络搜索量展开了调查。从获得的数据来看，成都无论是国际知名度还是国内知名度都比较低（这一发现也与我们通过

---

① 中国社会科学院财政与贸易经济研究所倪鹏飞研究员主编的《中国城市竞争力报告No. 5》对这一问题有着深入的阐释。

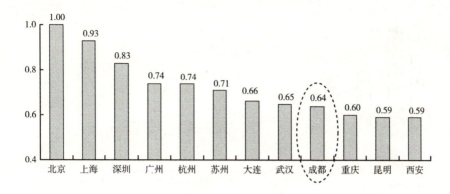

图 3 – 10　城市总体品牌指数排名

数据来源：倪鹏飞主编《中国城市竞争力报告 No.5》，社会科学文献出版社，2006。

国际调研所获得的认知一致），在上述 12 个城市中排在倒数第二，仅在西安之前，与排名第一的上海相差 10 位（如图 3 – 11 所示）。

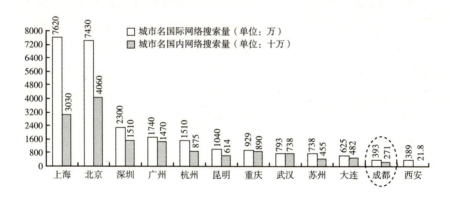

图 3 – 11　城市国内外知名度排名

数据来源：倪鹏飞主编《中国城市竞争力报告 No.5》，社会科学文献出版社，2006。

2. 成都旅游品牌形象

城市旅游品牌是城市旅游的功能性、情感性、自我表现性等战略识别要素，在公众头脑中共同生成的关于旅游体验的一系列独特联想。《中国城市竞争力报告 No.5》同样开发了城市旅游品牌指数对城市旅游品牌进行评价。城市旅游品牌指数是社会公众对城市旅游品牌的综合评价。从数据分析的情况来看，成都旅游品牌形象在几个竞争城市之间位于中等水平，并且在西部同类城市当中，处于领先位置（如图 3 – 12 所示）。

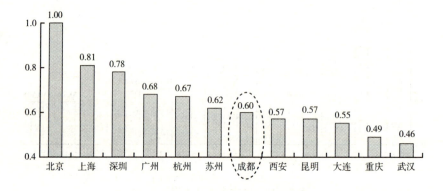

图 3 – 12　城市旅游品牌指数排名

数据来源：倪鹏飞主编《中国城市竞争力报告 No. 5》，社会科学文献出版社，2006。

3. 成都投资品牌形象

城市投资品牌是城市投资环境功能性、情感性、自我表现性等战略识别要素，在公众头脑中共同生成的关于投资体验的一系列独特联想。在《中国城市竞争力报告 No. 5》中采用"城市营商品牌指数"这一数量工具来测评城市投资品牌。城市营商品牌指数是社会公众对被塑造的城市营商品牌（也即城市投资品牌）的认知和综合评价。从数据分析的结果来看，成都的投资品牌形象相对东部经济发达城市而言要弱一些，但在几个西部竞争城市当中则处于强势地位（如图 3 – 13 所示）。

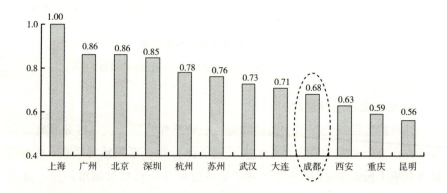

图 3 – 13　城市营商品牌指数排名

数据来源：倪鹏飞主编《中国城市竞争力报告 No. 5》，社会科学文献出版社，2006。

在城市投资品牌形象分析过程当中，还有一个重要方面不应忽视，即城市原产地品牌形象。城市原产地品牌可以界定为城市原产地产品的功能性、情感性、自我表现性等战略识别要素，在公众头脑中共同生成的一系列独特联想，它是一种标示原产地产品的出处和来源，即原产地城市的商业标记。对于城市原产地品牌形象的测评，也可利用城市原产地品牌指数这一工具来实现。来自《中国城市竞争力报告 No.5》的数据显示，成都的原产地品牌形象在几个竞争城市当中同样是处于中等偏下的水平，在几个西部竞争城市当中稍逊于西安（如图 3－14 所示）。

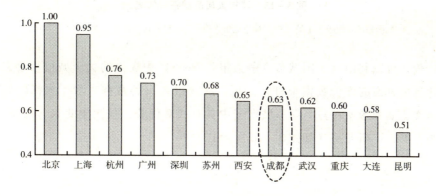

图 3－14　城市原产地品牌指数排名

数据来源：倪鹏飞主编《中国城市竞争力报告 No.5》，社会科学文献出版社，2006。

4. 成都人居品牌形象

城市人居品牌是城市人居方面功能性、情感性、自我表现性等战略识别要素，在公众头脑中共同生成的一系列独特联想。为了进行人居品牌的比较与衡量，《中国城市竞争力报告 No.5》开发的城市品牌指数体系中也包括了城市人居品牌指数。城市人居品牌指数是社会公众对城市人居品牌的综合评价。从《报告》的数据来看，成都的人居品牌形象在几个竞争城市当中处于中等偏下的水平，从西部竞争城市来看，成都的城市宜居形象甚至弱于昆明（如图 3－15 所示）。

5. 成都文化品牌形象

城市文化品牌形象主要是指一个城市社会文化方面的功能性、情感性、自我表现性等战略识别要素，在公众头脑中共同生成的一系列独特联想，它反映了城市的社会文化对目标顾客的吸引力。对于城市文化品牌的

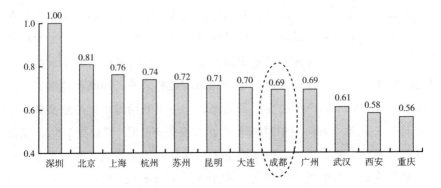

图 3 – 15　城市人居品牌指数排名

数据来源：倪鹏飞主编《中国城市竞争力报告 No. 5》，社会科学文献出版社，2006。

比较，可以利用《中国城市竞争力报告 No. 5》中提供的关于城市社会文化环境方面的评价数据来进行分析。从《报告》的数据来看，成都的城市文化品牌形象在各个竞争城市当中具有相对优势，仅次于北京、西安，与上海、广州齐平（如图 3 – 16 所示）。

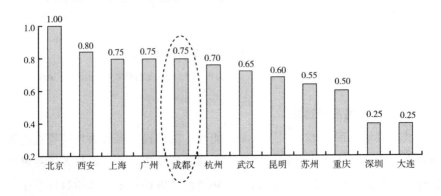

图 3 – 16　城市社会文化环境评价比较

数据来源：倪鹏飞主编《中国城市竞争力报告 No. 5》，社会科学文献出版社，2006。

6. 国内形象分析小结

总之，相对于北京、上海、深圳、广州、杭州、苏州、大连、武汉、重庆、昆明和西安等竞争城市而言，成都城市品牌形象处于下游，但在西部城市中，成都的总体品牌在国内市场中的形象则具有一定的竞争优势。具体就各项子品牌来说，成都的城市文化品牌形象在各个竞争城市当中具有相对优势，仅次于北京、西安，与上海、广州齐平；成都旅游品牌形象、成都的投资品牌形象在几个竞争城市之间位于中等水平，并且在西部同类城市当中，处于领先位置；而成都的原产地品牌形象、人居品牌形象则在几个竞争城市当中同样处于中等偏下的水平。尽管成都在品牌形象管理中非常重视人居品牌，但从竞争分析的角度来看，其优势似乎并没有显现。

二　成都城市品牌识别——品牌基因确认

城市品牌识别是指城市营销者希望创造和保持的能够引起人们对城市美好印象的独特联想，是城市营销者精心提炼的一个城市区别于其他城市所特有的吸引力和价值的总和，它是城市营销者的一种自我规划和描述，是所有城市品牌创建工作的核心驱动力量。城市品牌识别设计是城市品牌塑造的"基因工程"，对所有的品牌建设工作起着基础性和指导性的作用。

关于成都的城市品牌识别可以从四个方面开展，即城市产品识别（消费产品意义上的城市品牌）、城市文化识别（文化存在意义上的城市品牌）、城市空间识别（空间存在意义上的城市品牌）和城市象征识别（符号意义上的城市品牌）（如图 3－17 所示）。

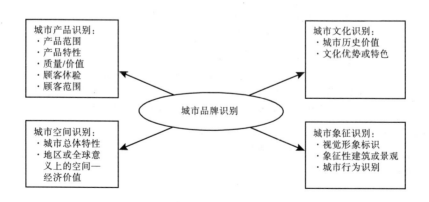

图 3－17　城市品牌识别模型

资料来源：本研究整理。

（一） 成都城市品牌的产品识别

从城市营销的视角出发，城市的某种质量、环境、设施、意象、文化及其未来发展等均可视为是"城市产品"。当然，城市产品识别主要针对的是消费产品意义上的城市产品，因此，其他不可"出售"的城市产品并不在产品识别的考察范围之内。具体来说，对于城市产品的识别，可以从功能特性、质量/价值、顾客体验、顾客范围等要素层面来展开。关于成都城市产品识别，可以用表 3-2 来概括。

表 3-2　成都城市产品识别

产品范围	产品类别	识别描述
城市文化与旅游产品	自然观光	城市掩映在大自然的神奇、瑰丽和美的震撼中 （独一无二的"熊猫之城"，以及都市周边从盆地到高原、极为丰富多样的自然景观，为成都成为亚洲最具潜力的旅游目的地之一奠定了基础）
	人文旅游	保存完好、意蕴浓厚、魅力无限的东方文化韵律 （原生型神秘的古蜀文化、三国文化、客家文化、藏羌文化等，构成神秘、厚重、极具吸引力的人文旅游资源）
	休闲度假	安逸悠闲、亲近自然、耍乐情趣、节约便利的休闲度假天堂 （优越的地理区位、田园般的城市氛围、丰富独特的文化、传统与现代并存的生活方式以及友善包容的市民，让成都成为千百年来人们向往的高品质现代休闲度假圣地）
	商贸会展	亚太地区新兴商务旅游目的地 中国中西部商贸会展中心 区域性国际会展中心
城市投资类产品		享受创业与发展：赢在中国的战略制高点之一，创新与灵感迸发的沃土 （作为生活成本和生活质量最有优势的城市之一，慢节奏、高品质的生活与快节奏、高效率的经济完美统一，使成都正在成为跨国公司的地区总部，以及中国中西部最重要的高新科技企业、生产型服务业和创意产业的聚集地）
城市人居类产品		成都是两千余年来举世向往的宜居乐土 （少不入川，老不出川；天府之国；一个来了不想走的城市）

资料来源：本研究整理。

（二） 成都城市文化识别

一个城市的文化涉及她全部的物质和非物质形式，既是历史也是现实，又是一种未来的趋向。每一个城市的文化总是具有一定个性的，这种个性可以归结为一种或几种被很多人体验到的特征，比如上海的市民特征是小资，其基础是东亚曾经最发达、至今仍然发达的工业商业。城市的这种特征有其形成的基本原因，这种基本原因又体现出一种城市精神。

成都是具有 4500 多年文明史，2300 多年城市历史的文化名城，是一座融古代文明与现代文明于一体的特大中心城市。改革开放以来，成都市大力兴建文化基础设施，文化体制改革不断深入，文化产业发展迅速，为构建西部文化中心打下了坚实的现实基础。因此，从亚洲和国际的视野来看，成都的历史文化均具有较强的影响力。

那么成都的文化特征是什么呢？对此，我们很难用一个词来表达成都丰富的文化底蕴。但我们可以从多个方面来概括：既包容又独立，既处封闭盆地又开放交融，既灵犀跃动又兼容并蓄，既温柔婉约又阳刚火辣。成都的包容是有原则的。包容只是方式和态度的包容，在包容的深处必须要有核心精神和灵魂，不然，这种包容就谈不上是真正的包容，而只是安于世故的混混。包容的特点是一个城市包含了各种因素，使各种因素得以存在和发展，并从中发掘和酝酿出革新的力量和趋势，没有这种革新，包容则失去了核心精神和灵魂。因此，成都的包容是兼具开放创新的包容。所以说，成都虽然处于内陆却极具开放魅力。

城市文化识别主要从城市历史价值、城市文化优势或特色等要素层面来考察。关于成都城市文化识别，可以表述如下：

> 穿越时空的文化魅力，多元丰富并具有相对独立性的文化价值，使成都拥有成为国际文化名城的资质，并负有成为国际文化名城的责任。

（三）　成都城市空间识别

城市空间识别主要从城市总体特性、城市在地区或全球意义上的空间、经济价值等要素层面来考察。关于成都城市空间识别，可以表述如下：

> "九天开出一成都"。四川是中国西部龙头，而成都历来就是"王冠上的耀眼明珠"；成渝经济区发展迅猛，正在形成中国西部经

济的磁极，并有望成为欧陆、中国大陆、东盟和南亚经济交流、交汇的战略中枢。

（四）成都城市象征识别

城市象征识别是指从展现城市形象的符号、标记层面来进行的识别。在开展城市象征识别时，主要是从城市的视觉形象、象征性建筑或景观、城市行为识别等要素层面来考察。关于成都城市象征识别，可以用表3－3来表示。

表3－3　成都部分城市象征识别

要素分类	识别表述
符号识别	（VI待设计）熊猫、太阳神鸟等
建筑识别	都江堰、武侯祠、文殊坊、锦里、天府广场、洛带古镇等
行为识别	古琴大赛、放水节、国际桃花节、中国国际美食旅游节、道教文化节、中国西部博览会等

资料来源：本研究整理。

三　成都城市品牌核心提炼

上述成都城市品牌识别的描述，旨在全方位地锁定成都城市品牌的特质，作为成都城市品牌化决策的参考。事实上，城市品牌识别要素的作用并不是对等的，其中最重要的部分是品牌精髓，其次是核心识别。它们对城市品牌塑造的实际操作，更具指导价值。

（一）成都城市品牌精髓

城市品牌精髓由城市识别中最重要的元素组成，是城市品牌识别其他各要素协同和联系的枢纽，也是与城市顾客取得共鸣并持续推动城市价值取向的深刻力量。因此，在综合考虑的基础上，我们将成都城市品牌精髓提炼为：

悠闲、安逸中的生命美感和张力

另外，城市品牌精髓具体表现为城市品牌的核心价值与城市品牌个性。因此，关于成都城市品牌精髓的进一步萃取，还将围绕成都城市品牌的核心价值和成都城市品牌个性两个方面展开。

（二）成都城市品牌的核心价值——理性承载

品牌核心价值是一组抽象的能够描述品牌的最基本、最重要特征的产品属性或利益的组合（Keller，1998）。城市品牌核心价值是城市品牌所折射出的城市既往辉煌和未来憧憬，对城市品牌的持续发展和建设起指导作用。它能够使城市顾客清晰地辨识城市品牌的利益点，是驱动城市顾客认同与偏好的主要动力。核心价值是城市品牌的终极追求，也是城市品牌营销传播活动的重心。

基于上述关于成都的背景研究和城市品牌识别分析，我们认为，成都城市品牌核心价值可以概括为成都既有的城市精神表述：和谐包容、务实创新、智慧诚信。

1. 和谐包容

成都人崇文重教、平和友善的处事风格营造了团结和睦的城市氛围，以开放包容的胸襟气度广泛吸纳外来文化，塑造了成都精致但不失大气、广博而又高雅的文化品位。

2. 务实创新

"务实"，是不尚空谈，专注于讲实在、干实事、求实效。"创新"，是推陈出新，既要反映时代风貌又要引领发展潮流。务实创新，是成都历史文化的精神传承，更是成都品牌核心价值的重要方面。

3. 智慧诚信

成都地处四方交汇之地，外来文化与丰富的想象力相结合，使成都人充满灵性和智慧，形成了善于把握时代风尚的传统。成都人聪明伶俐、富有情趣。而完美的品格，需要智慧与诚信来共同熔铸。诚信既是个人立身处世之本，更是投资、创业环境的重要组成部分。政府诚信、行业诚信、市民诚信，一个国家、一个地区才具有竞争力，才可能实现可持续发展。

（三）成都城市品牌个性——感性张扬

品牌个性是消费者赋予品牌以人格化特征的集合（Aaker，1996）。通过对城市品牌个性的解读，可以使成都的城市品牌核心价值在城市顾客当中获得更加形象的认识和理解，并在城市顾客心目中留下更加深刻的印象。

在相关调研和访谈的基础上，课题组发现，成都的城市个性复杂、矛盾，难以准确把握。经过审慎研究，我们将成都城市品牌个性提炼为"悠闲洒脱、时尚新潮、真诚热情"这三个方面。

1. 悠闲（安逸）洒脱

成都作为天府之都，自古以来就是土地肥沃物产富饶的好地方，这使得成都有了其他城市无法享有的悠闲洒脱之资本。虽然成都历经两三千年的朝代变迁，但却少经战乱与灾荒，这使得成都人生来便比别处的人少了一些紧张与拘束。如今的成都人依然拥有着遍布大街小巷、公园河边的茶馆茶楼，男女老幼都可以享受轻松自在、怡然自得的休闲生活，顺应岁月的流水，书写人生的闲适与逍遥。"闲云潭影日悠悠"，成都人这种源自内心的平淡从容赋予了成都悠闲洒脱的城市品牌个性。

2. 时尚新潮

尽管成都有着三千多年厚重的古蜀文明积淀，但这却不妨碍成都人享受时尚生活。当然，洒脱的个性也使得成都人更愿意尝试新潮的消费方式。虽然成都的人均GDP在全国不算前列，但成都的私家车拥有量在全国却是数一数二。在城市的建筑中，传统特色获得保留的同时，最新潮的设计元素同样被引了进来。作为一座千年古都，成都的品牌个性中流露的不是陈旧与保守，反而处处展现着时尚与新潮。

3. 真诚热情

和谐的环境，包容的心胸，使得成都人在待人接物中时时流露出真诚。麻辣的川菜美食孕育成都人的不是火暴而是热情。尽管成都盆地四面环山，地理环境相对封闭，但成都人却并不因此而变得狭隘与排外。对于初来蜀地的外乡人，成都人会耐心地为他说出正确的方向位置，甚至还会热情地为他带上一段路。对于外来的事物，成都人愿意用开放的心态欢迎对方融入当地文化。这种市民素养与城市氛围使得成都的城市品牌个性表现出与众不同的真诚与热情。

四 成都城市品牌定位

品牌定位是对上述城市识别（品牌基因图谱）的描述和针对性"翻

译"。也就是说，要根据自身"基因"，以及目标市场的需求，来凸显城市品牌与竞争性城市相比所具有的差异化价值以及竞争优势（吸引力），从而在顾客心目中占据一个可信的和独特的地位。

作为具体的战略营销工具，城市品牌定位表现为一个层级体系。即首先要对城市总体品牌形象进行定位，在此基础上，结合具体领域的营销目标，来对分类城市产品进行定位。基于这样的考虑，我们在进行城市品牌定位体系的设计时，分别针对成都的总体品牌、旅游品牌、人居品牌、投资品牌和文化品牌进行了定位设计（如表3-4所示）。

表3-4　成都城市品牌定位体系

品牌	定位	支持点
总体	沟通欧亚的知识、创意型田园城市	● 突出"智慧城市"特质，即知识和创意型城市 ● 突出"田园城市"与"和谐城市"的特质，即自然与人，城市与乡村，传统与现代，休闲生活与快速经济，文化的独特性与开放性所达成的和谐田园城市 ● 各个子品牌的定位
旅游	国际上原创性文化特色、高品质自然风光、体验式休闲氛围结合最佳的城市之一	● 成都是保留传统中国文化最多的城市 ● 成都：不一样的中国
投资	拥有高品质休闲生活环境的亚洲内陆服务中心及新兴知识经济城市	● 成都：西部中国的中心 ● 成都：慢节奏生活，快节奏经济 ● 成都：新兴的亚洲服务中心
文化	传统与现代结合的国际化名城	● 成都：中华文明 DNA ● 成都之"道"：悠闲增长 ● 成都：一个让你慢下来的城市
人居	亚洲最和谐的宜居名城之一	● 一个来了不想走的城市 ● 少亦入川，老亦入川

资料来源：本研究整理。

成都是一个充满神奇体验的城市，无论是从3000多年前的金沙文明出土的太阳神鸟金饰，还是有着活化石之称的独一无二的大熊猫；无论是川剧中的变脸，还是川菜中的调料，地形封闭的四川盆地孕育了成都人开阔的心胸，两千年未更其名未易其址的古都可以很好地接轨最新的时尚文化，所有的这些元素都透露着神奇的味道。因此，在考虑成都总体品牌定位时，我们的建议是：沟通欧亚的知识型、创意型田园城市。

五 成都城市品牌主题口号

城市品牌主题口号，实质是品牌定位的技术性表现。品牌主题口号分为两个层面，一是主品牌口号，即针对城市总体品牌的宣传口号；二是子品牌口号，是分别针对旅游品牌、投资品牌、文化品牌和人居品牌四个层面提出的宣传口号。在对成都城市品牌识别和定位分析的基础上，课题组提出如下成都品牌主题口号，仅供参考。

（一）成都主品牌口号建议

1. 重点推荐方案

英文：Tou Ch engdu ina City

中文：天府锦城，智慧成都

方案说明如下。

这一品牌主题口号的英文表述是 Touch Chengdu in a City，中文译为"感受成都一城中"。也可读为 Touch Chengdu，China City（感受中国成都）。其中的字母 Ch 是"Touch"（感受）与"Chengdu"（成都）和 China（中国）三个单词的"交集"，故有做叠加表现和变形处理的空间。在开展城市品牌标识设计时，还可以直接加以沿用和开发。

此外，这一口号能够给目标顾客以广阔的联想空间：感受成都什么？美食？美景？文化？产业？……所有成都有特色的元素都可以纳入到这个口号的内涵中来。这样，这个口号就有了很好的延展性和整合功能，可以被应用到多个城市产品的类别当中，可以统合各个城市子品牌。另外，在口号设计时，将 in a City 放置于 Toucheng 之下，并把 in 与 a 连在一起，同时把 Toucheng 中的 ch 做一个变体，c 大写，ch 拉长变成两行，这样就使得这个标识中突显出了 China 一词，连成之后即成为 China Ctiy，表明成都是一个中国城市，同时也是蕴涵很多中国传统文化的城市，从而在城市品牌对外推广时可以借势中国国家品牌，突出成都城市品牌中的中国元素，强调成都文化中的中国传统特征。

成都是中国唯一一个 2000 多年来未更其名、未易其址的城市，由于地理上相对独立和封闭，使得很多的中国传统文化特征被较好地保留下来，无论是人们的思维还是处世文化，无论是饮食特色还是休闲方式，无论是建筑风格还是山川景致，都蕴涵着中国元素。因此，在成都可以更好地体验中国特色。这一口号就是强调成都的这一特点，并且将成都品牌与"中国"的国家品牌联合在一起宣传，可以借"China（中国）"品牌迅速打开"Chengdu（成都）"品牌的知名度，特别是对中国文化或事件感兴趣的目标顾客，尤其具有吸引力。

2. 其他推荐方案

方案一

英文　Chengdu：Fantastic City

中文　成都：神奇之都

方案说明如下。

这一品牌口号主要是响应成都总体品牌的定位，通过"Fantastic City"这一短语来表达成都所具有的种种神奇元素和丰富内涵（古代金沙的遗址、精美绝伦的太阳神鸟、独一无二的大熊猫、不可思议的变脸、和谐包容的文化、鲜香麻辣的川菜、悠闲洒脱的生活、机遇难得的投资环境，以及未曾开发的神奇体验），并以此来吸引国际目标市场顾客的关注和兴趣，引发其对成都城市产品的购买动机。同时，这一口号也与成都今后五年的大型品牌开发项目相对应，并且具有很好的兼容性和延展性，可以与子品牌的定位与主题口号协同一致。

方案二

英文　Chengdu：China's Dot

中文　成都：点击中国

方案说明如下。

这一口号同样是要强调成都最具中国特色的品牌特征，英文口号旨在表述成都是中国特色的原点或者说是结合点，强调成都能带给目标顾客所有中国传统文化的特色体验。同时，也给国际目标顾客一个前所未有的认知，特别是此前对成都没有概念的顾客，可以由此口号获得成都与中国之间联系的强烈印象，引发关注和兴趣。而中文口号则是在英文口号的基础上略加改译，其内涵还表明，可以通过成都来打开感受中国的窗口，仿佛在电脑中点击了一个程序的初始命令按钮一样。

方案三

英文　Chengdu：Oriental Path

中文　成都：东方之路

方案说明如下。

这一口号也是强调成都所蕴涵的东方文化特色，从而能够成为西方世界了解东方文化的一个路径。同时，在口号设计时也考虑到了成都的区位特征（处在世界的"东方"），借用"东方"一词在国际市场认知中的"神秘性"特质，吸引国际顾客的关注。虽然口号本身没有特别明确的内容或特征表达，但却有比较宽的应用接口，可以变化成为"成都：东方旅游之路"、"成都：东方投资之路"、"成都：东方人居之路"等，而在多个城市产品细分市场中获得应用。

（二）成都子品牌口号建议

成都子品牌口号体系包括：旅游品牌口号、投资品牌口号、文化品牌口号和人居品牌口号四个方面，具体建议如表 3-5 所示。对于各个口号的详细解释，将在下一章节中深入阐述。

表 3-5　成都子品牌口号建议

品牌	重点推荐（待测试）	其他建议（待测试）
旅游	Chengdu：the China within a City 魅力中国，尽在成都	• Chengdu：Charming Dot 成都：魅力节点 • Chengdu's China 成都：精粹中国
投资	Chengdu：Enjoy Your Success 成都：成功之都	• Chengdu：an Established Center of Technology 成都：成就科技之都 • Chengdu：Chance Dot 成都：机会节点 • Chengdu：the Heart of West China 成都：西部中国之心 • Chengdu：Slow Life & Fast Economy 成都：慢节奏生活　快节奏经济 • Chengdu：Emerging Service Center in Asia 成都：新兴的亚洲服务中心
人居	Chengdu：Oriental Agreeable City 成都：东方惬意之城	• Chengdu：a Romance of Three Thousand Years 成都：三千年的浪漫 • Chengdu：Oriental Intelectual Garden City 成都：东方智慧田园城市 • Chengdu：Cheer Dot 成都：欢乐节点

资料来源：本研究整理。

六 成都城市品牌视觉识别系统设计

城市品牌的视觉识别（VI）系统是以标识（LOGO）为核心的一系列设计和规范。城市品牌的视觉识别系统，是战略性城市营销开启的标志，也是城市品牌资产累积的关键落脚点。在讨论成都城市品牌视觉识别系统的设计原则之前，我们不妨先借鉴一下一些著名国际城市的品牌标识设计风格和经验。

（一）著名国际城市的品牌标识

英国城市爱丁堡在设计城市品牌的视觉标识时，融入了品牌主题口号（inspiring capital），同时还设计了优美的辅助线条（如图3-18所示）。这些线条代表着爱丁堡的影响力——展示了该城市既往的力量与辉煌，同时也表达出未来发展的雄心。这些线条的特征，更能令市民感受到城市自然和人文特征的亲切回响：流动的线条象征着 Forth 铁路桥（Forth Rail Bridge）的壮丽拱形、亚瑟王座山（Arthur's Seat）的绵延起伏，以及深入民族精神的安德鲁十字形（nation's saltire）。围绕城市品牌标识，爱丁堡设计了完整的品牌视觉识别系统（VIS）并进行推广和管理（如图3-19所示）。

图3-18 爱丁堡城市品牌标识及其透视效果

综观目前国际上城市品牌标识设计的趋势，主要有两种类型：

一是将城市品牌口号（品牌主题）加以个性化设计，作为城市品牌标识。这类城市品牌标识如表3-6所示。

二是以图形、城市名称为主要元素，配以城市品牌口号（品牌主题），组成城市品牌标识。这类城市品牌标识如表3-7所示。

图 3 – 19　爱丁堡城市品牌识别的推广和应用范例

表 3 – 6　城市品牌口号个性化设计的品牌标识

城　市	品牌标识	备　注
首尔（汉城）	Hi Seoul SOUL OF ASIA	首尔于 2002 年推出"Hi-Seoul"的城市品牌标识。"Hi"是问候语，意味着首尔向世界打开大门。"Hi"与"high"同音，也意味着汉城面对世界大都市之间的激烈竞争所表现出的激情和自信。宣传标语用生动的笔法来设计，激发出"Hi"所包含的亲切、活泼之感；同时，用韩国三太极的青、赤、黄三种颜色，也会更加引起受众的瞩目。2006 年，在广泛听取了市民和专家意见的基础上，首尔又修正了标识，增加了"Soul of Asia（亚洲之魂）"的品牌主题。
阿姆斯特丹	I amsterdam.	2004 年 9 月，公私合作的城市营销管理机构"阿姆斯特丹合作伙伴（Amsterdam Partners）"制定并正式发布了阿姆斯特丹的新口号"I amsterdam"（直译是"我，阿姆斯特丹"）并进行了规范设计，创造出城市的新品牌。"I amsterdam"的意蕴，是对阿姆斯特丹的偏爱和选择，是表现自豪感，是每个个体对城市的背书，同时，也是城市对自身充满机遇和卓越品质的宣言。
新加坡	UNIQUELY Singapore 非常新加坡	2004 年 3 月，新加坡旅游局（STB）正式规划并实施"非常新加坡"的目的地品牌战略，并在"非常新加坡"城市旅游品牌之下，开发了众多的子品牌，如"非常乐活新加坡"、"非常美食新加坡"、"非常时尚新加坡"、"非常节庆新加坡"、"非常浪漫新加坡"、"非常离岛新加坡"、"非常奢华新加坡"，等等。

续表 3 - 6

城 市	品牌标识	备 注
格拉斯哥	Glasgow Scotland with style™	格拉斯哥曾是英国传统的船舶制造业和海运城市之一,20世纪80年代起,运用文化战略成功复兴了城市经济和城市形象。目前的城市品牌标识起始于2004年3月,通过发掘格拉斯哥独一无二的建筑设计师查尔斯·R.麦金托什(Charles Rennie Mackintosh)和20世纪初在建筑设计史上的格拉斯哥风格(Glasgow Style)的运用而获得品牌设计灵感。

资料来源:本研究整理。

表 3 - 7 以图形、城市名称为设计主要元素的城市品牌标识

城 市	品牌标识	备 注
亚特兰大	ATLANTA every day is an opening day	亚特兰大是美国东南部最大城市,佐治亚州首府。2005年,亚特兰大品牌有限公司(Brand Atlanta Inc.)正式成立。该公司制定了城市品牌定位以及城市品牌标识设计,并提出"亚特兰大:开放每一天"(Atlanta:every day is an opening day)的品牌口号。
斯德哥尔摩	Stockholm The Capital of Scandinavia	斯德哥尔摩(Stockholm)是瑞典第一大城市,是该国的政治、经济、文化中心。它之所以提出Scandinavia(斯堪的纳维亚半岛,瑞典、挪威、丹麦、冰岛的泛称)的首府这样的口号,一是因为它位于这一区域的中心,交通便利;二是因为它是这一区域内最大的城市;三是它拥有独一无二的画廊和博物馆,并且是诺贝尔奖的颁奖地。
多伦多	Toronto unlimited	2004年,多伦多旅游局、多伦多市政府、安大略省旅游与休闲部以及多伦多城市首脑联盟等机构合作发起并成立了"多伦多品牌项目"。界定多伦多是富有无限想象力和潜力的市民所创造出来的具有无限想象力和可能的城市。因此,他们发展出"无限多伦多"(Toronto unlimited)这一品牌主题,同时也作为城市品牌精髓和品牌承诺。
伯明翰	birmingham	伯明翰是英国第二大城市,其城市品牌规划是以视觉元素来整合品牌城市品牌结构,即将城市品牌的基本标识,运用于旅游、投资等子品牌的主题表述。
汉密尔顿	Hamilton	汉密尔顿市是加拿大的主要钢铁生产基地,也是加拿大著名的旅游休闲目的地城市。2002年,汉密尔顿发起了一次城市品牌化的活动,主要围绕Reach·Dream·Rise·Shine(抵达·梦想·升起·光耀)四个品牌定位词展开。以上述概念为基础和精神内蕴,汉密尔顿市更新了城市的品牌系统。

续表 3 - 7

城 市	品牌标识	备 注
香 港	✳✳✳✳✳✳✳ 香港	香港的形象标识是一条设计新颖、活灵活现的飞龙,凸显香港的历史背景和文化传统。设计巧妙地把"香港"二字和香港的英文缩写 H 和 K 融入飞龙图案内,正好反映了香港东西文化汇聚的特色。飞龙的流线型姿态给人以前进感和速度感,象征香港不断蜕变演进;飞龙富有动感,充满时代气息,代表香港人勇于冒险、积极进取的精神,以及不达目标绝不放弃的坚毅意志。与图案并列的标题"亚洲国际都会"点出香港所担当的重要角色:地区商业枢纽,通往中国内地和亚洲其他经济体系的门户,以及国际艺术文化中心。

资料来源:本研究整理。

　　我们建议成都采用第二种类型的设计思路,即以图形、城市名称为主标识,辅以城市品牌口号,组成城市品牌标识。首先,这种方式是目前采用最多的城市品牌设计思路;其次,如果采用第一种设计思路,那么成都就需要同时设计英文口号的标志化和中文口号的标志化,这容易造成认同混乱及推广成本增加(新加坡即是);再次,这种方式可以采取将主标识和品牌口号平行设计的方法;最后,组合设计的工作思路,能够显著提高工作效率。

(二) 视觉识别系统的设计原则

　　对于成都品牌视觉形象设计,我们认为应当遵循以下原则。

1. 基于历史、面向未来的原则

　　基于历史、面向未来的原则,旨在突出成都城市视觉形象设计时对时间元素的考虑。成都拥有作为特大型城市两千多年来城名城址未发生变动的记录,拥有其他城市无可比拟的特色优势,拥有深厚的历史积淀和文化内涵。成都有三千多年历史的金沙遗址,有被号称为"活化石"的大熊猫,还有世界上规模最大的战国船棺葬遗址;成都是天师道的发源地和最早的道场——道鹤鸣山和青城山;在成都出现了世界上最早的年号钱(汉兴钱)、世界上最早的纸币和官府设立的银行(交子和交子务);成都还有中国最早的皇家画院(翰林图画院)、中国最早的官办地方学校(文翁石室)、中国最早的地方志 (《华阳国志》)、中国文学史上的第一部词集 (《花间集》)、中国最早有注文的石经 (《孟蜀石经》) 和中国现存最早、最系统的中华药典 (《经史证类备急本草》);成都还是中国"农家乐"的发源地,等等。成都城市品牌形象设计唯有基于这样的历史内涵,整合这些极具特色和富有传播价值的历史元素,相应地,成都形象标识才会获得更加深远的影响和更加广泛的认同。

在基于历史考虑的同时,成都城市品牌视觉形象设计还需要面向未来,考虑成都未来长远发展的目标和定位,使所设计的形象标识有助于推动成都未来城市品牌形象的提升。城市品牌形象标识将被广泛地应用和传播,形成持久的影响。若非面向未来的深远考虑,不可避免地会导致城市品牌视觉形象标识的调整和重新设计,这将令城市付出高额的转换成本,造成巨大的资源浪费。因此,在进行成都城市品牌视觉形象设计时,还应充分考虑成都未来的发展方向,以及成都的社会文化特色在未来的延续和发展因素等。

2. 基于本地、面向全球的原则

基于本地、面向全球的原则,旨在强调成都城市品牌视觉形象设计时对空间元素的考虑。在进行视觉形象设计时,需要结合成都目前的区位优势和定位。在成都提出的"三最"目标中显示了成都在区域经济中期望扮演的角色和地位。此外,从传播的角度考虑,城市视觉形象标识唯有充分体现成都的本土元素,才能够获得成都市民的认同和参与。

同时,成都的品牌视觉形象设计还应该体现面向全球的特征。成都尽管地处四川盆地,地理形态相对封闭,但成都人却充满了开放意识。自1981 年以来,成都已先后与斯洛文尼亚的卢布尔雅那市、法国蒙彼利埃市、奥地利的林茨市、日本的甲府市、美国的菲尼克斯市、加拿大的温尼伯市、比利时的马林市、韩国的金泉市、意大利巴勒莫市、印度尼西亚棉兰市等结为友好城市;美国、韩国、德国、法国、新加坡、泰国、英国、捷克、巴基斯坦等国家和地区都在成都设立了领事馆或办事处;成都已开通了与荷兰鹿特丹、日本东京和福冈、马来西亚吉隆坡、泰国曼谷、韩国首尔、尼泊尔加德满都的直达航线,同时,成都与德国慕尼黑国际直达航线也即将开通;并且,越来越多的外资企业开始进驻成都。此外,成都城市品牌定位是"沟通欧亚的知识型、创意型田园城市",这意味着成都未来的发展方向是立足国际的城市，其城市顾客及潜在顾客应是全球范围的。因此，成都品牌视觉形象设计要充分体现成都"自由开放"的城市品牌核心价值，符合国际化审美标准与规范惯例，满足城市品牌国际化推广和传播的需要。

3. 庄重与活力并举的原则

成都的文化资源丰富厚重，在中国传统文化的保留中拥有特殊的地位。因此，成都品牌视觉形象设计要能体现出这种庄重和厚重的分量。

另一方面，成都也是一个充满时尚和动力的现代化城市，其地区功能和经济潜力不可限量。"时尚新潮"可添列为成都城市品牌的个性元素。成都的制度、政策建设，旅游、投资、人居环境，以及城市文化无不充满活力。在成都视觉形象标识的设计中，应充分融入动态活力的元素，才能准确表现城市的风格。

4. 简洁、明快、大气的原则

成都城市品牌视觉形象设计还应遵循简洁、明快、大气的原则，充分体现国际前沿的设计理念，力争达到国际一流的设计水平。

总之，在进行成都品牌视觉形象设计时，需要结合成都城市品牌定位和城市品牌主题口号，同时将这四项原则综合起来考虑，从而更加有效地向受众传递成都城市品牌的核心价值和品牌个性。

七 成都城市品牌结构

成都城市品牌建设的中心任务是要创立一个个性鲜明、形象卓越、具有强大凝聚力的城市主品牌形象，从而能够在战略高度统领和支持城市子品牌。同时，还要着力塑造多个具有鲜明个性和独特性的子品牌形象，为城市品牌的发展提供品牌资源的支撑，最终形成成都城市品牌体系的结构性框架和成都城市品牌的策略性结构。

从总体上看，在成都的城市品牌结构框架中主要包括两大类型：一类是联合品牌，另一类是主副品牌。其中，联合品牌可以是地区或城市间的品牌联合，也可以是城市品牌与企业品牌或产品品牌的联合，还可以是城市品牌与著名人物、盛事活动及其他第三方资源的联合。对于成都而言，其联合品牌策略应主要考虑与重庆合作，联合打造"中国西部双子座"

品牌。所谓主副品牌，就是城市首先需要确定一个统领性的主品牌（umbrella brand），它是城市总体品牌形象的表现，标榜城市在所有利益相关者及影响者之中的独特价值；同时，城市也需要副品牌或子品牌（sub-brands）来支撑，旨在树立城市在不同细分市场中的独特价值。对于成都的城市品牌规划，重点应在主副品牌结构的基础上展开。

图 3－20 描述了成都城市品牌结构的基本状况。图的左半部分描述了成都城市的主品牌，右半部分描述了成都城市的副品牌。主品牌的核心部分是城市品牌精髓，它包括城市品牌核心价值的设计和城市品牌个性的确立两方面内容，此外还涉及城市品牌的检测。成都城市副品牌主要包括成都旅游品牌、成都投资品牌、成都人居品牌和成都文化品牌。成都城市主品牌与副品牌之间是相互影响的关系，即城市主品牌统领城市副品牌的价值和个性，城市副品牌又丰富、补充和支撑着城市主品牌。

主副品牌之间的定位，以及依据定位而设计的品牌口号同样也是相互影响的关系。主品牌的定位及口号是在考虑城市品牌精髓的基础上开始，同时它的内容或主题又影响着旅游、投资、人居和文化这四个副品牌的定位和口号。副品牌的定位及其口号，构成了旅游、投资、人居和文化四个方面的基本内容（事实上，城市品牌口号的设计往往是城市品牌视觉形象设计的重要内容）。城市的副品牌又各自包括下一级的城市产品品牌。所有这些品牌内容构成了城市品牌结构的基本框架。

在解析了成都市城市品牌结构性框架的基础上，本研究还将基于此框架开展对成都市城市品牌的策略性结构进行研究。在城市总体品牌的统御下，城市各个子品牌的发展地位与权重不是对等的。换句话说，在发展城市品牌体系时，对于各个子品牌并不是平均使力，而是有所侧重，唯有如此，才能更加有效地配置和开发城市资源，突显城市的差异化品牌形象。基于对成都市现实资源与机会的分析，并结合成都市的品牌定位，我们提出了如图 3－21 所示的城市品牌策略性结构。

在城市品牌策略结构中，各品牌一般充当四种角色：战略品牌、利益品牌、金牛品牌和银弹品牌。战略品牌预示着城市品牌未来的发展和特色，它目前也许是主控品牌（有时也称为大品牌），正规划着维持或扩大城市现有的地位，或是计划着成为大品牌的城市小品牌；利益品牌是重大目标市场或城市展望未来前景的平衡点，它为建立城市顾客的忠诚度奠定

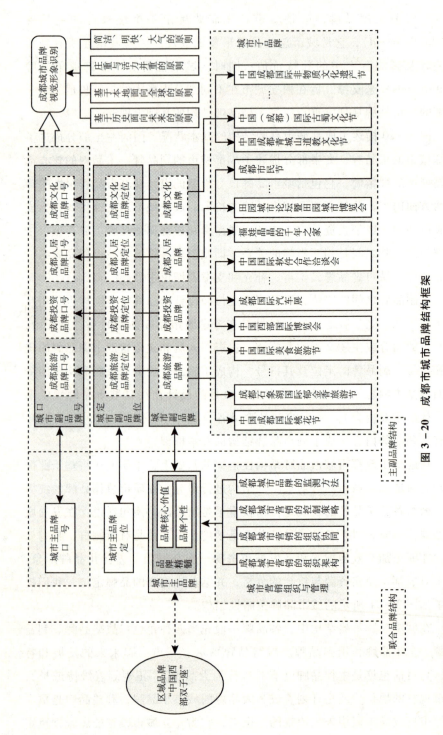

图 3－20　成都市城市品牌结构框架

数据来源：本研究整理。

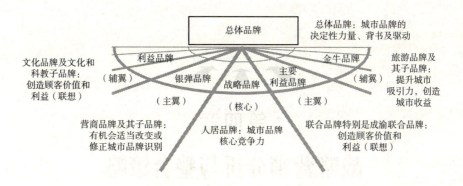

图 3 - 21 成都市城市品牌策略结构

资料来源：本研究整理。

了基础，从而直接影响某个城市产品的营销；银弹品牌是指正面影响其他品牌形象的子品牌，它是创造、改变或维持现有城市品牌形象的力量；金牛品牌的作用就是创造盈余资源，从而使得城市能够对城市战略品牌、城市关键性品牌和城市银弹品牌开展投资，这是城市品牌策略结构未来增长和保持活力的基础。

在成都市城市品牌策略结构中，城市总体品牌是城市品牌的决定性力量，对各个子品牌具有背书及驱动作用，而各个子品牌对城市总体品牌起到支撑作用，只是作用和地位有所不同。基于已有的对成都的认知，我们认为，成都市城市战略品牌是成都市人居品牌，这一品牌预示着城市品牌未来的发展和特色，直接体现了成都市城市品牌的核心竞争力，是各个子品牌中的核心。城市利益品牌是成都相关重要城市的联合品牌（其中成渝联合品牌是主要利益品牌）和成都文化品牌，这两个利益品牌凸显或创造顾客的利益，有助于提升城市顾客的忠诚度。成都市城市银弹品牌是成都营商品牌及其子品牌，包括成都的原产地产品品牌，它是创造和改变现有成都城市品牌形象的重要力量；而成都旅游品牌及其子品牌则是成都品牌策略结构中的金牛品牌，它能够提升城市吸引力，创造城市收益。

在未来的发展中，成都市应力争做到：对战略品牌要倾力支持；对银弹品牌要尽可能大力支持；驱动性品牌要发挥结构性带动作用；重视利益品牌的战略意义；培养更多利益品牌新秀。

第四章
战略营销分析与整合策略

成都城市营销的战略重心，应该是在城市总体发展战略和发展目标的框架下，进行城市总体品牌的塑造和推广。同时，以城市总体品牌为战略中枢，对各主要城市产品和城市功能进行强化和推广，并进行必要的整合和协调。

以下各节，我们对成都市的旅游、营商和人居三大领域的营销策略进行概要的分析，并提出相应的策略建议。当然，这些分析和建议，不是要、也不可能取代各相关领域的工作规划，我们的目的是从城市营销总体战略思路的角度，为成都城市营销提供一个营销思维战略升级和营销策略有效整合的路径。

一　成都城市旅游目的地营销策略

（一）需求与竞争分析

1. 发展环境分析

（1）政治环境

省、市两级政府都为成都国际城市营销创造了良好的发展环境和促进动力。四川省确立建设旅游经济强省的具体标志之一就是建设"一个中心"，即到 2010 年将成都市建设成为国际旅游城市；同时，《成都市旅游业发展第十一个五年规划》中也明确了建设"中国最佳、国际知名的旅游城市"的战略目标。

（2）经济环境

我国国民经济将继续保持较快的发展速度，中国现代化"三步走"战略已经提前实现了第二步战略目标并顺利迈开第三步。成都与上海、天津、重庆等地在全国率先开展综合配套改革试验，城乡统筹一体化发展是基本实现现代化的坚实基础。

促进西部、中部以及东北地区的经济快速发展是国家确定的重点战略，成都作为全国统筹城乡综合配套改革试验区，将建设成为具有全球影响力的西部经济、贸易、金融中心和我国区域枢纽机场之一。

经济全球化对世界各国加强旅游交往的影响日益明显。中国加入世界贸易组织后，双边与多边经贸、文化、旅游的交流与合作得到了大幅度的加强，给成都旅游对外营销带来了深刻影响。

旅游业在世界范围内发展强劲，并成为欣欣向荣的朝阳产业。随着经济的发展，我国人均国民生产总值将由 1000 美元向 3000 美元跨越，将进入旅游的高收入弹性阶段，这会使旅游需求飞速增长。

国家将推进产业结构调整，大力发展服务业，并把旅游和文化业作为国民经济和社会发展的新的增长点；国家确定成都为全国首批三座最佳旅游城市之一。规划期内人民币将会实现自由兑换。

（3）社会环境

中华文化正在崛起，成为世界文化体系中引人注目的一极。成都出土的太阳神鸟被确定为"中国文化遗产标志"，其城市品牌资产加分效应值得进一步挖掘。

世界和中国城市化进程加快，成都将成为西部城市化先发展地区，将达到更高水平。重大体育赛事和各种会展活动将进一步推动区域旅游经济的发展。争取过境免签或者落地签证政策将为成都入境旅游发展提供更为有利的条件。

国家推行长假期制度和带薪休假制度，促使居民闲暇时间的利用更趋弹性化。旅游需求个性化和旅游产品多元化增强，自助旅游和深度旅游开始成为主流；居民出游次数趋多、停留天数趋短；中产阶层总量迅速扩大，私家车拥有量大幅增加。

（4）技术环境

技术环境的改善将有力地促进旅游业的发展。信息技术已经彻底改变了旅游业的市场、销售和传播，电子商务已经在发达国家和地区全面推广，服务产品营销渠道得以拓展。

交通技术不断提高，交通体系不断完善，成都及其周边旅游的可进入性将大幅提高。

新的旅游资源与产品得到创新和开发，更多的现代建设成就和传统人文景观成为重要的吸引载体。

2. 成都旅游目的地品牌 SWOT 分析

在选取相关指标并获取参照数据的基础上，通过与国内较发达的标杆城市对比分析可以发现，成都在旅游品牌认可和旅游城市建设开发方面具有相对优势，但在旅游目的地整体综合接待能力和休闲度假等提升类旅游产品开发方面尚存有一定差距（如表 4-1 所示）。

表 4-1　成都与国内标杆城市对比分析

城市	内容	旅游综合接待能力	旅游品牌认可度	休闲度假适宜度	城市旅游开发度
	指标	消费性服务业区位商	城市名网络搜索量	城市生活质量	优秀旅游城市
成　都		0.92257	10200000	38.0	最佳
北　京		1.83862	181000000	69.0	优秀
上　海		1.33987	140000000	78.5	优秀
广　州		1.42974	22300000	65.0	优秀
深　圳		1.19305	27100000	90.4	优秀
苏　州		0.78125	7590000	63.0	优秀
杭　州		1.24595	12300000	67.4	最佳
重　庆		0.75663	9480000	30.7	优秀
大　连		1.08076	9890000	52.6	最佳
西　安		1.40717	4480000	36.7	优秀
武　汉		1.16358	9180000	38.4	优秀
评　价		不占优	占优	不占优	占优

（1）发展优势

第一，旅游大发展的战略性政策优势。成都地处全国战略性旅游空间格局的核心区，因此，将得到发展政策上的适度倾斜。四川省、成都市各级政府都十分重视发展旅游业。把旅游业作为国民经济的支柱产业，以及使之成为促进整个四川省区域整体协调发展的有力手段，是发展旅游业达成的共识。

第二，享誉海外的垄断性熊猫城品牌。成都是中国地理阶梯的接壤区域，以熊猫为代表的品牌，展现了西部最优生态之佳境。成都西部是四川大熊猫栖息地，是世界自然遗产的重要组成片区之一，而大熊猫也是成都市三大文化品牌之一。借助旗舰类产品项目，成都也将是体验大熊猫栖息地世界自然遗产的最佳载体。

第三，神秘奇葩、冠绝四方的灿烂文化。成都是汉文化和藏羌文化等不同文化间和谐共处的最佳典范，也是西部地区人口、经济密集带的结合部和古蜀原生文化、三国传奇文化的发源地。以金沙为载体汇聚东方神秘文化之大成，为旅游开发提供了丰富主题；不曾间断且原生外扩的巴蜀文脉则从时空三维角度形塑了开发格局。

第四，安逸舒适且极具吸引力的休闲氛围。成都平原地区休闲文化源远流长，独特性、悠闲化的川西人文环境已经成为成都的魅力源泉，怡神畅体的民俗与民风成为感受传统中国文化的核心吸引力。

第五，完备齐全的基础设施和服务体系。成都旅游发展起步早、速度快，根基扎实，在全国城市体系中居于前列；旅游产业体系基本形成，信息、金融、教育等外延服务能力较强；多年来积累了相对丰富的经验、知识和人力资本，旅游开发资金较大，民间资金动员潜力大。价格上也很有优势，对于发展中国家的游客意义较大。

第六，强势创新的管理观念与组织机制。成都是我国"农家乐"的发源地，旅游区（点）企业化经营观念和市场运作机制意识较强，具有一定的应变能力和开拓精神。新的投融资观念与管理机制也在不断地尝试与创新过程中，"成都文旅集团"的成立就是管理与市场分开的有效举措。旅游品牌特别是区域联合品牌的打造也已提上日程。

（2）发展劣势

第一，面向海外市场的整体吸引力不足，国际市场开发相对薄弱。成都旅游发展的外向度不够，其入境旅游总体规模在全国旅游市场上的份额与京粤沪相比仍有相当差距，即使在西部地区也尚处于西安、昆明、重庆之后，因此，要实现国际旅游营销的突破性发展目标尚需要下大力气。

第二，产品结构比较单调且缺乏面向海外的创新性旗舰项目。由于缺乏核心吸引项目，因而难以延长游客的停留时间。旅游发展不均衡，过度集中在少数传统景区，大量旅游资源未被充分利用。产品创新还有较大空间，如今的旅游发展主要局限于以传统产品进行市场渗透和开发，没有形成旗舰产品开发国际市场。

第三，盆地环境的封闭性导致旅游可进入性尚存瓶颈。海外旅游者进入成都的路径不够丰富，对外直航线路较少，且由于规模等因素的影响，线路很不稳定；交通设施受地形气候条件影响较大，经由成都中转进入相关景区的旅行时间消耗比较多，从而相对地缩减了在蓉的停留时间。对外通道和景区通道建设需进一步加强。

第四，城市发展在一定程度上威胁着可持续旅游的实现。在城市化建设开发中，老城区保护面临诸多问题，工农业和城镇的快速发展也引发了对原生性资源的破坏，并污染了一些景区周围比较脆弱的环境。环境与资源保护问题在一定程度上影响了对海外游客有较大吸引力的高质量旅游产品的永续开发与利用。

（3）发展机遇

第一，全球旅游发展持续扩张，原生性旅游目的地备受青睐。从全球范围来看，西方发达国家已经进入休闲社会，旅游需求成为普遍需求。对于希望逃离现代社会拥挤嘈杂虚伪环境的旅游者而言，成都独有的对传统文化的保持弘扬及悠闲雅致的生活氛围极具国际吸引力。

第二，亚洲崛起和南亚腾飞等为成都打造"亚洲旅游节点"带来重大机遇。成都是中国与南亚、东南亚联系的重要枢纽，在亚洲全面崛起的背景下，南向合作已经成为未来的热点。经济腾飞的印度等国也将是成都潜在的重要客源国。

第三，西部旅游先发区域一体化进程所带来的多赢契机。一体化旅游的跨区域合作已经形成热点，我国已经出现长三角、环渤海、珠三角3大跨省旅游合作网络。重庆、西安、昆明和成都也一起位列"与北京结盟的十大奥运最热旅游城市"，同时，西部旅游区域也在谋求政府间联盟与协作，并通过了《成都宣言》。成渝城际都市旅游合作持续深入，共同打造西部旅游一体化的龙头是双方共赢的关键。成都文旅集团则与相关信息、旅游、文化等机构、企业签订了一系列战略性合作协议。

第四，在观光游览的基础上，休闲度假和商务会展日益成为旅游发展的新趋势。时代的发展极大地减少了社会必要劳动时间，弹性工作制和共同就业制度使越来越多的人有较为充足的时间投身于恢复身心、提升自我的休闲游憩与旅游活动，度假类、商务类旅游形式的普及为成都旅游营销提供了充分的需求支撑。

第五，成都城乡统筹发展为增强旅游资源供给和综合配套能力提供更多可能。在成都城乡一体化发展进程中，文化、信息、房地产、建筑、制造等重点产业都参与创造新的旅游产品、拓展旅游市场、增加旅游供给，与旅游产业之间形成了交叉和互补；社区参与旅游发展的模式得以壮大，旅游供给呈现全民化、社会化和多层次化特征，为培养具有国际吸引力的旅游产品奠定了基础。

第六，旅游开发技术和市场开发能力的增强有利于吸引海外高端客源市场。在互联网等信息技术的支撑下，全球化、网络化的旅游经济体系得以构建，这有利于提高旅游交易的效率和服务质量，有利于开发新的产品和服务，拓展旅游市场。虚拟现实等数字技术则适合于文化底蕴深厚、人文历史资源丰富的成都再现昔日的文化胜迹，打造精品，如金沙神秘文化、熊猫生态文化等；旅游信息平台的建设，旅游电子商务的发展，也将使成都直接进入全球营销网络体系，途径和方法更为多样、直接和迅速，便于实施实时营销，提高游客的进入意愿；环保建筑技术的进步将改善成都旅游发展的整体外在环境，提高产品吸引力和承载力；文保技术的进步能够延长传统人文产品的生命周期，扩展原有旅游景区的游览空间。

（4）面临挑战

第一，海外旅游需求结构高级化要求休闲度假类供给的对应提升。在旅游需求总量增加的同时，海外旅游者需求结构也不断升级。寻求阳光、海洋、沙滩的休闲度假市场兴起，欧美客人开始在中国寻求替代性城市和度假区。而目前，成都成熟旅游产品主要集中于观光产品和一部分休闲产品，但度假类产品的先天条件和后期开发都严重不足，这将使总体供需结构失去均衡。

第二，日益激烈的多边化区域竞争格局。西部地区日益成为海外旅游者关注的热点，各省区都在全球竞争的平台上直接开展对国外旅游者的吸引和分流。竞争与合作是并行不悖的共生物，要实现"国际知名旅游城市"的战略目标，就必须直面中西部地区城市间的激烈竞争。成都旅游在构建面向国际市场的旅游服务和产品方面要力争超越西安、昆明和重庆等竞争对手，就要通过低廉成本领先战略、海外市场聚焦战略和旗舰产品创新战略实现突破。

第三，成都作为目的地和中转地，受到潜在的"边缘化"威胁。由于青藏铁路和景区机场的修扩建，成都中转集散地的重要程度也会减弱；旅游精品项目的缺乏也将威胁到成都本不是很强的旅游目的地地位。海外游客更加集中于其他旅游景区和其他重要的城市或区域中心，成都的发展受到"阴影区"效应的制约，有被"边缘化"的可能。从省域系统格局来看，成都在与周边地区的旅游发展关系中，要强化旅游线路的锁定效应；从成都内部来看，也要避免各地区之间的旅游发展相对边缘化，进而加剧不均衡发展，冲击欠发达区域。

第四，信息化、可持续发展对传统旅游发展方式的挑战。信息化的发展实现了游客之间的无障碍沟通，也使旅游区（点）的外在风貌毫无隐秘的展现在游客面前，使旅游产品对游客的神秘感和新奇感下降。与此同时，随着全社会对可持续发展理念的认同，破坏自然和生态环境的旅游方式必将被摒弃。在这种前提下，传统的不适应旅游可持续发展和信息时代要求的旅游发展方式将受到新兴旅游发展方式的冲击。

（5）对策分析

根据上文对成都旅游发展 SWOT 要素的审视，可以判知，成都具有综合性的整体品牌优势，尤其是获得"首批中国最佳旅游城市"的殊荣后，进一步强化了其地位。处于全球旅游大发展、文化原生态备受青睐的机遇期，成都拥有极大的国际旅游提升空间。但成都旅游的最大劣势在于缺乏面向国际市场需求的旗舰性旅游产品项目，其独特地域文化的吸引力有待进一步深挖并维护其可持续发展。为了克服目的地品牌较弱、中转地职能偏强的劣势，成都还需进一步扩展自身的产品圈层，并加强与重庆的全面合作，共同打造国际性旅游目的地（如表 4 - 2 所示）。

表 4 - 2 成都旅游发展的 SWOT 矩阵

	S（优势）	W（劣势）
O（机遇）	SO:全力强化 抢抓西部旅游大发展的机遇，全面推介成都"中国最佳旅游城市"的品牌，培育西部旅游龙头。	WO:需要加强 与重庆全面合作，共同打造独具特色的成渝旅游板块，而这个板块是以成都品牌为引领的。
T（威胁）	ST:需要转变 成都单独作为旅游目的地难度比较大，要以成都平原为载体，形成放大的旅游圈层结构。	WT:急需转变 成都的自然生态特点对于欧美而言不具较强竞争性，要打出看中国文化的概念，成都是中国内陆地区文化系统保留较好的区域。

3. 成都旅游的竞争分析

（1）国内竞争者格局

——城市旅游品牌总体评价

成都综合旅游品牌指数评价值高居西部第一位置，除东部地区的京、沪、穗、深四大城市之外，仅次于苏、杭、宁三地。在评价指标中，成都的城市文化独特性、旅游设施满意度、城市市民亲和力、社会治安和人文环境的得分较高；而城市旅游忠诚度、城市旅游关注度和基础设施的得分较低；自然环境和自然环境优美度的得分居中。可以看出，成都旅游营销的基础较好，总体品牌知名度较高，但专业性和针对性不强，尤其对周边区域自然景观的品牌联动与共享不足（如图 4－1 所示）。

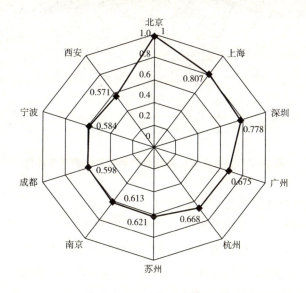

图 4－1　2007 年度中国十大最具旅游品牌知名度的城市

成都与苏州、杭州、青岛、昆明等城市具有类同性，资源条件优越、自然和人文完美结合，可以看做是"天然的旅游城市"。根据计算结果来看，这些城市文化特色突出、人文环境优越、自然环境优美、风景秀丽宜人，市民亲和淳朴、社会治安良好，几乎具备了成为旅游名牌城市的一切条件。但是，值得注意的是，这些城市在塑造城市旅游品牌的过程中存在共同的短板，即旅游关注度和旅游忠诚度较低、基础设施相对薄弱，其系统对外营销处于起步阶段，内部基础设施建设也需要进一步提升。上述旅游城市在今后的旅游品牌塑造和对外营销过程中，要通过多种形式努力提高知名度、提高旅游者的可进入性和满意度，吸引回头客，实现重复购买，提高旅游忠诚度（如图 4-2 所示）。

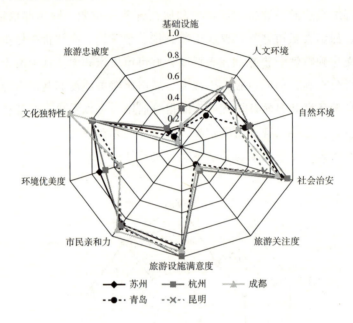

图 4-2 国内 5 大同类知名旅游城市品牌要素评估

——城市国际旅游竞争力坐标

入境旅游的总人次和外汇收入是描述成都旅游国际营销实力的重要指标。从近几年具体的数据来看，成都入境旅游的规模和质量存在一定欠缺，在中西部地区尚落后于西安、重庆，并与昆明竞争激烈，处于第二集团略靠后的位置（如图 4-3 所示）。

（2）国内主要竞争者分析

在竞争日益激烈的城市旅游环境中，成都入境旅游开发所处的劣势迫使其要选定准确的竞争者，进行学习借鉴、适度模仿并积极创新，力争在规划末期，使其国际旅游的竞争性战略地位可以适度前移，进入第二集团的领先行列。

根据前述分析，课题组确定北京、上海、广州、深圳、苏州、杭州、重庆、大连、西安、昆明、武汉等城市作为成都旅游国际营销的竞争对手。

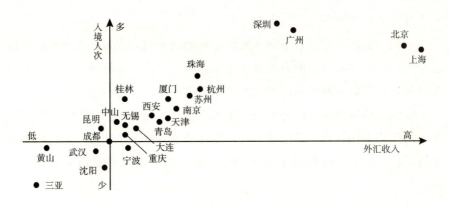

图4-3 成都国际旅游竞争力坐标

标杆型竞争者

主要是指以上海、北京、广州三大国家旅游中心为主的特大城市，它们属于中国入境旅游集团的"领军者"，是短时期内成都难以追赶的对象。恰恰相反，上述城市所在的东部发达地区是成都当前对外营销国内分流的主阵地。1000多万名在华外国人基本集中在此，成都应当以"依附战略"，积极与京津、长三角和珠三角地区合作，扩大成都旅游的知名度和美誉度，开发在华外国人市场。

现实追赶型竞争者

杭州：该城市与成都具有全方位的可比性，同为省会城市，同是最佳旅游城市，同具"休闲"特色，不同的是杭州具有毗邻上海的区位优势。杭州在国际营销方面是"第二集团"的领先者，并提出了诸多具有震撼力的品牌形象定位与口号。杭州是成都在国内的最佳标杆城市。

苏州：既是传统"天堂"、著名的历史文化名城，也是城市发展转型的典范，呈现出与时俱进的古城新貌。其对文化底蕴的系统整理和品牌推广是值得成都学习借鉴的重要方面。

西安：该城市是成都最具战略意义的竞争者，两地同为西部古都，一南一北各为统领，彼此是各自打造"西部旅游龙头"的最大对手。西安在旅游核心吸引物的打造培育和区域旅游整合发展等方面非常值得成都学习。

大连：该城市与成都、杭州同为国家首批最佳旅游城市，长期以来对外强化"浪漫之都"的品牌形象，是海滨型度假强势品牌。

现实紧密型竞争者

重庆：成都和重庆是本为一家的巴蜀地区的核心双城，竞争与合作激烈交织，长远来看两地的合作强于竞争，因此，需要从区域一体化发展的高度深入分析研究两地共同组建西部旅游中心地的可能与途径。

昆明：该城市在入境旅游发展上非常接近成都，其优越的自然环境、多元的民族文化具有一定的吸引力，尤其是近几年来昆明对外营销的努力取得了较大的成效并推出了诸多强势品牌，高原春城的营销突破可资参考。

潜在竞争者

武汉：以武汉为代表的综合实力占优型城市也在大力面向国际营销其旅游品牌，这些城市对成都形成了一定的追赶态势。例如，武汉主要强化其长江旅游中心的定位和高山流水觅知音的品牌。成都要对这些城市的营销努力予以关注，避免被其超越。

具有独特优势的合作城市

深圳：珠三角城市群具有邻近港澳台的独特优势，在国际旅游营销方面领先内陆城市。在面向北美和港澳台市场营销时，成都可以考虑借力上述具有独特区位优势的东部沿海节点城市。

（3）国际竞争者格局

课题组在全球城市竞争力研究的123座目标城市中，依据国别和城市特色并侧重于文化类、内陆类旅游城市甄选了部分具有学习借鉴价值的海外城市，进行了旅游吸引力的国际比较。可以判定，总体上成都处于旅游发展的提升阶段，但与理想的国际知名旅游城市相比，还存在较大差距（如图4-4所示）。

悉尼、迪拜、阿姆斯特丹、维也纳、新加坡、开罗、纽约、都柏林、布鲁塞尔、罗马、巴黎、哥本哈根、布里斯班、马德里和苏黎世等都是在全球国际旅游格局中遥遥领先的典范；赫尔辛基、釜山、慕尼黑、惠灵顿、多伦多、开普敦等则是全球国际旅游格局的二线城市，是成都前行的紧跟对手与学习伙伴；而名古屋、格拉斯哥、里约热内卢、蔚山、布宜诺斯艾利斯、印第安纳波利斯等虽然在国际旅游人次方面的绝对数量不多，但都具有独特的吸引力，是其国家和区域的文化旅游名城，也同样值得成都学习借鉴、取长补短。

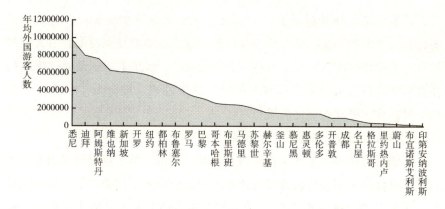

图4-4　成都在全球城市旅游吸引力格局中的相对位置

（4）国际标杆城市

★阿姆斯特丹（Amsterdam）：包容开放的欧洲都会（标杆度：五星）

阿姆斯特丹被称为"北方威尼斯"，荷兰人在此筑起的水坝使700年前的一个渔村逐步发展成为今天的国际大都市。16世纪末，阿姆斯特丹已成为重要的港口和贸易都市，并曾于17世纪一度成为世界金融、贸易、文化中心。与威尼斯沉浸在华丽的历史中不同，该城市具有十足的时尚活力与开放魅力，是多元融合的和谐之城。斑斓的运河、跳舞的房子、独特的船屋，以及多彩的夜景使得旅游者欣然向往。

主要经验与参照如下。

——多元文化、丰富历史的完美展现

来到荷兰，只需到阿姆斯特丹一游，就可将古典到现代的"各式各样的荷兰"尽收眼底。作为世界级旅游目的地，阿姆斯特丹串联起荷兰文化象征之风车记忆、荷兰自然美景之花卉王国，由风车、木屐、郁金香、船屋、街巷所串起的如织美景，带给人们无数的梦幻与想象，这些促使旅游者认为，任何时候都是游玩阿姆斯特丹的好季节。

——系统打造城市旅游品牌体系

最初的阿姆斯特丹是自由开放的代名词，也正因为如此，软性毒品、性旅游和同性恋群体都成为阿姆斯特丹的象征，这多少产生些负面性影响。因此，在自由的"性与毒品之都"背后，阿姆斯特丹不遗余力地打造其"多面城"的品牌。文化方面，荷兰每平方英尺所拥有的博物馆之多位居全球之冠，仅在阿姆斯特丹就有号称世界最棒的42座博物馆，上百万件艺术精品使其获得了"欧洲文化艺术名城"的美誉;阿姆斯特丹的钻石工艺世界一流,钻石原料在南非,钻石工业在比利时安特卫普,但钻石工艺却在阿姆斯特丹,号称"钻石之都"。如此丰富多元的品牌结构使得阿姆斯特丹成为适合所有人的世界旅游胜地,被誉为"世界上最自由、最开放、最让人惊诧的城市"。

——城市文化记忆载体的可持续利用

阿姆斯特丹是一个善于化腐朽为神奇的城市。濒于倒塌毁损的老式建筑被精心修护完整保留,就成为让旅游者感受海上王国繁华往日的绝佳载体,被誉为"会跳舞的建筑";而曾经是因为陆上无法立足才兴起的"船屋"也被保留,转为旅舍等,甚至部分船屋依旧在使用,成为旅游者触知"水都之脉动"的重要节点。因此,成都在城市建设过程中应注意保留具有文化记忆功能的载体并凸显其中的重要节点,而不是在开发过程中失掉了对历史的尊重和对文化的传承。

★杜塞尔多夫(Düsseldorf):欧洲会展之都(标杆度:四星)

杜塞尔多夫位于莱茵河畔,有鲁尔区的"办公桌"之称,位于德国鲁尔重工业区的中心,设在这里的钢材、钢管、钢铁、机械、化工和玻璃等工业企业享誉世界。杜塞尔多夫也是世界著名的时装城市,在这里每年都举行大型时装展览会和交易会。杜塞尔多夫又是有名的博览会城市,每年都举办各种行业的国际大型展览会。它也是德国的文化艺术名城。杜塞尔多夫还是德国广告、服装和通信业的重要中心。成都的会展经济应以杜塞尔多夫为标杆。

——培育具有国际品牌知名度和影响力的知名展会

在众多展会中,始办于 1949 年的 CpD(Collection premierer Duesseldorf)国际服装博览会是目前世界上规模最大的专业服装博览会,被誉为"欧洲服装业的晴雨表",每年都在杜塞尔多夫举办冬、夏两届,其持续不间断的举办和与当地服装产业的紧密联系是其成功的基础。

——与海外国家和地区建立广泛联系并形成国际化居住区

杜塞尔多夫是欧洲与远东联系的战略节点,例如,日本有 300 多家公司在这里建立了分支机构,并有欧洲最大的日侨聚居区,另外,还有中国台湾贸易中心和韩国办事机构等。这就为其博览会的举办提供了稳定的客源和市场。

——构筑便捷的市内交通网络以应对展会期间的交通压力

杜塞尔多夫拥有欧洲西部最大的国际机场，距离市区仅 10 公里，而杜塞尔多夫展览中心就位于机场附近，展馆有地铁通往市中心，展馆、机场和市内中心火车站之间都有直达线路，展会期间，参展商和观展商凭证件可以免费乘坐市内公共交通，并且，展会期间还会增设展馆到机场的免费大巴。

★马德里（Madrid）：高原内陆的梦想之城（标杆度：四星）

欧洲地势最高的首都马德里是一个古老的城市，两千多年前，它只是曼萨那雷斯河畔的一个小镇。9 世纪时，阿拉伯人在这里修筑了城堡，11 世纪，这里成为卡斯蒂利亚王国的一个重镇，1562 年，费利佩二世在马德里定都。今天的马德里是西班牙的政治、文化、经济和金融中心，也是欧洲伟大的艺术中心之一。西班牙是世界第二大旅游目的地国，世界旅游组织总部就设在马德里。

——基于历史文化的不断创新和力求卓越的城市营销战略理念

马德里以多元的文化、热情的风貌、丰富的艺术活动和多彩的夜生活闻名于世，现代建筑与文物古迹相映生辉，市内有 36 个古代艺术博物馆、100 多个博物馆、18 家图书馆和 100 多个雕塑群，历史文化积淀十分厚重。虽已经是旅游强国的首都，但马德里在战略促销方面还有其值得学习的经验，即不断创造新主题、新概念。其目的在于给旅游者无限可能的认知，那就是马德里还远远不止这些，它可提供的旅游项目还囊括了文化、娱乐、美食、购物和体育等方面。其中，体育旅游占有越来越重要的地位。在城市营销过程中，马德里正在努力争取成为"全球重要的国际都市"，并以"世界体育之都"作为其营销战略支撑之一。马德里如何在厚重的历史文化积淀中营造新主题、新概念是值得成都借鉴的地方。

——一流的接待服务设施促进旅游会展蓬勃发展

马德里拥有世界一流的酒店，饭店共有 5 万张床位，其中四星和五星级饭店共有床位 2.4 万张，公寓共有床位 6000 张。马德里在举办博览会及各类专业会议方面经验丰富，会展旅游对其经济贡献巨大，仅 2003 年，马德里就举办了 3734 次国内外会议，参会人数逾 64 万人次。马德里国际旅游展是仅次于德国柏林国际旅游展的世界第二大旅游博览会，每年举办一次。

★普罗旺斯（Provence）：城乡一体的田园文化典范（标杆度：三星）

代表法国乡间文化的普罗旺斯地区拥有极富变化而又不同寻常的魅力，薰衣草、古堡、峡谷、峰岭等关键词构筑起欧洲的田园文化，在大学名城、教皇之城的前后还掩映着中世纪小村落和古老的山镇。普罗旺斯如何在广袤的乡间土地上展现万种风情是最值得成都学习的方面。

——在原有民舍旧宅的基础上营造休闲旅游文化的氛围

普罗旺斯最具魅力的旅游吸引物就是乡间村舍和原汁原味的自然风光，亮黄色的南法木屋风格、复古朴拙的建筑和陈设，在香水玫瑰缤纷绽放景致的映衬下，呈现出浓郁的乡村氛围和浪漫风情。温文尔雅的大学名城艾克斯、教皇之城亚维农，以及那些逃过世纪变迁的中世纪小村落和古老的山镇都是值得游客驻足观赏的地方。

——对薰衣草进行有组织地开发使其成为普罗旺斯的灵魂

普罗旺斯因盛产紫色薰衣草而闻名世界。从中世纪开始，普罗旺斯居民便利用野生薰衣草制作香粉和药剂。到19世纪，薰衣草的种植逐渐推广开来。随着"香水之都"格拉斯的兴起，法国薰衣草精油业发展迅速，20世纪50年代开始有组织地种植混种薰衣草。普罗旺斯地区在花期时节举行各种节庆活动，如薰衣草采摘节与薰衣草集市等，以及自驾车、骑自行车或随团旅行的方式，花农们还组成一家名为"薰衣草之路"的组织，专门负责薰衣草宣传工作。在城乡统筹发展和"一村一品"的建设过程中，成都也应学习普罗旺斯的薰衣草开发模式，做足做大乡村旅游的文章。

★迪拜（Dubai）：从无到有的创意之城（标杆度：三星）

阿联酋迪拜是21世纪最具创意的旅游城市，已经由"沙漠石油之城"彻底转变成为中东最奢华的热门旅游地。作为阿拉伯国家，迪拜对各种生活方式的宽容展现了其兼容并蓄的开放姿态，显示了其作为国际化都市的活力。世界级宾馆和休闲中心不断增加，商店商品丰富且24小时开放，营造出独具特色的休闲场所。而在众多最新型的展览中心里举办的展览、贸易展示和会议，对扩大旅游、营销迪拜，意义非凡。迪拜已经逐渐被识别为进入中东乃至亚洲的商业门户，其独特的营销创意极具借鉴价值。

——"只做世界第一"的旅游旗舰开发意识

很多人对迪拜唯一的认识，就是海水中的七星级酒店，但真实的迪拜远不止这些。凭借石油支撑，迪拜人拥有无穷的魄力，什么都要称得上世界之最：世界唯一的七星级酒店、世界第八大奇迹、世界最高大楼、世界最大的人工室内滑雪场、世界最大的游乐园、世界最大的办公大楼……正在建造的迪拜塔，目标是世界最高塔，塔的高度暂时保密，怕后来者超越；即将建造的"迪拜乐园"要成为全球最大的主题公园，比美国的迪斯尼大8倍；在海底要建一座有数百间客房的豪华饭店，为全球独创；最令人叹为观止的是正在建造的3个填海人工岛，两个棕榈树形的棕榈岛已经动工，一个以世界地图为规划的世界岛也即将开工。岛上有别墅、宾馆、公寓、办公楼和商厦，更舒适的居住环境和度假设施，吸引全世界的富豪前往。虽然我们无法与之相比，但在发展意识上同样要有奋力争先的超越意识。

　　——建设可以媲美香港的亚洲购物中心

　　在迪拜，外国货币及旅行支票可以在所有的银行及酒店兑换。除了在集市的少数商店，几乎所有地方都接纳国际信用卡。货币出入境均没有任何限制。由于可以免税购物，因此，旅游业正成为继石油之后的阿联酋的又一经济支柱。迪拜的黄金市场汇集了世界各地的款式，大型商场和名牌专卖店价格适宜。迪拜机场的免税商店24小时营业，其规模在全球免税店中名列前茅。每年3月举办的迪拜国际购物节，名声在外，已形成一股商潮。每年春、秋两届国际博览会更是吸引全球企业前去参展。作为北非、南欧、西亚、南亚以及中东地区的商品集散地和转口贸易中心，迪拜辐射人口达14亿之多，这些地区贫富悬殊，对商品的需求是全方位的、多层次的，各种档次的产品均有市场。以商促旅成为迪拜旅游奇迹的一大亮点，繁荣发达的商贸业应当成为成都旅游发展的关键点之一。

　　（5）国际借鉴城市

　　★印第安纳波利斯（Indianapolis）：美国内陆的赛车城

　　印第安纳波利斯是美国内陆城市，也是当年美国西部大开发的枢纽之一，被称为"美国的十字路口"。如今则是著名的赛车城，百余年历史的500英里汽车比赛每年在此举行。伊格尔·克利克公园则是美国最大的市立公园。作为建城史不足200年的城市，印第安纳波利斯展示了很多值得成都借鉴的新思维。

　　——抓住稀缺资源、集中全力打造城市品牌

　　印第安纳波利斯是地处内陆的西部大开发时期的枢纽城市，可供开发的旅游资源不够丰富，因此它集中力量做成著名的赛车城。印第安纳波利斯赛车场建造于 1909 年，是世界上历史最悠久的赛道之一。印第安纳波利斯在 1950～1960 年之间举办过 11 场 F1 比赛，但当时实际上是把这里的卡特车赛算作 F1 的一个分站，欧洲车手根本不参加。1959 年，美国开始举办真正由 F1 赛车参加的 F1 比赛，拉斯维加斯、长滩、达拉斯、底特律和凤凰城都曾是 F1 美国站的举办地。1991 年，F1 告别美国，直到 2000 年才重返印第安纳波利斯。为了适合 F1 比赛要求，印第安纳波利斯赛道进行了大规模改造。因此，成都应该学习其对具有战略转折意义的事件或行动的准确把握。

★名古屋（Nagoya）：规划最好的历史古都与会议名城

日本名古屋曾因古迹而获美誉，如今其发达的工商业也举世闻名，是综合性的大工业城市。名古屋的中心地区是日本规划最好的城区，游客路径识别相当容易。成都如何更好地规划古城、古镇和古村落，可以借鉴名古屋的经验。此外，名古屋处于日本的中心地带，得天独厚的地理位置和交通条件使其发展成为著名的国际会展中心，名古屋的目标就是要成为日本最大的会议旅游城市。充足完备的设施建设亦值得成都学习。

——值得学习的后工业化时期城市规划范例

名古屋城市规划面向 21 世纪的目标是"创造一个拥有新鲜舒适的空气、充满欢乐气息的生活环境空间"。未来城市三方面的规划开发：一是智能化城市；二是通过信息系统对城市建设给予支持；三是城市区域化集中供热制冷。重点是对现有城市化区域的改造，而不是城市扩展的规模与方向，提出分区制系统以指导合理的土地利用，并为建设活动提供基本的依据，保护居住环境、促进工商业发展、确保美好的景观，在土地利用、城市建设中综合考虑自然与社会因素。现代化城市如何进一步创建和谐空间可从中获得启迪。

★格拉斯哥（Glasgow）：古老与现代完美结合的经典城市

苏格兰地区最大的城市格拉斯哥集艺术、历史、建筑、音乐、运动、购物等于一体，拥有众多展览馆和博物馆，也是众多国家级艺术表演公司的所在地，有着值得骄傲的文化艺术传统。同时，格拉斯哥也是工业革命的发源地，留下了丰富的印记。热情的苏格兰人为具有辉煌文化和传统的格拉斯哥又注入了新的活力。格拉斯哥被认为是全英最大、最有趣的城市之一，也是最具苏格兰风格的城市，格拉斯哥潜藏的如青春期一般旺盛的活力和不甘循规蹈矩的逃脱性情是焕发城市魅力的坚实力量。

——努力实现传统工业城市的完美转型

格拉斯哥是由于公元 6 世纪建造的大教堂而发展起来，但如今除了大教堂以外，实际上没有其他有关中世纪的东西保存下来，一切都在新兴的资本主义时代、工业革命和大英殖民地主义时代中被取代，日后，格拉斯哥也就成为了"工业革命摇篮"。虽然始建于公元 6 世纪，但格拉斯哥可不是一座中规中矩的"老城"，它喜欢随着时代"弄潮"，如今它也成为"创意、设计"的时尚之城。17 世纪的黄金时期带来了大笔财富，留下众多豪华建筑。20 世纪，格拉斯哥从前卫变成经典，现在，市内最具特色的维多利亚式古老建筑及大美术馆、博物馆和新潮艺术建筑吸引着世界各国的游客。

（6）学习与借鉴：六大黄金准则

弘扬文化：凸显三千年文化传承之都的独特魅力

综观任何一座世界旅游名城，都有源远流长、深刻生动的地域文化作为其发生发展的强大支撑。因此，就城市本身而言，成都旅游发展最大的财富就是其丰富持久的文化积淀，这种独特魅力的挖掘是决定其生命力的核心点。

开阔视野：实现大成都区域性城乡一体化的旅游开发模式

城市旅游开发必须集聚区域核心资源，像阿姆斯特丹就综合了荷兰旅游的众多要素，普罗旺斯更是成为法国浪漫精神的替身。成都作为成都平原的典范城市更是代表了这一片富饶土地的人文与自然风情，因此，要有突破行政区划构思成都旅游的气魄和胸襟。

加强规划：确立极具前瞻性的城市发展战略和空间布局

没有规矩，不成方圆。城市缺乏规划就会导致开发建设失去方向，甚至为了短期目的无视资源的保护与再利用。因此，成都发展规划要突出便利、公共、节约的精神，凸显田园城市的和谐之美和智能城市的韵律之美。

打造品牌：整合多元化资源与要素，开展系统性整体城市营销

城市发展可供利用的资源和要素多元庞杂，因此，要在统一品牌下实现有序开发和最佳组合，根据目标市场的需求差异进行系统性的城市营销，改变目前各执一方、分头进行的散乱化城市营销格局。

创新理念：以别具一格、独树一帜的思维形成绝佳的创意和构思

要想在众多强手中脱颖而出，就必须要有与众不同的创新意识和独特

思维。格拉斯哥的转型、迪拜的崛起给所有发展国际旅游的城市上了很好的一课，城市管理不再是简单的模仿，而是要在开发理念上实现优人一等。

精准定位：在旅游、会议、展览等领域培植若干世界级的吸引物

定位是正确行动的第一步，也是基于对市场深刻把握之后对自我的识别。在确立自身的发展定位之后，成都要把有限的资源集中在所选定的领域内，着力打造一两个世界级精品，并以此为契机开辟跨越式发展之路。

（二） 成都旅游国际营销的市场细分与选择

成都旅游国际营销必须明确要吸引的客户类型，识别其需求特征。从吸引全球旅游客源市场的角度，成都必须深入整合其丰富的多元资源要素，进行有针对性、有侧重、慎选择的组合与推广，从而为全球不同市场的差异化客源市场服务，并形成与成都旅游产品形成最佳匹配的细分市场，因此目标市场的确立尤为重要。在进行高效目标营销的时候，要进行科学而严谨的市场细分与目标市场选择，下文将分别利用定量和定性方法相结合的方式对市场进行多种途径的细分与选择。

1. 入境市场地位

成都是我国重要的入境旅游城市，居于全国副省级城市前十位、西部城市第四位，除去 2003 年非典特殊时期外，旅游接待人数、外汇总收入和人均外汇收入都持续增加。

在入境游客的构成上，以亚洲游客和港澳台游客为主体，以美洲游客和欧洲游客为两翼，以大洋洲游客和非洲游客为补充。

入境旅游花费以长途交通、购物、住宿为主，三者所占比例超过70%，景区游览花费较低；同时，游客的消费偏好呈多样化趋势，对娱乐需求有所扩大，而餐饮花费略有下降。成都的旅游购物具有一定优势，交通区位存在一定劣势。旅游产品开发还需加强，旅游餐饮花费和娱乐花费的比重还有提升空间。这与成都美食天堂和休闲之都的地位不相协调，因此，尚待挖掘。

从游客的综合满意度评价来看，对成都旅游的满意度相当高。课题组独立调研的结果显示，基本没有不满意的，这是对成都旅游的最大肯定（如表 4-3 所示）。

表 4 - 3　国际游客的综合满意度 10 国调查

单位：%

满意程度	美国	加拿大	澳大利亚	英国	法国	德国	日本	韩国	马来西亚	印度
非常满意	50	67	67	13	0	11	17	22	50	50
相当满意	25	11	33	50	100	67	67	44	25	25
满　意	25	22	0	38	0	22	17	33	25	25
不太满意	0	0	0	0	0	0	0	0	0	0
很不满意	0	0	0	0	0	0	0	0	0	0

　　从游客对相关要素的分类评价来看，景区和城市氛围获得了大多数被调查者的高度认可；人员服务、基础设施和旅游成本也得到一定认可，表明此方面需要进一步提升。相对不足的是便利程度和市民印象。成都不仅要有好客的心态和氛围，更要具备待客的能力，包括旅游解说、道路指引、双语服务等软硬件环境都需要极大的提高与改善（如表 4 - 4 所示）。

表 4 - 4　国际游客最满意的旅游要素

单位：%

旅游要素类别	美国	加拿大	澳大利亚	英国	法国	德国	日本	韩国	马来西亚	印度
景　区	50	22	0	25	75	11	0	11	25	31
人员服务	25	22	0	0	0	11	17	0	13	0
基础设施	13	22	0	25	0	33	0	0	0	13
便利程度	0	0	0	13	0	0	0	11	13	6
旅游成本	0	11	33	0	0	0	50	22	13	6
城市氛围	13	11	67	38	25	33	33	33	38	44
居民印象	0	11	0	0	0	11	0	11	0	0
其　他	0	0	0	0	0	0	0	11	0	0

2. 入境市场细分

　　辨别成都旅游客源市场细分主要是借助于课题组独立全面调研所获得的资料，进行统计分析并予以识别说明。

　　（1）指标确立

　　通过对 18 个研究问题进行因子分析，剔除掉相关性很大的变量，可以将成都旅游营销客源市场特征的研究初步归结为 5 个主要维度、25 个指标：

　　因子 1：旅游品牌引力（您认为在国际上成都能够承担以下什么角色？有独特的文化氛围、治安良好、公共安全设施齐备、容易获得城市信息即旅游或商业、有关于城市起源的独特的神话）；

因子2：自然要素禀赋（有很迷人的自然景观、有良好的生态、有怡人的环境、对外交通网络发达）；

因子3：人文资源积淀（有很多独特的历史文化遗迹、有很多这里出身的有名人物、拥有很好的文化设施、能体验高水准的文化活动）；

因子4：商贸会展活动（适合举办展览及会议、市内交通很便利、金融服务很容易、很多商业机会）；

因子5：城市独特魅力（成都市民特质、城市干净卫生、夜生活很丰富、有多样的乡土饮食、有多样选择的住宿条件、可以享受丰富多彩的娱乐活动、有很多购物娱乐设施）。

以上维度集中反映了被采访海外游客对于成都旅游属性的态度和偏好，这为市场细分提供了需求层面的细分变量。在此基础上进行聚类分析、指标筛检，并根据数据获得性和可靠性进行确立，以下12个指标被提取为识别指标：

有独特的文化氛围、容易获得城市信息（旅游、商业等）、有关于城市起源的独特的神话、自然景色优美、有良好的生态、有怡人的环境、对外交通网络发达、有很多独特的历史文化遗迹、能体验高水准的文化活动、适合举办展览及会议、夜生活丰富、可以享受丰富多彩的娱乐活动。

（2）统计分析

样本的聚类分析：根据上述海外调查对象对成都旅游不同维度的评价识别出有显著差异的细分群体，课题组对样本进行聚类分析（如表4-5所示）。统计分析结果显示，成都旅游营销的目标顾客可以分为5个对成都旅游具有不同偏好的亚类。

（3）细分市场说明

根据表4-5数据可以看出，不同类型的采访对象对成都旅游的评价显示出该群体的偏好特征，在充分体现该群体特征的基础上，5个细分市场可划分如下：

类型1：休闲旅游者

该类型是最主要的旅游群体，他们对于观赏优美风景、享受轻松休闲、体验独特生活给予较高期待，并强调"快旅慢游"，十分不愿意在路途中耽误时间，因而对信息、环境也有一定要求。该细分市场注重旅游过程的直接感受，习惯放松性、愉悦性的旅游氛围，最有可能因成都的悠闲

表4－5　聚类分析得出的旅游细分市场类型

被转动的组分矩阵

指　标	类　型				
	1	2	3	4	5
有关于城市起源的独特的神话	0.151	0.201	0.080	0.021	0.845
有很多独特的历史文化遗迹	-0.017	0.202	0.179	0.170	0.835
自然景色优美	0.569	0.151	-0.055	0.562	0.248
夜生活丰富	0.619	0.643	-0.016	0.008	-0.030
适合举办展览及会议	0.102	0.687	0.177	0.024	0.370
有独特的文化氛围	0.154	0.219	0.774	0.101	0.184
容易获得城市信息（旅游、商业等）	0.322	0.119	0.707	0.224	0.089
有良好的生态	-0.033	0.614	0.294	0.384	0.200
舒适的环境	0.205	0.668	0.175	0.366	0.245
能体验高水准的文化活动	0.083	0.198	0.255	0.824	0.050
可以享受丰富多彩的娱乐活动	0.802	0.054	0.249	0.184	0.032
对外交通网络发达	0.679	0.119	0.381	-0.033	0.099

提取方法：主成分分析。

自转方法：Varimax with Kaiser Normalization. Rotation converged in 7 iterations。

自在、环境优美而选择来此旅游，是旅游营销的最主要群体。

类型2：商务旅游者

类型2对于成都举办展览会议的条件最为关注，同时要求良好的生态和舒适的环境，以及丰富的夜生活，对文化类的要素也有较高关注，显示出较强的素质。此类细分市场的特征是，到成都旅游的动机比较多元，考虑到一些经济因素，故基本属于"商务旅游者"，是受商务环境及运营政策影响较大的一个群体，素质较高，关注文化要素，对城市旅游景观要素考虑很少。

类型3：文化旅游者

类型3对于成都独特的文化氛围和信息获得给予较高评价，并关注对外交通网络、良好生态、文化活动、娱乐活动等其他指标，表现出对文化要素的期待。文化旅游者是旅游群体中教育背景较高的一个群体，往往对人文要素的关注强于对单纯自然风光的关注。该群体的特征十分明显，最有可能被成都的地方文化品位和城市生活状态所吸引而选择到此旅游，是具有较高鉴赏力的旅游群体。

类型4：表象旅游者

类型4对于成都的自然景色和文化活动给予较高评价，属于传统型观光、体验类的表象旅游者，对旅游对象的选择具有较强的目的性，诉求集中，故而经常呈现组团出游的特征；由于大多经由旅行社组织，因而对交通问题不太关心。该群体的特征十分明显，多强调较为浅层次的旅游经历，最有可能被旅游产品吸引，并借助旅行社而选择到成都旅游。

类型5：深度旅游者

类型5的偏好较为极端，对于有关于城市起源的独特的神话、有很多独特的历史文化遗迹两类体现旅游目的地神秘性、独特性的指标给予极高的评价，显示出其对成都城市本身的认同。该类型属于深度体验的旅游者群体，对于其他方面毫不在意，此细分市场会被城市品牌因素吸引而选择细细品味成都，故称之为"深度旅游者"。

（4）聚焦文化旅游市场

课题研究的一个基本结论，就是成都旅游的核心吸引力在于其独特厚重的文化资源。因此，有必要对文化旅游者群体进行进一步的细分，以作为策略设计和定向沟通的基础。

通过计量分析，我们将文化旅游的调研数据所反映的吸引因子归结为四个主要维度，即传统文化资源、文化发展活力、文化发展潜力、文化体验价值。分析显示，海外受众对成都文化旅游市场（含文化的投资潜力）的评价有很大差别，明显表现为四个具有相对独立特征和边界的群体（如表4-6所示）。

类型1：文化产业投资者

类型1对成都文化市场的文化体验价值有较高的评价，而且对于成都的文化发展潜力和活力均有正面评价，特别是对信息的易获得性、优秀教育的机会评价较高，而对传统文化资源评价很低。该细分市场注重文化市场的消费体验功能，对投资、产业发展等相关因素亦有一定关注，最有可能到成都投资创业，故将其命名为"文化产业投资者"。

类型2：历史文化追寻者

类型2对成都的传统文化资源评价极高，显示其对成都独特文化精神资源优势的认同。而对于文化发展活力与文化发展潜力的评价一般，说明其对于文化市场的发展和经营并不关注，同时，该类型对成都的文化体验

表 4 – 6　聚类分析得出的文化旅游专项细分市场类型

因子正交矩阵

指　　标		Component			
		类型 1	类型 2	类型 3	类型 4
传统文化资源	B1. Competition. 02	0. 028	0. 859	0. 177	0. 050
	B1. Competition. 01	0. 124	0. 835	− 0. 020	0. 176
文化发展活力	B1. Competition. 04	0. 437	0. 070	0. 026	0. 754
	B1. Competition. 05	0. 054	0. 525	0. 279	0. 525
	B1. Competition. 06	0. 458	0. 372	0. 512	− 0. 109
	B1. Competition. 07	0. 644	0. 213	0. 473	− 0. 077
文化发展潜力	B1. Competition. 08	0. 837	− 0. 009	0. 069	0. 160
	B1. Competition. 11	0. 215	0. 375	0. 408	0. 572
文化体验价值	B1. Competition. 12	0. 067	0. 047	0. 857	0. 279
	B1. Competition. 14	0. 721	0. 004	0. 137	0. 309
	B1. Competition. 16	0. 737	0. 145	0. 020	0. 198
细分市场识别		文化产业 投资者	历史文化 追寻者	独特生活 体验者	时尚文化 体验者

Extraction Method: Principal Component Analysis. Rotation Method: Varimax with Kaiser Normalization. Rotation converged in 15 iterations.

价值评价也比较低，说明这类群体主要以短期文化观光为主要目的。

类型 3：独特生活体验者

类型 3 对于成都独特的文化氛围和能体验高水准的文化活动有较高的评价，同时，对于文化发展潜力等产业发展因素的评价关注度并不高，对于城市传统文化资源的评价也比较低。将其命名为"独特生活体验者"，是因为这一类型主要注重城市文化体验和文化氛围享受。

类型 4：时尚文化体验者

类型 4 对于城市的夜生活很丰富、适合举办展览及会议、舒适的环境的要求明显高于其他因素，说明这类群体对于城市文化的商务服务功能格外关注，如果城市提供与良好营商配套的文化活动，将有利于吸引这类时尚文化体验者群体的关注。

3. 目标市场选择

（1）入境市场地理选择

从分散到聚焦、从波动到稳定是成都市未来入境客源市场格局的发展趋势。入境客源地分布广泛，根据其到访游客数量及其花费等指标，按照地位重要性由高到低依次可划分为五大板块。

　　——港澳台市场：以台湾、香港、澳门地区为主；

　　——亚洲市场：以日本、韩国、新加坡和马来西亚等国家为主；

　　——美洲市场：以美国和加拿大为主；

　　——欧洲市场：以德国、英国、法国、意大利等西欧发达国家为主；

　　——大洋洲市场：以澳大利亚、新西兰为主。

　　亚洲是最重要的客源市场，其中，港澳台、日本、韩国、东盟等东亚地区的客源仍然是旅蓉市场的中坚力量，此客源市场以休闲旅游者、文化旅游者和表象旅游者居多；欧洲是最具潜力的客源市场，其比重超过全国水平，虽然各国旅游市场变化较大，但通过成都与欧洲的直航，总体会有较快的增长，此客源市场以商务旅游者、深度旅游者和文化旅游者为主导；美洲、澳洲市场增长势头稳定，美国依旧是主导力量，加拿大、澳大利亚则具有相当实力，其客源构成多以表象旅游者、商务旅游者和休闲旅游者为主。

　　（2）入境市场人口选择

　　比较国家、省以及相关城市的入境旅游者调研资料可以近似判断成都具有如下特征：从年龄看，与全国类似，以25~64岁的中、青年市场为主体，14~25岁年龄组和14岁以下年龄组的比例也较高，对旅游活动持较高的参与兴趣；从职业看，企事业管理人员、文教专业技术人员以及无职业人员比重相对较高，其他职业人员（包括学生、退休人员）的比重较低，文化素养和休闲时间成为具有决定性的因素。

　　（3）入境市场行为选择

　　从旅游动机来看：以观光旅游和文化旅游为主，近年来，商务旅游、探险旅游市场的增长较快；从旅游组织方式来看：团队组织比重高，约占70%，散客比例较低。依照世界旅游发展趋势预计，入境散客旅游者将有较快增长。

　　（4）入境文化旅游市场的地理选择

　　根据全面调查资料，不同地域细分市场对于成都文化的需求有着不同的评价。在众多的细分市场中，成都应选择能够发挥自身优势的方面作为目标市场，并全力满足其需求。以成都文化市场研究4个主要维度（传统文化资源、文化发展活力、文化发展潜力、文化体验价值）和不同地

域市场两个主要变量进行分析，细分市场中不同国家所占比重不同，通过
计算各类型市场中每个国家所占百分比，确定了有针对性的目标市场，为
制定具体战略奠定了基础。

北美。以美国和加拿大为代表的北美地区对成都整体评价很高。其
中，他们对成都的传统文化资源的评价最高，对于成都的文化发展活力也
有很好的反应，对于城市文化发展潜力和文化体验价值也非常认可。这说
明成都在经济发展过程中的文化因素的作用突出，成都的文化在北美市场
具有较强的吸引力和认可度，因此北美应该成为成都主要营销目标市场
（如图 4 - 5 所示）。

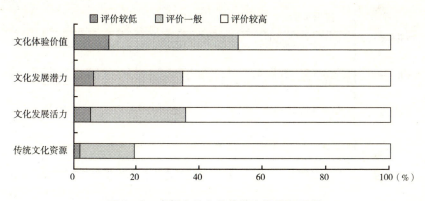

图 4 - 5　成都北美文化旅游市场特征识别

欧洲。包括法国、德国和英国。该区域国家对于成都独特的传统文
化资源评价很高，对于城市文化的发展潜力，包括舒适的生活学习环境
也有较高的认可度，同时也比较认可成都的商务、消费环境，但是对于
成都文化的价值体验方面认同度一般。因此该区域文化观光者比较突
出，商务旅游也占有相应的比例，投资创业表现出一定的倾向性（如图
4 - 6 所示）。

东亚、东南亚。包括日本、韩国和马来西亚，表现出很强的共性。
此市场对成都传统文化资源有较高的认同，对于成都的文化发展活力包
括文化生活氛围、营商环境也有较好的评价，但是对于城市的文化体验
价值、交往便利度评价较低。因此，从东亚、东南亚整体市场来看，文
化观光休闲者占比最多，同时商务旅游也有一定的比例（如图 4 - 7 所
示）。

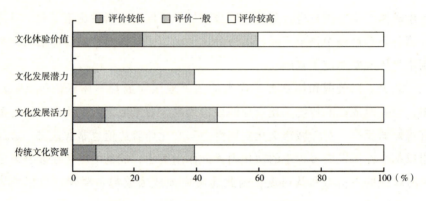

图 4-6 成都欧洲文化旅游市场特征识别

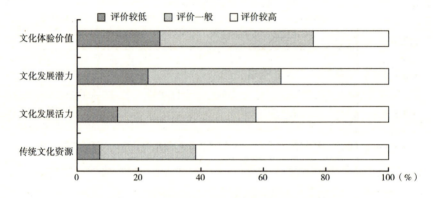

图 4-7 成都东亚、东南亚文化旅游市场特征识别

南亚。以印度为代表的南亚地区对成都文化的评价整体比较高,与东南亚地区呈现一定差异,该区域认为成都的传统文化资源、文化发展潜力均有较好表现,对成都的文化发展活力与文化体验也比较认可。因此,该区域市场不仅文化观光休闲者占有较大比例,商务旅游也有良好表现,同时投资创业人员也有一定倾向性,是一个值得进一步开拓营销的目标市场(如图 4-8 所示)。

(三) 市场与产品开发之匹配性分析

1. 目标市场的顾客特征分析

(1) 休闲旅游者

该群体拥有资金与时间,他们试图到全球任何有特色的旅游目的地体会自己的感受,他们往往对旅游地的美食、娱乐和风情了如指掌。对这一

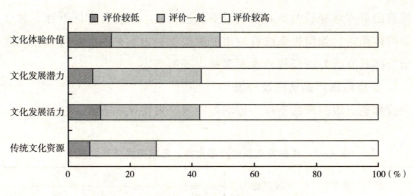

图 4-8 成都南亚文化旅游市场特征识别

旅游群体而言，成都的闲适生活具有极大的吸引力，该类旅游群体具有成为成都核心客源市场的潜力。

（2）商务旅游者

经营管理人员的流动主要受商务活动的影响，特别是受到目的地会展设施水平的决定，继而考察其夜生活与环境的舒适度，该群体属于旅游市场的优质层。由于美国、欧洲和日本等国家的企业十分重视在西部的投资，因此，未来商务旅游者将成长为重要专项客源市场。

（3）文化旅游者

该群体拥有较高的文化素养，足量的知识储备也使得他们对于信息的获取与运用更加显著，他们往往乐意与具有高文化品位的旅游目的地建立联系。文化的含量是他们唯一关注的内容。对这一旅游群体而言，成都久远的城市文化是最大的亮点，该类旅游群体具有成为成都重要专项客源市场的潜力。

（4）表象旅游者

表象旅游者多是旅行社组织的普通团队旅游者，对旅游产品具有较强的统一化目标诉求。他们在选择旅游目的地时，主要看重的方面就是景观与活动的吸引力，其他要素一概交给代办者考虑。对这一旅游群体而言，成都旅游形象具有直接的吸引力。该类旅游群体是成都核心客源市场之一。

（5）深度旅游者

相对于普通表象旅游者而言，深度旅游者是经常性旅游者的深化，他们不满足于浅层的体验，而是要对旅游目的地进行深度体验。一般而言，深度旅游者在选择目的地时特别看重其独特性、神秘性和深刻性。对这一旅游群体而言，如何提炼成都城市品牌的深刻内涵是主要的着力点。该类旅游群体具有成为成都特色专项客源市场的潜力。

2. 重点匹配产品选择及开发

成都重点旅游产品支撑、影响范围及开发次序如表4－7所示。

表4－7　成都重点旅游产品支撑、影响范围及开发次序

类型	优先度	支撑	辐射力				
			本地	西部	国内	亚洲	全球
文化旅游	★★★	古蜀神秘文化					
	★★★	三国遗迹					
	★★★	藏羌文化					
	★★	道教文化					
	★	川剧(变脸)					
	★	佛教文化					
城市旅游	★★★	熊猫城					
	★★★	商务会展					
	★★★	休闲生活					
	★★	都市游憩					
	★★	休闲度假					
	★★	川菜美食					
	★	环城板块					
乡野旅游	★★★	田园体验					
	★★★	古村古镇					
	★★	山地生态					

（四）成都市旅游目的地国际营销策略

1. 成都旅游营销目标任务

（1）旅游国际营销的战略目标

①构建具有跨区域影响力的"大成都旅游区"目的地系统。实现过境地与目的地的博弈整合，做大做强成都旅游核心吸引物；不能甘心做仅提供支撑配套服务的国际旅游过境地，而是要打造集旅游目的地和中转集散地于一体的综合旅游地。

②赋予"大成都旅游区"在中国旅游板块中的重要战略地位。成都旅游的战略地位要基于对市场、产品、管理的综合判断。成都市外围景区

地位已经很高，如九寨沟、峨眉山、黄龙等，作为战略性的枢纽，成都市要发挥主导性作用与关键性影响。力求改变当前的尴尬地位，提高大都市区在旅游板块中的重要地位，从旅游发展的延伸环节入手，扬长补短、协同互助。

③推广成都旅游品牌进入海外旅游者选择中国城市的第一组合。成都旅游品牌已经初步树立，其总体实力已经得到广泛认可，位居国家首批三座最佳旅游城市之一。未来，要在推广成都旅游品牌进入海外主流媒体和公众视野方面下工夫，尽快提升成都旅游的国际知名度和美誉度。

④提升成都入境旅游水平进入全国城市第二阵营的前列。要着力改变目前在国际市场开发方面竞争优势尚不突出、商务旅游规模略低的局面。考虑到单纯观光旅游贡献率较低的现实，成都入境旅游应逐步强化休闲度假、商务会展等多元化旅游成长模式。

⑤促进成都旅游国际地位快速提升，并达到国际同类城市的中等水平。根据前述分析，成都国际旅游发展与全球城市相比已经处于快速起步阶段，通过学习同类较高水平城市的成功经验和方法，迅速跻身国际同类旅游城市优先行列。

（2）旅游国际营销的战略任务

①打造强势的成都旅游目的地品牌。突出推介：保存完好的中国文脉、神秘独特的巴蜀传奇、亲切宜人的休闲氛围、魅力无限的吸引物体系。

②培育具有国际一流水准的旅游基础设施和服务体系。城市各类基础设施和服务项目要有步骤地追赶国际标杆城市，尤其要强化面向国际旅游者的服务与设施类要素的建设与完善。

③形成国际旅游营销整合机制。成都旅游国际营销要与相关各方统筹规划，在品牌的管理建设方面走出一条卓有成效的道路。

2. 成都旅游营销定位体系

（1）总体定位

成都市旅游的总体定位应彰显其在中国乃至亚太旅游板块中的吸引力和战略价值，并为塑造成都市的旅游目的地品牌奠定基础。以下是课题组对成都市旅游总体定位、定位主题口号表达以及定位核心信息的建议。

旅游功能定位：国际上原创性文化特色、高品质自然风光、体验式休

闲氛围结合最佳的城市之一

定位主题口号：品味中国，尽在成都（Chengdu：the China within a city）

定位支持点（核心信息）：

- "China's China"（"成都：精粹中国"）
- "Chengdu：different China"（"成都：不一样的中国"）

（2）定位分析

①成都文化已得到国内外受众的广泛支持。美国《时代》杂志曾经撰文报道成都为"China's China"，寓意为在发展迅速的中国，成都已经成为保有最多传统文化特色的中国城市，这可以看做是西方主流媒体对成都的判定与认知。普通受访者也认为成都是"中国最富有文化含量的地区之一"。从成都本身来看，蜀文化是具有数千年历史的原生文化，且其反哺中原，神秘而古远，是中华文化的典型代表之一。但在面向特定细分市场时，要有针对性地突出客源地需求的倾向性，例如，欧美人对熊猫、藏文化的偏爱，亚洲人对风景、城市的诉求。

②寻求集中体现成都综合旅游的特色，准确、统一定位。传统的成都旅游品牌主要体现在"熊猫"上，但熊猫栖息地遍及整个四川乃至陕西秦岭，因此，四川最近的推广口号就是"天下四川　熊猫故乡"。成都也在不断寻找新的着眼点，包括"休闲之都"以及最近的"旅游天堂　中国成都"。随着金沙遗址的挖掘，被定为中国文化遗产标志的"太阳神鸟"也日益引起关注，这成为成都旅游定位新的着眼点。但总体上，成都旅游定位多元混杂，例如，成都市旅游政务网主页是神鸟图案，进入首页后，在顶端可以发现三个熊猫标识，还有"四川：太阳神鸟升起的地方"和"成都是一座来了就不想走的城市"等内容；成都旅游门户网突出神鸟图案，强调休闲之都、美食之都、天府之都、特色旅游、熊猫故乡和古蜀文化。

3. 成都旅游营销战略路径

（1）战略重点

亚洲市场——步步为营

深耕东亚、东南亚具有战略性重要地位的国家和地区，包括日本、韩国、马来西亚、新加坡、泰国、印尼和港澳台地区等。启动南亚新兴快速发展国家，包括印度等具有潜在客源增长实力的国家和地区。

欧洲市场——重点开发

西欧经济发达国家，包括前十位的德、法、英和与成都直航的荷兰等。

北美市场——选择性突破

重点选择熊猫生活过的城市，以及和四川、成都有一定交往基础的城市。

（2）战略步骤（2008～2013年）

前期边建设边营销，以产品、渠道的开发建设和品牌的规划塑造为主；后期以推广和维护为重点。

4. 成都旅游营销策略措施

（1）成都旅游产品策略

第一，构建"大成都旅游区"的战略布局。

成都本身缺乏强势的旅游吸引物，更多充当了旅游中转集散地的角色，因此，实现中转地向目的地的提升是旅游产品战略布局的核心。"大成都旅游区"的建设是四川省"十一五"旅游产业发展规划确立的"一个中心"，因此，面向海外市场，成都应该打造囊括大熊猫、都江堰、青城山乃至于乐山大佛、峨眉山等众多世界知名品牌景区的大成都旅游精品区。要立足川藏滇香格里拉生态旅游区、川渝黔旅游金三角区和川陕甘青生态旅游圈来谋划成都旅游的战略布局。

要以成都市区为心、以成都平原及其周边为圆培育"目的地整体产品"，开发以文化遗产观光游、田园度假休闲游、商务会展体验游和川菜蜀风美食游为主体的旅游产品体系，而在对外营销时，要让上述优美的风景成为成都旅游品牌概念的承载。

第二，休闲度假产品："都市的诗意栖居"。

成都的休闲文化主要表现为其独特的生活方式和人文理念。在市区内有若干集聚休闲色彩的街区，包括人民南路娱乐带、羊西线餐饮美食娱乐带和锦江夜游带，并以人民路南北方向为中轴形成商贸的发展中心区，另外，还有一品天下餐饮文化街、歌舞影剧院娱乐、府河休闲观光、春熙路商业、唐诗汉赋文化、三国蜀汉文化、音乐学院周边休闲娱乐、城南休闲娱乐等八大特色区域。

成都是最适合人类休闲的地方，因此，要利用信息化设施实现"快旅慢游"，开发以休闲度假为核心的客源市场，着重开发城市休闲旅游区和都江堰—青城山国际休闲度假旅游区双核心，把成都建成中国式田园度假国际性旅游目的地。突出成都"休闲夜生活"、"农家乐"的独特魅力，在一品天下、府河、春熙路、琴台路、音乐学院以及城南地区和郊区等布局设点。

第三，商务会展产品："中国会展之都"。

成都会展品牌丰富多样，尤其是面向国际市场辐射力大的会展活动尤为活跃，76.5%的国内受访者对成都开发展览及会议产品给予较高认可。其要向杜塞尔多夫等国际知名会展城市学习，完善服务设施、提升展会品质，将成都打造为西部会展中心。

建立并加强旅游部门与会展办、会展企业的沟通协调机制。像国外标杆城市一样，在不同部门之间形成良好的信息共享和行动协调机制，以其在城市旅游与会展的大发展过程中形成很好的互动协同。

要设计不同类型的会展产品与观光产品并有机整合，打造成都会展业的特色价值，包括现代的、田园的、自然的、休闲的、文化的等不同的商务旅游风格和体验，尤其要争取在其中选择一个品牌类国际性展会做大做强，办成标杆示范城市那样的世界一流展会。

第四，国际化的旅游解说系统和旅游服务设施。

各类设施与服务不仅能够直接满足旅游者的生理和心理等多重需要，而且也是吸引旅游者的"产品"，甚至于细节服务最终决定了旅游者对目的地的评价。大多数受访者对成都旅游信息获得的便利程度评价一般，为此，成都要加强中外文对应的道路指示、景点介绍等旅游解说系统的完善建设，并建设慢行步游道路系统，完善旅游厕所、游客中心等必要的国际化旅游服务设施。

第五，旗舰产品开发原则与战略思路。

旗舰产品的开发要具有全面的资源整合能力、先进的绿色生态理念、强大的区域带动能力，像熊猫小镇、都江堰西区休闲旅游度假区、天府华侨城等创新性主题乐园或新型景区都要具有国际视野，一方面吸引国际游客，另一方面把周边区域也拉动起来，形成未来成都旅游的坚强支撑。

（2）旅游成本的改进策略

第一，价格系统要统筹一致。

鼓励旅游发展，但不要随意定高价，维护"质优价廉"的良好口碑，从衍生服务领域获取新收益；提高价格打包程度，带动温点、冷点区域发展；逐步推广城市旅游通票制度，鼓励旅游者更多地开展城市深度旅游；组织好城市旅游线路，整合协同诸多中小景点，条件允许的话要借鉴杭州等地的经验，获得政府支持实现核心景区免费开放。

第二，通过服务增值，增加顾客体验。

旅游体验具有多元性、丰富性，其取决于旅游者的综合感受，因此，为实现对旅游者的吸引，就要从"服务态度、服务质量和顾客便利度"三大方面入手，发挥成都休闲安逸舒适的特长，让顾客全面感受成都的美好。

第三，价格要体现导向，对优先发展产品要提供补贴。

成都大熊猫繁育基地独一无二，具有全球稀缺性，也是成都国际旅游的核心品牌，可通过丰富产品的途径，提高价格；而宽窄巷子、船棺、蜀王墓等初步开发或者待开发产品则要实施低价乃至于免费对策。

（3）渠道策略

①总体策略。采用政府渠道的宣传、媒体广告的传播、与旅行社的合作、网站的建设与网络传播等多种手段相结合的整体策略。在传播渠道的选择方面以立体广告与平面广告相搭配，硬性广告与软性广告相结合，传统媒体与新型媒体相交叉投放的方式进行。如广告、公关活动、事件型活动、网络等渠道，以及印刷品、纪念品与多媒体为主要手段进行品牌形象传播。

②自有渠道。以成都市旅游局、成都文旅集团等各级各类机构为主，定期参加国际知名旅游展，开展各类针对性强的市场开发活动，设置海外营销中心。鼓励旅行商联动，与荷航、法航以及德法最大旅行社建立战略性合作关系，在巴黎、柏林展开旅行推介，并形成企业协同跟进，围绕具有重要影响力的"德国国际旅游博览会"展开行动，争取每年都要参加；选择旅行社跟进，严格执行年度评估，确立5年目标管理的体系。

发挥驻外旅游促进办与成都市的其他驻外机构（如政府办的招商局和企业办的办事处等）的协同互促作用，同一时期内共同开发目标市场。

③依托渠道。要充分借助四川省内的营销资源，在推广四川的同时提高省会城市成都的知名度。借力国外旅游研究学术团体、旅游协会、海外华人社团等外部机构开展营销活动。同时，也要拓展渠道范围，例如，借助短信、彩铃、手机电视等对外宣传成都旅游品牌。

④现代传媒渠道。要贯彻满足旅游个性化需求的目标，全面贯彻以人为本的战略思想，利用网络、影视等公众平台开展最大化营销。要针对特定市场建立相关沟通渠道，固定维护；与知名旅行网站合作，例如文旅集团与携程网的合作，今后还应开拓英文旅行网站合作框架；加强影视媒体的促销宣传，增强宣传促销的丰富性和实效性，提高宣传促销的影响力和覆盖面，制作高质量的有关成都主要旅游名胜的电视录像片、广告片，在电视台、旅游网站、门户网站播放；应充分利用信息时代的新技术，占领旅游促销的制高点，并使用最新多媒体技术，全方位展示成都旅游风貌。

⑤渠道维护措施。固定发放纸质的、电子的报道信息；向相关单位和个人发放证书以激励其参与；在适当时候举办"成都旅游营销渠道伙伴会议"；在海外华人社团中选择人气高、热心肠的名人聘为"成都旅游大使"，邀其参与进来，实现渠道共赢、多方获利的目标。

（4）推广策略

欧美市场推广的启动主题

- Enjoy Panda, Approach Tibet 亲近熊猫　走进西藏
- The Gateway to Wild West China 中国原生西部的门户
- Hometown of the Giant Panda 大熊猫的故乡

说明：调查显示，成都之"熊猫城"概念被美国、加拿大、澳大利亚等新兴移民国家的受众广泛接受，英国、德国、法国等传统欧洲文化悠久的国家则对成都之"西藏门户"、"文化"、"自然风景"等主题更感兴趣。因此，在促销过程中要有针对性地突出成都的卖点，在美、加以"熊猫故乡"为题，在欧洲以"神秘文化"为脉，综合运用各种宣传要素。

亚洲市场推广的启动主题

- Best Leisure City with Best Natural Beauty 中国最美的风景　中国最休闲的城市
- Cultural Capital of Three Kingdoms 三国之文化都会

说明：调查显示，成都之"三国文化"、"古蜀神秘文化"最为日、韩旅游者看重，马来西亚、印度等东南亚、南亚国家还对"自然风景"、"熊猫"和"多元文化"感兴趣。因此，在促销过程中要强化亚洲文化理念的同一性和成都休闲游憩的优越性，在东亚、东南亚推广三国文化和自

然美景的完美结合，在南亚新兴市场推广成都的独特、神秘与休闲特色。

欧亚推广的深化主题

- Mysterious World in North Latitude 30° 北纬 30 度的神秘世界

- Mt. Qingcheng and Dujiangyan-World Relic Tour 拜水都江堰 问道青城山——世界遗产之旅

- Jinsha Relic-Magical Legend of Chengdu 金沙——成都起源的神奇传说

说明：欧亚推广文化主题是针对已经到访或者了解较多，以及对成都具有偏爱的游客细分市场，进行针对性开发，把最具吸引力的元素表现出来，体现出推广基调的高度，并可以把在国内已经成熟的主题予以进一步弘扬，如北纬 30°、金沙、世界遗产等概念，在条件成熟的前提下加入进来，组建体系更为完整的推广框架。

旅游推广活动建议

上述策略目标、重点和主题的落实，需要有具体的推广活动作为载体。以下是课题组提出的 5 个年度的推广活动建议，仅供参考。这些分年度的建议，也可根据实际工作的需要进行时序上的调整或合并。

——2008 年推广活动

◆主题：热动 2008

◆市场：以荷兰为切入点，以德、法、英为主要目标

◆活动内容：

- 成都—阿姆斯特丹航线—熊猫号航线（Panda Hotline Vibrant 2008），"进入中国的最便捷航线 The Nearest Airline to China"；

- 双城联动：Magic AC（Magic Amsterdam-Chengdu），打造成都—阿姆斯特丹"双城记 Twin City Plan"；举办荷兰（郁金香）文化月、成都文化周/月；挖掘城市共同精神，两地都有"包容、和谐"的特质；

- 奥运热身：邀请欧洲客人乘坐熊猫号"发现之旅"参与成都的主要节庆活动，例如，与奥运火炬接力相关的外围活动，邀请欧洲奥运体育代表团和商贸文化团经由成都奔赴北京；

- 高端联动：运作荷兰、法国、德国、英国等欧洲国家最高领导人在奥运会前访问成都，推介成都文化进入国际主流媒体视野；

- 搭车国家奥运营销，推广成都的文化和自然风光——发现原生态中国（Discovering Original China）；"感受中国，从西部进入 Feeling China,

From West"。

——2009 年推广活动

◆主题：闪耀 2009 （Shining 2009）

◆市场：以欧洲友好城市及其他重要城市为依托

◆活动内容：

• 成都文化巡展：欧盟总部以布鲁塞尔为起点，围绕欧洲大陆主要旅游客源地和友好城市一圈，在阿姆斯特丹结束。全面展示生活化的吃喝玩乐：川菜、茶馆、名酒、川剧、金沙。要做好前期准备工作，进行专业化跟进，旅游、招商等部门都与之协同，签订客源组织、项目引进的落地合同。

• 友城联动：运作"文化之旅"欧洲友好城市推介，举办深度访问、进行专业拓展、寻找潜在机会；邀请欧洲友城市长、媒体、旅行评论家等。

• 欧洲熊猫大使评选活动：利用在欧洲的华人机构或者直接邀请外方机构组织外国人参与健康、青春、美好的熊猫大使评选，每个目标城市选拔若干名，最后全体组团赴成都决选，获胜选手将成为成都在欧洲的旅游宣传大使。该活动可由中外知名电视台全程播出。在各个城市的比赛过程，也将成为宣传成都、推介成都的良好契机，有关成都的文化历史、自然风貌、风俗民情都可以成为考题。与此同时，也可举办网络写手大赛和国内城市小小熊猫大使评选，共同将活动推向高潮。

——2010 年推广活动

◆主题："来自神奇熊猫城的问候 Greeting from Magic Panda City"

◆市场：走进美、加，以北美育有熊猫的重要城市为主

◆活动内容：

• 北美熊猫大使评选：利用在北美的华人机构或者直接邀请美方机构组织美国青少年参与健康、青春、美好的熊猫大使评选，每个目标城市选拔若干名，最后全体组团赴成都决选，获胜选手将成为成都在北美的旅游宣传大使。该活动可由中美两国知名电视台全程播出。在各个城市的比赛过程，也将成为宣传成都、推介成都的良好契机，有关成都的文化历史、自然风貌、风俗民情都可以成为考题。与此同时，也可举办网络写手大赛和国内城市小小熊猫大使评选，共同将活动推向高潮。

——2011 年推广活动

◆主题：与成都共舞 （Dancing with Chengdu）

◆市场：在欧洲、北美熊猫城市的基础上适度外扩

◆活动内容：

• 成都风情嘉年华：起步于加拿大多伦多，围绕北美主要客源城市一圈，在世界之都纽约结束。全面展示艺术化的成都，川剧绝活表演、民俗民乐表演、古蜀文化展示、金沙歌剧表演。利用 2010 年"来自神奇熊猫城的问候"启动之后受众被激发的热情，吸引他们体验熊猫之外五彩缤纷的成都文化。吸引更多的游客来成都旅游并休闲。

——2012 年推广活动

◆主题：亚洲魅力节点，Asia's Charming Dot（突出成都作为亚洲最美风景、最宜休闲的文化之都）

◆市场：重点在日、韩等受汉文化影响比较深的东亚国家和地区

◆活动内容：

• 三国文化联动：日、韩等东方文化圈对于三国文化较为熟悉，因此，可以挖掘成都具有三国文化色彩的资源要素，赋予高科技含量的创意活动与项目。同时，考虑到日、韩等亚洲区域是成都传统客源市场，深度开发三国品牌可以提高重游率。

• 道法自然、和谐人生之成都养生文化年：将道家养生理念与现代健康意识统一起来，推广健康生活模式，举办太极等运动，联动瑜伽等国外健康活动组织共同举办。

（5）人员策略

①加强市民教育。面向国际市场，要深入开展"主人翁"意识的培育，努力使公众形成"人人都是旅游主体"的认知，提高社区居民的好客度，进行适当的国际礼仪培训教育。

②鼓励名人宣传。要利用政府官员、文化名人等社会各界知名人士为成都旅游促销，使成都成为广大公众所熟知，成为投资者放心、居民骄傲、旅游者羡慕、外地人向往的地方。

③开展口碑传播。通过在旅游过程中曾获得美妙经历的旅游者，向目标市场进行宣传推介，形成比广告、文字宣传等更具感染力和说服力的促销效果。

（6）有形化策略

①标志设计类。在成都整体品牌约束下的成都旅游形象体系要体现城

市品质与服务，强化旅游价值，并针对入境客源市场设计统一完整的 CI 体系，约定 LOGO 的样式、风格和尺寸，选用统一的标识、统一的字体、统一的色彩，集中展示并强化成都国际旅游形象，且其应适用于旅游说明会、展览展示会或直接邮寄。

②指示规范类。提高成都市旅游路牌、公告牌、旅游地图等引导指示物的质量和标准。逐年编制旅游促销手册，即囊括所有成都旅游要素的小百科全书。

③行动识别类。采用现代技术模拟具有吸引力的虚拟情境或表演场景，例如，金沙祭祀活动的整体复原、青城山道教文化展演等。

（7）协同策略

①地区间协同。要加强和阿坝、甘孜的协同，与周边区县和外省实现战略协同。目前，成都旅游与有关省市间的外部区域协同营销已经初步建立了"西部·中国旅游营销联盟"、"中国三国文化旅游"、"奥运热点旅游城市"三大区域旅游联盟，下一步要做实做大，尽快从书面贯彻到行动。区域内部"成都—峨眉山—九寨沟旅游目的地营销联盟"的成立已经成为成都旅游目的地打造的创新起点，是构建"大成都旅游区"的有力措施。

②项目间协同。重大项目要有合作与协同的策略安排，政府、行业协会、企业和公众之间都要充分合作，建立高效的互动机制；在营销推广时也要强化常规合作机制的确立，避免重复工作或者相互掣肘，以至于劳而无功。

③外部效应及危机预警。对协同策略执行的效应以及可能的危机要有较为全面的考虑，对旅游发展的不确定性和多边牵涉性要有一定把握，在充分估测各种潜在可能的基础上能够及时反映、积极应对，建立健全危机处理预案。

二　成都投资目的地与出口营销策略

（一）市场环境分析

1. 成都投资目的地与出口 SWOT 分析

外商对华投资是推动中国 20 多年经济持续高速增长的重要因素之一，

而对外出口在其中起到了重要作用。但是，由于改革开放的顺序、层次以及地理区位的差异，各地区在吸引外资和对外出口方面也存在很大的不同。成都市在吸引外资和促进出口方面究竟处于什么地位？以下我们依次分析成都市在吸引外商投资和对外出口方面的优势和劣势，以及面临的机会和挑战。

（1）发展优势

①天府之国，环境宜人。成都在历史上享有"天府之国"的美誉，这不仅因为成都物产丰富，更因为成都气候宜人、环境优美。时至今日，成都对于这一美誉仍然当之无愧。成都属亚热带湿润季风气候，冬暖、春早、无霜期长，四季分明，热量丰富。年平均气温 16.4℃ 左右，大于等于10℃的年平均活动积温为 4700℃～5300℃，全年无霜期大于 337 天，冬季最冷月（1月）平均气温在 5℃ 左右，0℃ 以下天气很少，比同纬度的长江中下游地区高 2℃～3℃，提前一个月入春。冬春雨少，夏秋多雨，雨量充沛，年平均降水量 1124 毫米，而且降水的年际变化不大，最大降水量与最小降水量的比值为 2:1 左右。成都城市环境优美，城区绿化覆盖率和绿地率分别为 22.6% 和 21.8%。城区环境噪声常年保持在 55.0 分贝以下，道路交通噪声平均等效声级 68.0 分贝。城区空气质量良好，空气污染指数 API 常年保持在 100 以下。

②西南都会，市场广大。成都作为中国西南地区人口大省四川的省会城市，在经济、商贸、物流等方面对西南市场，特别是对四川本地市场的辐射和覆盖能力显而易见，这有利于吸引世界商业企业的投资。同时，成都地区的物产资源极为丰富，特别是某些资源具有独特性（如中药、蜀锦和川菜原料等），这将有利于吸引世界生产制造企业的投资。不仅如此，由于成都是四川的省会，四川全省境内丰富的物产资源吸引的外商直接投资也很可能会选址成都，以充分发挥成都对四川全省资源的统领作用。

③科教发达，人才济济。成都有研究院所 70 多个，企业技术中心 31个，国家重点实验室 6 个，国家专业、重点实验室（中心、基地）31 个，国家工程（技术）研究中心和企业技术中心 9 个。成都还拥有电子科技大学、四川大学、西南交通大学、成都信息工程学院等 20 多所高等院校，其中 9 所院校设有 IT 类相关专业，具有从信息技术基础理论到前沿领域

完整的学科群。除此之外，成都还有门类齐全的中等专业学校 44 所，在校学生 6 万人，每年培养电子信息类技术工人 2000 人左右，机械类技术工人 3500 人左右，离校前全部通过了国家职业技能鉴定机构任职资格认定。与全国其他主要城市相比，成都具有人才数量的相对优势，人力成本低于沿海地区，且具有流动性低，稳定性高的特点。目前，全市各类专业技术人员总数达到 58 万人，位列全国大中城市第四，西部地区第一。在高素质电子和机械制造人才方面，成都的质量和密度为西部第一，在成都的两院院士 50% 以上从事该领域的研究工作，专业技术人员中约 2/3 在以上两个领域工作。尤其是高素质 IT 人才聚集度位居西部之首，是 IT 产业发展的人才高地。

④千年古城，文化深厚。从面上说，成都著名的历史文化遗产有古蜀文化和三国文化；从线上说，成都道教文化、酒文化、茶文化和戏剧杂耍等文化举世闻名；从点上说，成都文化名人辈出，群星灿烂。而成都对这些丰富的文化资源的开发还处于起步阶段，但也正是如此，文化产业将成为吸引外商投资的热点之一，同时，文化产业也可能成为成都重要的出口产业。

⑤励精图治，服务高效。成都通过这几年的励精图治，政府管理与公共服务水平有了进一步提高。成都高效的政府管理与公共服务将是吸引外商投资和扩大出口的不竭动力。

（2）发展劣势

①深处内陆，相对封闭。成都深处内陆，相对封闭是阻抑成都吸引外资和促进出口的不利因素。在过去甚至目前，成都吸引外资的规模和出口金额与东部沿海城市相去甚远，这在很大程度上是由于成都偏居西南一隅的不利区位所致。根据中国商务部和成都市商务局的统计，近年来，成都市利用外资的情况与四川省乃至整个西部地区具有一致性。四川省外商投资项目数、合同外资金额和实际利用外资金额三项指标均名列西部地区第二，但占全国的比重分别为 1.34%、1.07% 和 0.91%，这同时也说明了成都在吸引外资方面存在的不足。

②物流成本相对较高，基础设施有待完善。成都的市内基础设施较好，而且成都国际航空线路也较多，但是，由于吸引投资和促进出口需要较大规模的对外运输能力和较低的物流成本，因此，和东部沿海城市相

比，成都在货物运输能力和物流成本方面的劣势还是相当明显的。运输对成都生产企业竞争力的影响主要取决于货物的性质。到目前为止，内陆城市可以在生产大宗货物（比如煤）或高附加值货物（比如计算机芯片）方面与沿海城市竞争，因为大宗货物可以通过铁路运输出去，没有太高的时间要求；高附加值的货物可以采用空运的方式。而对于中等价值或数量的货物，用铁路运输达不到要求，用航空运输成本又太高，因此，其对内陆城市来说影响最大。对于要从沿海进口中低档次货物的内陆城市来说，运输成本更是一个重要负担。世界银行 2006 年对中国 120 个城市的营商环境调查表明，运输费用对外国投资的影响要比对企业生产率的影响更大，而中国的高运输费用是由交通运输体制、仓储物流业发展现状等因素造成的。

③金融发展滞后，资金获得较难。近年来，成都金融业发展的速度却十分缓慢，错失了许多机会。如成都市政府曾经批准建设成都期货市场，但由于种种原因，该项目最终被搁置。另外，有些机构虽起步早但缺乏及时的金融创新，近几年都成为了金融行业里的落伍之雁。成都金融市场之所以近年起色不大，原因就在于发展过程中政府控制干预程度太高，同时缺乏对金融市场环境建设的高度重视，导致金融人才无法发挥能力，而金融创新也很缺少的局面。

④产业集群程度较低，产业配套仍显不足。成都在产业集群和产业配套方面也存在着较大不足。成都的某些产业粗具规模，但产业链建设却远为滞后，而且配套能力还亟须提高。除此之外，成都产业的集聚程度也较低，这在成都工业园区的建设方面表现得较为明显，这也表明，成都工业园区应当进一步规划和整合，提高产业的集聚度。中国城市竞争力报告课题组（2007）数据显示，在接受调查的 61 个城市中，成都的经济体系健全度和产业集聚程度两项指标的排名分别为第 56 位和第 41 位。

⑤创业服务不足，体系不够完善。成都创业服务体系不够完善，主要是信息服务不足。虽然成都目前有十多个孵化器，但是这些孵化器还需要进一步整合。同时，成都在具体的创业服务体系如创业基金建设、科技成果转化机制建设和创业信息服务建设等方面都还有待进一步加强。

（3）发展机遇

成都目前在吸引外资和促进出口方面也面临着很多发展机遇。

①高科技和交通通信迅速发展以及南亚崛起为成都发展提供了新机遇。成都偏居中国大陆西南一隅，如果以寻常眼光来看，成都在地理区位方面是无论如何都不能和东部沿海甚至中部一些城市相提并论的。然而，如果以全局的和动态的观点来看，成都的最大优势恰恰也正在于它的与众不同的地理区位。首先，从全局观点来看，成都虽然偏居中国大陆西南，然而，如果将欧亚大陆乃至包括部分太平洋地区看作一个整体区域，则成都几乎就位于这样一个整体区域的中心位置，即成都的真正优势正在于它作为欧洲、南亚、东南亚和中国中西部的潜在"枢纽"地位。其次，从动态观点来看，成都作为欧洲、南亚、东南亚、中国中西部的潜在"枢纽"地位将逐渐变为现实的"枢纽"地位。而这种现实"枢纽"地位的确立，是由于当前世界通信技术的高速发展以及中国产业高级化等因素促成的。当然，成都自身的努力也是确立这种地位不可或缺的重要推动力量。同时，亚洲特别是南亚的经济崛起也是成都早日实现这种"枢纽"地位的强大推动力。东南亚和南亚经济日益发展壮大，而成都展开与这两个地区的经济交往在地理区位上有一定优势。不仅如此，由于印度的软件信息业和生物技术比较发达，因此，成都可以和印度充分开展这方面的项目合作。

②国际产业转移结构高级化。产业转移是经济全球化的重要表现形式之一。中国在承接国际产业转移的最初阶段，主要集中在加工制造业，其后是一般制造业，而且主要都是附加值较低、高货运量的制造业。就这两种形式的产业转移而言，成都由于其地理区位的限制要远远落后于东部地区。而目前，随着生物技术、信息通信技术和材料技术等高新技术的发展，高附加值、低货运量的制造业，特别是服务业的产业转移正成为国际产业转移的重要形式，而成都在承接这类产业转移中不仅能够克服其深处内陆的地理区位制约，而且可以充分发挥其人才和科技方面的优势，有望成为中国下一阶段承接国际产业转移的排头兵。

③国内消费需求结构高级化。中华文明复兴，经济重心转移，高科技产品、文化和精神产品的消费比重日益增加，这种市场结构的变化有利于吸引外商对这方面进行投资，以有效开发和占有中国内地市场，而成都有

望成为这些外资优先考虑的选址地。

④国家实施西部优先发展战略。国家西部大开发和优先发展战略为成都提供了绝好的发展机会。西部大开发给成都带来了千载难逢的发展机遇，同时，国家已经批准成都为建设全国统筹城乡综合配套改革试验区，在这样的背景下，成都在一些政策和改革措施上可以先行先试。这些都会增加投资者信心。

⑤国内产业向西部转移。东部地区的某些产业开始逐渐向西部转移，成都可以有选择地承接部分东部地区的转移产业，借以完善自己的产业体系，从而为吸引外资和促进出口创造更加有利的经济环境。

（4）面临挑战

①跨国公司在中国的布局基本完成，进一步调整比较困难。跨国公司是国际直接投资的重要载体，而且跨国公司直接投资的项目的技术水平和附加值较高，是成都重点吸引的外资对象。但是，中国改革开放以来，跨国公司特别是知名跨国公司在中国的投资布局已经基本完成，即使成都的投资环境在现在和将来会有较大的改变，但由于调整成本巨大，跨国公司很难轻易改变原有布局而投资成都。

②东部地区投资环境日趋完善，竞争力增强。就目前来说，东部地区的地理区位依然优于成都，而且东部地区在改革和吸引外资方面先行一步，投资环境已经比较完善，招商经验也丰富，同时也日益重视外资进入的层级，这些都对成都形成很大的挑战。在可预见的将来，成都在吸引外资方面想要追赶东部地区还存在着很大的困难，甚至与东部地区的差距还有可能进一步拉大。

③周边城市与成都某些方面较为相似，彼此竞争加剧。西部城市如重庆、西安和昆明，中部城市如武汉和长沙在吸引外资方面与成都存在着较强的竞争关系。其中，重庆和西安与成都的竞争更为激烈，这是因为这两个城市也属于西部城市，一样享有国家相关政策的支持，同时，它们的生物技术和信息技术都比较发达，使得它们在吸引这些高新技术投资方面与成都存在着更为直接的竞争。

④国内高端城市聚集能力强大，对高端产业吸引力增加。基于经济全球化和科学技术的发展，产业和要素有进一步向更高端城市聚集的趋势。北京、上海、深圳和广州等地在金融服务体系、产业服务体系、资源和要

素市场完善程度、制度环境建设等方面依然处于国内最领先水平，因此，高新技术项目仍然有向这些地方聚集的趋势。成都和这些城市争夺外商投资的能力仍然相差很大。

⑤发达国家科技先进，高新技术产品极具竞争力。在高新技术产品方面，发达国家的竞争优势仍然相当明显。成都将来在促进高新技术产品发展时将面临着发达国家产品的挤压。

⑥亚洲国家发展迅速，吸引投资和出口能力增强。亚洲一些国家的崛起，正在改变和影响着跨国产业转移的方向，不向内地而向南亚、东南亚转移，例如，越南和印度。即使在出口方面，这些国家的产品国际竞争力也日益增强，从而对成都形成很大挑战。

⑦出于政治考虑，西方国家高端技术对外投资限制较多。政治因素也是成都面临的一种挑战。出于政治方面的考虑，西方国家对中国高端技术投资有较多限制，这对成都的冲击也相当明显。

（5）吸引投资和促进出口的对策

综上所述，成都具有优势和劣势，也面临着机遇与挑战，成都应该在对这些优劣和机遇因素分析的基础上，深刻理解成都所面临的竞争状况，并制定出相应的政策措施。表4-8是在对成都投资和出口市场分析的基础上就成都优劣和机遇因素提出的一些战略性结论。

表4-8　成都引资和出口SWOT分析对策

	S(优势)	W(劣势)
O(机遇)	SO:发挥优势,抢抓机遇 积极推进城乡综合配套试验区建设,打造成渝经济区,充分发挥成都人才、科技和高品质生活环境的优势,注重与南亚合作,承接国际产业转移,并逐步把成都建设成一个高科技为主导的城市	WO:克服劣势,不失时机 大力建设交通、通信等基础设施,健全金融体系,促进产业集聚,扭转劣势,以防错失良机
T(威胁)	ST:强化优势,应对挑战 成都要坚定不移地提高科技水平,特别是高科技发展水平,同时加强人才建设和环境建设,以应对面临的严峻挑战	WT:亟须转变,避免失败 成都应该通过发展高科技产业降低不利地理区位的影响,同时采取措施扭转劣势或消除其不利影响,增强城市竞争力,避免在竞争中落败

2. 竞争分析

（1）竞争态势

成都在吸引投资方面的竞争者是多层次的。目前，发展中国家越来越多地采取各种形式的财政和金融激励，以及制度上的种种变革来吸引外商投资，在过去的 10 多年里，在全球、区域以及次区域层次上，政府为吸引 FDI 的激励竞争逐渐加剧。成都面临来自各层次上的竞争也是愈加激烈。

①国际竞争加剧。中国是吸引外商直接投资比较成功的国家，并因此在很大程度上促进了对外出口。但是，随着其他发展中国家经济的兴起，中国在吸引外资方面也感受到了越来越大的压力。非洲、拉丁美洲、南亚和东南亚地区正成为中国在吸引外资方面的强有力竞争者。2002 年，中国吸引外商直接投资占整个发展中国家吸引外商直接投资数量的 32.2%，但此后逐年下降，2005 年已下降到 21.6%。就亚洲而言，这种竞争更加激烈。2002 年，中国吸引外商直接投资占亚洲国家和地区吸引外商直接投资数量的 54.8%，2005 年下降到了 36.2%。特别是 2003 年以来，我国东部沿海地区产业结构调整、升级，劳动密集型产业（如珠三角的加工制造业）受地价和劳动力价格上升影响纷纷迁离。这些企业在投资区位选择时注意到了劳动力价格比中国还低，政策更为优惠，投资环境相对西部地区又较好的东南亚国家，如泰国、越南、马来西亚等国家。加之中国—东盟"10 + 1"自由贸易区的启动和 CEPA（内地与香港更紧密经贸关系安排）后香港通道的贯通，这些国家和地区的引资能力快速提升，成为我国中西部招商引资的强劲对手。

②东部和中部地区依然保持强有力竞争。自 20 世纪 80 年代末期以来，虽然西部地区实际利用外资总额在逐步增加，但其在全国所占的比重却在不断下降。1988 年，西部地区实际利用外资总额为 4.73 亿美元，占全国各地区的 8.4%。1998 年，西部实际利用外资 13.74 亿美元，仅占全国各地区的 2.9%。西部大开发战略实施以后，西部吸引外资能力有所增强，2003 年，西部地区外商直接投资实际利用外资所占比重为 4.80%，但 2005 年这一比重又下降到 3.2%。从这些数据可以看出，东部和中部地区在吸引外资方面的优势仍然相当明显，而且在未来的几年中这种状况很难有大的改变。商务部研究院《产业投资趋势调研课题组调研报告》

显示，从投资区位变化趋势上看，长三角、环渤海湾地区和珠三角地区将是跨国公司未来三年直接投资的首选地区，跨国公司对西部投资主要采取渐进式推进战略。从选择投资区域企业数分布看，长三角占 47%，环渤海经济圈占 22%，珠三角经济圈占 21%，东北地区占 9%，中西部地区占 8%，由此可见，跨国公司未来投资呈现出由珠江三角洲向长江三角洲及环渤海经济圈转移的趋势。

③西南地区城市和成都存在较强竞争关系。在西南地区，成都主要面临着重庆和昆明的强有力竞争。近年，成都在吸引外资方面做了大量工作，成绩比较显著。成都在 1997 年实际利用外资金额远低于重庆，但在 2001 年的时候已经超过重庆，并且将这种状况保持至今。不过，成都与重庆实际利用外资数量十分接近，2005 年，成都和重庆实际利用外资分别约为 5.20 亿美元和 5.07 亿美元，成都在吸引外资方面对重庆的优势并不明显，随时面临着被反超的可能。

（2）国内竞争格局

①中国 12 城市利用外资和出口状况。就国内而言，成都在吸引外资和促进出口方面的主要竞争者是东部的大中城市，例如，北京、上海、广州、深圳、苏州、杭州和大连等，中部城市如武汉，西部城市如重庆、西安和昆明，也是成都面对的比较明显的竞争者（如图 4 - 9 所示）。

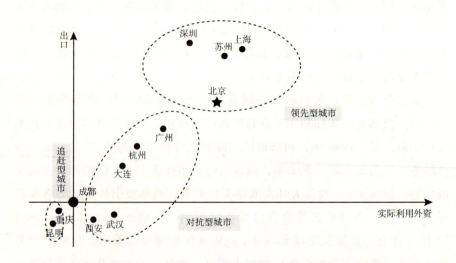

图 4 - 9　2006 年主要城市实际利用外资和出口状况对比图

在图 4 - 9 中，横轴表示各城市 2006 年实际利用外资额，纵轴表示各城市 2006 年出口总额。从图中可以看出来，成都 2006 年出口额高于武汉、重庆、西安和昆明，但实际利用外资额仅高于重庆和昆明，出口额和实际利用外资全部低于所列东部城市，而且差距都在数倍以上。

②12 城市营商环境分析。成都营商环境在 12 城市中排名靠后。从图 4 - 10 中看到，成都在吸引外资方面还处于比较落后的位置，这和我们在对成都营商环境分析中得出的结论是基本一致的。

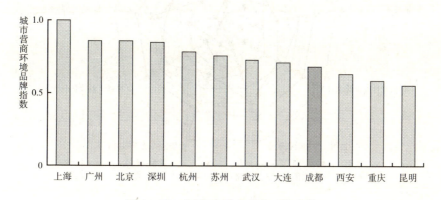

图 4 - 10　中国 12 城市营商环境比较

注：课题组进行营商环境分析时的主要指标包括：要素供给、市场需求、产业聚集、基础设施、市场环境、政务环境、生活环境、市民诚信度、公司诚信度、城市营商忠诚度、医疗服务满意度、教育服务满意度、政府服务满意度和未来投资信心等。

从图 4 - 10 可以看出，在 12 个城市中，成都营商环境排在第九位，在西安、重庆和昆明等西部城市之前，却落后于所有的东部或中部城市。从这一特征也可以得出结论，不利的地理区位依然是制约成都吸引外资的最重要因素。

③12 城市出口竞争力分析。在产品出口方面，成都领先武汉、重庆、西安和昆明，但是低于所有的东部城市。这能够说明地理区位也是影响成都出口的重要因素。现在，加工贸易出口额基本占到我国出口总额的一半，而东部沿海在加工贸易出口方面具有较大的优势，一是出口的交通成本较低，二是东部城市大量的外资企业促进了加工贸易出口，因此，东部城市在加工贸易出口方面要远远超过成都。同时，就一般贸易出口而言，成都由于在机械制造业、原材料产品制造业和交通运输设备制造业等主要

出口产业方面竞争力的排名较低，也影响了成都出口额的扩大。图 4 - 11
显示了成都在 12 城市中一些主要制造业方面的排名状况。

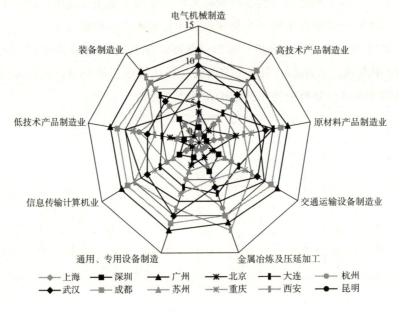

图 4 - 11　城市主要制造业排名状况

数据来源：根据《中国城市统计年鉴》（2006 年）有关数据整理计算而得。

（3）主要竞争者

12 城市在吸引外资和促进出口方面各有优势，也各自具有不同的潜
力。图 4 - 12 是根据世界银行 2006 年对中国城市外商投资环境的调查而
得出的城市排名。

根据 12 城市投资环境与投资出口状况，我们把这些城市划分为领先
型城市、对抗型城市和追赶型城市，成都应该针对不同类型的城市制定不
同的竞争规划。

①领先型城市。上海、苏州、北京和深圳是四大利用外商投资和出口
中心，属于集团的"领军"。这几个东部城市占尽天时地利人和，在吸引
外资和出口方面的"领军"地位在短期内不可动摇。成都在招商引资时
如果和这些城市面临着直接竞争，就要充分认识到这些城市所具有的绝对
优势，同时，应更多地注重发挥自身的特有优势。追赶这些城市可以作为
成都的长期奋斗目标。

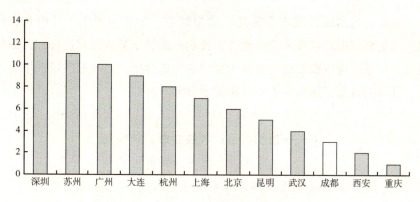

图 4 - 12　2005 年 12 城市投资环境排名状况

　　资料来源：世界银行《政府治理、投资环境与和谐社会：中国 120 个城市竞争力的提高》（报告编号 No. 37795 – CN）。

　　②对抗型城市。广州、杭州、大连、西安和武汉是成都的对抗型城市。目前，杭州和大连在实际利用外资和出口方面对成都的优势还很明显，西安和武汉的出口额虽然略低于成都，但是在实际利用外资方面还是高于成都。在吸引外资的具体实践中，成都可以把超过西安作为短期目标，同时缩小同武汉的差距，并逐渐超越武汉甚至杭州。在出口方面，由于杭州和大连对成都的优势比较明显，那么成都也只能把追赶杭州和大连作为中期目标。

　　③追赶型城市。成都在投资和出口方面都领先于重庆和昆明，其中，对昆明的优势比较明显，但对重庆的优势不很突出。因此，成都应该将重庆作为最主要的竞争对手，保持和巩固对重庆的领先地位，并力争将这种优势进一步扩大。不仅如此，成都还要密切注意来自昆明的竞争，努力保持对昆明的较大优势。

　　（4）国际标杆城市比较

　　①国际标杆城市经验概述。成都在国际化的过程中，应该借鉴某些国际城市的成功经验。世界上有许多城市并没有方便的交通条件，甚至也是深处内陆，但是它们通过自身的努力，充分发挥特定的优势，从而取得了不凡的成就，赢得了重要的国际地位。课题组选出这样的一些城市，对它们的成功发展经验进行分析，以期可以为成都国际化提供一些启示。

这些入选的标杆城市主要是内陆型城市，如班加罗尔、日内瓦、丹佛、慕尼黑、图卢兹和米兰。此外，我们还选择了奥斯汀和迪拜，其中奥斯汀在产业结构方面和成都有较大相似性，迪拜则是西亚的区域性中心城市，可以为成都发展区域中心城市提供借鉴。

——班加罗尔：科技立市，软件先行
（借鉴点：发展软件外包）

班加罗尔是印度南部工业城市和商业中心，素有"科技之都"和"印度硅谷"之称。早在 1988 年，班加罗尔就被美国《新闻周刊》评为全球十大高科技城市之一。班加罗尔在印度软件业中占据核心地位。2004～2005 财年，印度软件出口 128 亿美元，其中卡邦出口达 62.7 亿美元，占了一半，而卡邦的软件出口以班加罗尔为主。可以说，班加罗尔的软件出口占据印度的半壁江山。2005 年吸引 15 亿美元外资，在印度排第 3 位，主要分布在软件业、超大规模集成电路和电信等行业。在全球 75 家资质最高的软件研发企业中有 45 家在印度，而这其中又有将近 30 家在班加罗尔。

经验介绍：

积极营造优美环境，充分利用宜人气候。班加罗尔海拔 700 多米，四季气候宜人。以干净整洁美丽的班加罗尔作为首选城市主要理由是，班加罗尔的空气质量很好，符合精密制造业研究发展的要求。另外，由于环境、气候条件好，大批科技人才愿意前来这里定居，有利于吸引人才。

大力发展科技和教育。从 20 世纪 50 年代开始，印度负责火箭和卫星空间研究的国防研究发展组织、印度科学研究组织、国家航空实验室、印度斯坦飞机制造公司等一批国字头的高科技研究机构在班加罗尔扎根，形成了以空间技术、电器和通信设备、飞机制造、机床、汽车等产业为龙头的一批产业，逐步奠定了班市雄厚的科研基础，成为印度有名的"科学城"。

卡邦从 20 世纪 70 年代开始进行教育改革，目前是印度平均受教育程度最高的邦之一。目前，卡邦共有工程学院 125 所，在数量上居印度首位，是美国工程学院数量的一半。班加罗尔还云集了印度许多名牌大学，例如印度理工学院、印度管理学院、国家高级研究学院和印度信息技术学院等。

政府制定战略规划，积极引导和支持。政府的支持是印度软件产业快速发展的重要因素。第一，班加罗尔发展软件业与印度政府的信息产业战略导向一致。应该说班加罗尔的兴起离不开中央政府的帮助。印度政府十分注重对信息产业的知识产权保护，制定了一系列保护政策。对版权者的权利、软件的出租、用户备份的权利、侵权的惩处和罚款的功能等都作了明确的规定。印度政府还出资兴建发展信息产业必要的基础设施，如印度政府于1991年投资兴建了可高速传输数据的微波通信网络SOFTNET。这在当时是个创举，至少满足了10年内软件企业的发展需求，这也为后来班市能够不断吸引其他著名企业提供了很重要的帮助。第二，政府制定了一系列包括税收、贷款、投资等方面的政策措施。例如，提供完全免税进口硬件和软件，到2010年前为止免除公司所得税（最高比例达90%），允许设立100%外资独资公司，购买国内资本货物时免除消费税，对所交纳的中央营业税进行退税等。

——丹佛：深处内陆，区域中心

（借鉴点：建设区域旅游中心）

美国科罗拉多州首府，位于雄伟壮丽的落基山东麓，美国的西部交通枢纽。

在20世纪80年代以前，丹佛的产业结构以传统的矿业、农业、畜牧业、旅游业为主，到20世纪80年代后期，在原有产业基础上逐步发展成为以高科技IT、金融、教育、环保等多元化产业为主导的地区，并且以其人口密度、文化多样性和发达的经济成为落基山经济区的经济、文化、金融、信息中心，发展成为今天在以高技术为特征的新经济时代中处于领先地位的美国现代化大都市。丹佛被称为美国的"宽带之都（Broadband）"。很多国际知名的宽带公司，如AT&T、第一媒介、Comcast，都在（或曾在）丹佛设立总部或区域总部。这些公司办公的Inverness地区，在华尔街已成为宽带业的代名词。

经验介绍：

政府积极规划。丹佛制定了《总体规划 1989》和《总体规划 2000》，前一规划主要目标就是启动经济，后一规划则是要使丹佛经济长期持续发展下去。20 多年前，丹佛市的经济还仅仅建立在农业与采矿业的基础上，在威灵顿·韦伯市长的带领下，丹佛目前已经发展成一座拥有一流水准的城市。

充分发挥禀赋优势。丹佛市是世界唯一的距离大型滑雪场地最近的城市，驱车只需 40 分钟，离亚斯本只需 3 小时路程。丹佛充分利用这一资源，拥有世界上最好的天然滑雪道，在这里每年都举办很多大型世界级滑雪比赛。这不仅吸引了众多世界游客，也提高了丹佛的国际知名度。

重视基础设施建设。丹佛为了发展旅游业和吸引国内外投资，注重相关服务配套设施的建设。在丹佛的旅游区，从事旅游产业的管理者素质极高，服务性设施齐全。如：各种先进的滑雪安全设施、世界著名的宾馆饭店、旅游信息服务、通信、旅游商品，等等。丹佛是美国西部交通枢纽，有 7 条铁路干线、多条高速公路在此交汇。城东北还有斯泰普尔顿国际机场。

——日内瓦：开放的内陆大都市
（借鉴点：发展高精尖特产业）

日内瓦是一个历史悠久的国际都市，也是世界钟表之都，它以其深厚的人道主义传统，多彩多姿的文化活动、重大的会议和展览会、令人垂涎的美食、清新的市郊风景及众多的游览项目和体育设施而著称于世，同时还有"银行之国"之称。作为瑞士第三大城市，日内瓦仅次于苏黎世及巴塞尔，除了是瑞士法语区的首善之都，更俨然是世界的缩影，超过 200 个的国际重要机构设于日内瓦，其中包括了联合国驻欧洲总部、国际劳工组织、万国红十字会、童子军总部、妇女和平自由联盟，可谓是一个国际的政治、经济及文化中心。

经验介绍：

避免资源不足劣势，不断开拓创新。日内瓦是自然资源极其缺乏的城市，其成功之处在于充分考虑本地的地理条件和人力资源，加强基础设施的建设，把产业建立在发展高、精、尖、特的基础上，大力发展对外贸易，不失时机调整经济结构，不断寻求经济增长领域，有着一套适合城市市情的发展经验。在发展工业经济方面，日内瓦有许多经验值得成都学习、借鉴，特别是在产业的高、精、尖、特等方面，成都尤其应该向日内瓦学习。

发挥地缘优势，积极推进国际化。日内瓦之所以能够成为国际政治、经济和文化中心，这既和它的历史传统有关系，也和它地处欧洲大陆中心有关系。因此，成都可以利用自己的地理区位提高国际化程度，但不宜将取得日内瓦那样高的国际地位作为目标。

——慕尼黑：研发中心，名企云集
（借鉴点：发展大型科技型企业）

慕尼黑市是德国第三大城市，位于中欧进入南欧的交通要冲。慕尼黑主要产业有汽车工业、通信设备制造和信息技术及软件产业，是宝马汽车公司和西门子公司总部所在地。慕尼黑的物流业和会展业也很发达。慕尼黑是世界著名的"啤酒之都"，啤酒是慕尼黑的城市名片。

慕尼黑是德国近几十年来的高技术研发中心，巴伐利亚州政府在20世纪80年代和90年代鼓励高技术企业来本州投资、设立分支机构。西门子公司作为慕尼黑信息产业最大的雇主，与日本富士通公司合作成立了富士通西门子公司，公司的绝大部分硬件设备都是在奥古斯堡市生产的；巴伐利亚州在纽伦堡周围建设了高科技工业园区，微软、甲骨文、苹果、升阳公司（Sun Microsystems）等著名计算机系统公司均将纽伦堡高科技工业园作为在德国设立分支机构的首选。

经验介绍：

抓住新科技发展的机遇。慕尼黑抓住20世纪六七十年代世界科技革命的机会，把发展重点放在由高科技领航的新兴工业上。宝马公司董事长曾说，一辆汽车是科技水平的体现，在国际竞争十分激烈的情况下，宝马不追求扩展数量，而是在科技方面处于领先地位。

企业拥有自己的科研力量。德国的现代化大企业都拥有一批科技人员，而且占职工总人数的比例很大。企业一般不是同科研单位共同

"协作攻关"，而是把科研同生产直接结合起来。慕尼黑的新兴工业企业更是拥有实力雄厚的科研队伍。

重视职业培训。德国一向重视职业培训。慕尼黑大企业集团认为，作为新兴工业企业，大量运用与发展新技术，不仅需要一批尖端科技人员，更需要一大批经过职业培训而掌握新技术知识的熟练技术人员和工人。这是企业持久发展的原动力。为此，这些大企业都投入大量资金，并有严格的制度保证，培养了一批又一批技术人员和工人。这些企业在对外经济合作中，也把为合作方进行职业培训放在首要位置。

实行比较成熟的"共决制"。所谓"共决制"就是职工通过法律规定的机制，在企业中共同参与企业的决策和管理。"共决制"是具有德国特色的经济民主管理体制，早就有之。随着经济现代化的发展，"共决制"在20世纪90年代以来已达到比较成熟的阶段。作为新兴工业基地的慕尼黑正在朝着劳资对等、熟练共决和经济民主的方向前进。这对协调劳资关系，从而稳定社会秩序有很大好处。

——奥斯汀：新兴高科技之都
（借鉴点：发展高科技产业）

美国得克萨斯州首府，全美第27大城市。奥斯汀以其繁荣的商业社区、优美的自然风光、交错的河流、风格迥异的运动队、令人难以置信的多样化户外活动和现场音乐而著称。奥斯汀及其周边地区构成了著名的"硅山"。优越的生活质量、活跃的商业氛围和迅速崛起的高科技环境，增加了无数前景颇佳的工作机会。尽管高科技行业飞速发展，成为奥斯汀经济最引人注目的一道风景，但奥斯汀依然是一个集政府、教育和金融为一体的多元化城市。因此，奥斯汀分别被《福布斯》和《财富》杂志评为美国最好的城市之一。

经验介绍：

地方政府提供优惠政策，是吸引鼓励高科技公司创业发展的基础条件。为吸引美国著名大公司来奥斯汀，得州政府出台了一系列优惠和激励政策，包括纳税、房地产、贷款等诸多方面。对出租楼房、租卖土地，规定了很低廉的价格，以鼓励和支持著名大公司来奥斯汀开设分公司或建厂。如1985年微电子研究中心（MCC）初来奥斯汀时租贷的一座写字楼，州政府每年只象征性地征收"一美元"的租金。得州的税收政策有很大的吸引力，它是美国仅有的没有州税的两个州之一，这对美国各地企业、公司具有巨大的诱惑力。同时，奥斯汀州政府为更多的吸引人才，早在20年前就允许没有绿卡的人也可以在本地区开办公司，这在美国其他地区是不多见的。

得州大学充足的人力资本是保证该市高科技发展的优先条件。位于奥斯汀的得克萨斯大学是美国的一所重要大学，名列排行榜的前50名之内，1998年，在校学生人数5万名，居全美第一。会计、石油石化、药学等历年来在美国大学中排在前一、二名；计算机、电子工程、管理信息、工商管理等专业的排名也一直在前10名以内。奥斯汀高科技企业拥有一套较完善的人才使用策略和人才管理体制。注重以岗用人而非以人设岗，不以学位高低而以才干决定录用和升迁。

技术孵化器和风险投资基金，是推动高科技企业发展的必要条件。1989年7月，得克萨斯大学的"创造、创新、资本研究所"开始筹建"奥斯汀技术孵化器"，其宗旨是为地区经济发展开发基础设施，使知识产品商业化，在培植小型技术公司的同时，为地方提供高技术和高附加值的就业机会。

支持奥斯汀高科技发展的一个重要投资来源是"资本网络公司"，它是一个独立的实体，由"创造、创新、资本研究所"和"奥斯汀技术孵化器"合作创办，鼓励种子基金和风险基金向得州企业家提供机会。该公司是美国目前最大最成功的种子基金网络，建立于1988年。"资本网络公司"提供创新配套服务，在商业利益互惠的基础上，向投资者提供对企业的风险基金投资机会。

良好的地理环境和生活条件，是支持高技术持续发展的必要条件。奥斯汀位于得克萨斯州中部，自然环境优越，气候宜人。奥斯汀是一个规模较小的城市，土地、房产价格低廉，人们的生活条件比较舒适，一直被评为美国最适宜居住生活和经营商务的城市之一。

长期以来，州政府较好地解决了本地的生活服务设施、子女入学、住房、交通等与人们生活利益密切相关的问题，创造了良好的工作条件和生活环境。

——图卢兹：宇航中心，美食胜地
（借鉴点：重视科教和人才）

图卢兹是法国西南地区的重要城市，法国第四大城市，法国第二大大学城，欧洲宇航中心，西南美食胜地。

图卢兹周围地区有传统的天然气及水电等能源。鉴于其区域优势及中央政府自 20 世纪 60 年代以来推行的"全力下放"改革措施，图卢兹已经成为具有欧洲领导地位的高科技工业基地，有航天航空、建筑、化工、电子、机械、食品、印刷、造纸和服装等工业。"空中客车"工业公司的"空客"飞机总装厂就设在这里。国家航天研究中心（CNES）与欧洲数国在这里联合研制"阿里亚娜"火箭并研发 SPOT 卫星遥感技术。在图卢兹的重要航天研制企业中，还有马特拉·马可尼航天及阿尔卡特公司等。图卢兹还是法国重要的电子元器件生产基地，来此投资发展的有摩托罗拉、汤姆森、西门子等国际知名的大公司。在化工和生物工程领域内，图卢兹也已成为先进技术的研发和工业应用的荟萃之地。

经验介绍：

充分利用独特的地理位置和自然环境。图卢兹位于法国西南，环境优雅，气候宜人，同时具有丰富的天然气和水电资源，适合发展航空航天等高科技，这是图卢兹得以成为欧洲航空中心的先决条件。

重视科教和人才发展。图卢兹是仅次于巴黎的法国第二"大学城"。图卢兹的 4 所大学、25 所高等专业学院以及尖端的科技机构（空中客车工业公司、航空航天中心、国家气象中心、国家航天研究中心），都吸引着来自世界各地的学生。全市有大学生 11 万人，占全市总人口的 1/7。图卢兹有 400 多所科研单位，10.5 万名科研人员。图卢兹大学创建于公元 1229 年，以其悠久的历史和教学特色而闻名遐迩。图卢兹大量的科技人才资源储备是图卢兹成为欧洲航空中心的必要条件。

积极规划，政府推动。图卢兹的发展离不开政府的支持。法国政府将航空航天等大量高科技研究中心设在图卢兹，这虽然是法国政府的自然选择，但也是对图卢兹的一种必要支持。

巨型企业的培育。一个城市某一产业的发展，离不开支柱企业的发展。图卢兹航空航天科技的发展就集中体现在空中客车公司成功的基础上。可以说，某些产业特别是高科技产业的持续发展和壮大必须有强大的企业作为载体。

——迪拜：迅速崛起的海湾明珠

（借鉴点：建设综合区域中心城市）

迪拜是阿联酋第二大城市，海湾乃至整个中东地区的重要港口和最重要的贸易中心之一。迪拜位于阿拉伯国家与世界各地进行贸易的交叉点上，与海湾石油富国相邻，与南亚次大陆隔阿拉伯海相望，离欧洲距离不远，与东非和南部非洲的交通便利。迪拜市内有22个政府贸易中心，1.2万个工商企业，数不胜数的宾馆、饭店。为适应快节奏的时代步伐，建起了多层停车场、地下隧道，市郊建有高速公路及立交桥。目前，飞经迪拜的国际航线已达50多条，通往世界各地100多个城市，每年运送旅客达500多万人次；通过半自动化的处理系统，货运年处理能力达2.5万吨。因此，迪拜已被视为中东地区最理想的贸易城。2006年，迪拜经济规模（主要为非石油经济）达1687.8亿迪拉姆（约合461亿美元），占阿联酋非石油经济的43%，占阿全部GDP的28%。迪拜的非石油产业主要由贸易、维修服务、建筑、交通、仓储、通信、房地产和服务业构成。

经验介绍：

贯彻落实长期战略规划。1969年，迪拜开始生产石油，石油为迪拜带来了大量财富。但是迪拜未雨绸缪，将石油美元大量投资于基础设施建设，发展贸易、交通运输和旅游等产业，成功地实现了向非石油经济主导的转型。

充分发挥中东门户的地理优势。但就阿联酋国内市场而言，迪拜的发展空间还是相当小的。如果从大区域的角度来看，迪拜则是整个中东的门户，地理位置得天独厚。迪拜正是因为深刻地认识到了自己地理位置的优越性，才大力发展贸易、交通运输和旅游，把迪拜建设成了一个令人炫目的国际化大都市。

市场开放，进口税低。阿联酋长期奉行自由贸易政策，市场开放度很高，进口税很低，这也为迪拜发展转口贸易创造了必要条件。

——米兰：内陆要冲，三产发达

（借鉴点：发展第三产业）

米兰是意大利最大的工商与金融城市，是欧洲第五大城市。米兰是连接南北欧与东西欧的战略要地。

米兰是意大利经济发达区域，它的企业数量占伦巴底大区的44%，占全国的8%，人均国内生产总值2.2万欧元，与伦敦接近，稍低于阿姆斯特丹。米兰的国内生产总值占全国的20%，占欧洲的3.3%，比全意大利平均数高40%。

米兰有512家跨国公司，占全国总数的1/3，国内外大银行也集中在米兰市。像欧洲其他都市一样，米兰从20世纪70年代起开始削减重工业，迅速发展第三产业。20世纪90年代以来，技术革命和经济全球化有力地改造了传统重型机械及化工工业，也促使千万个小型与特小型企业发展起来，中大型企业反而减少了。

目前，米兰的服务业占GDP的60%，工业占29%，农业占2%。在第三产业中，米兰的商业、金融业、运输业、银行服务业均在全国处于领先地位。在高档次的服务业中，咨询业特别是技术与管理咨询占有重要席位。米兰还是欧洲第二大博览中心。

米兰地区的经济发展比意大利其他地区跨度大，与世界各地交叉多，外向性强。米兰的进出口量分别占全国的23%和14%，其中的75%是由中小企业完成的，年进口额460亿欧元，出口额280亿欧元。进口来源国的80%是欧洲国家，其中70%为欧盟成员国、22%来自德国，出口也是主要面向欧洲（62%），其中47%为欧盟成员国。

米兰的出口产品中占比例最大的是冶金机械类，尤其是精工机械，仅此一项就占总出口额的36%，其次为化工（18%），传统产品（纺织、服装、鞋、木制品、装饰品等）仅占13.4%。

在全球化方面，米兰的服务业无论是在意大利全国还是在本大区内都占有重要位置。主导产业为建筑、金融、中介和保险。

经验介绍：

地理区位优越的内陆城市。米兰是连接南北欧与东西欧的战略要地，米兰进出口目的地也主要是欧洲，因此，米兰地理位置的特殊性是米兰经济发展的一个重要因素。

科技发达，人力资源丰富。米兰地区是意大利最发达的科研与创新基地，有7所大学和众多的公共与私人研究机构，约40余个国家级科研院所的本部或分支机构设在米兰，例如，国家科研委员会下属的米兰研究中心、核物理研究院等。许多大型企业集团如蒙特、爱迪生、ENI、rrALTEEd 等的研究中心在欧洲处于领先水平。研究与创新是米兰企业的命脉。

重视会展和国际会议，以提高国际形象。

②10个城市营商环境比较。表4-9是成都与世界一些城市在营商环境方面的比较。从表中可以看出，成都与世界一些著名城市在营商环境方面还存在着相当大的差距，其中和对标城市的差距也很明显。

就具体指标而言，成都在2001~2003年间的平均GDP增长率排名较为靠前，仅低于迪拜和都柏林，这也是成都吸引外商投资的最大优势；R&D投入占GDP的比例为1.82%，处于中等水平，城市生活质量和城市生活成本都较低，从二者的比率看，也基本上处于中等水平。除了这几项指标以外，成都营商环境的其他方面基本都排在最后一位（国际专利数量一项略高于迪拜），通过这些事实可知，成都要成为新兴的国际投资中心城市的道路还很漫长，也还有很多工作要做。

③借鉴之处。我们从对上述几个国际城市的分析中不难得知，一个城市的发展离不开它的自然环境、地理位置和科技人才资源等，但同样也离不开政府对城市发展的战略规划和积极推动。对于成都而言，有以下几点值得借鉴。

——充分发挥地理位置的优势，发展相关产业

我们选择的标杆城市中，除了迪拜是港口城市外，其他城市都属于内陆型城市。其中，日内瓦、慕尼黑甚至也是深处内陆。但是，它们有的努力克服这种不利条件，通过发展高科技产业来获得持久发展的动力，如班加罗尔、奥斯汀和图卢兹；有的则充分发挥自己的区域中心或交通要冲的优势，通过国际化提升城市的发展能力，如日内瓦、米兰、慕尼黑和丹佛，事实上迪拜也属于这一类城市。就成都而言，可以发展高科技产业以避开深处内陆的不利因素，同时努力推动成都处于南亚、东南亚和欧洲交通枢纽地位的建设，发挥自己的地理区位优势。

表4-9 10城市营商环境比较

项目 城市	综合环境		人才环境		生活环境	
	GDP三年 增长率①（%）	劳动生产率 （美元/人）	管理人才 指数	科技人才 指数	城市生活 质量	城市生活 成本（逆）②
日 内 瓦	2.20	100941	3.3	62	106.5	113.5
慕 尼 黑	1.73	13076	4.2	85	105.5	88.0
米 兰	6.30	114139	2.3	63	98.0	104.9
迪 拜	32.3	47040	2.9	37	83.5	100.2
丹 佛	4.92	82681	3.1	38	86.2	73.2
巴塞罗那	4.05	67030	5.8	47	99.0	86.9
都 柏 林	25.7	89800	7.7	50	102.5	100.0
巴 黎	5.88	169074	7.0	62	101.5	102.2
阿姆斯特丹	0.70	75264	4.7	36	104.5	93.9
成 都	13.8	6769	0.7	17	38.0	38.0

项目 城市	商业环境		创新能力		社会环境	
	经济 自由度	司法系统 与产权保护	国际专利 数量	R&D投入占 GDP比例（%）	每年万人犯罪 发生件数（逆）	基尼系数 （逆）
日 内 瓦	8.1465	8.73	616	2.00	187	24.17
慕 尼 黑	8.6745	8.93	763	2.80	373	18.29
米 兰	7.7046	5.57	799	1.07	499	39.91
迪 拜	8.3087	6.83	38	0.85	415	30.00
丹 佛	7.7849	7.90	1030	2.34	576	27.42
巴塞罗那	8.2666	6.53	1578	0.92	473	32.87
都 柏 林	8.8342	8.30	1922	0.97	435	35.90
巴 黎	7.9845	7.57	14819	2.92	519	36.04
阿姆斯特丹	8.6493	9.10	1719	1.14	242	30.90
成 都	7.5331	5.33	142	1.82	936	44.64

注：①2001~2003年的GDP平均增长率。

②"逆"表示该指数越大对营商环境负面影响越大。

数据来源：《全球城市竞争力报告（2005~2006）》课题组有关数据。

——努力改善科技人才环境

图卢兹、班加罗尔、奥斯汀、慕尼黑和米兰都是大学和科研院所云集的地方，科技人才是一个城市发展高科技的必要条件。成都应该进一步提升大学和科研院所的竞争力，注重研究和创新，制定优惠的人才政策。

——政府积极规划

不可否认，上述一些城市的成功在很大程度上得益于其独特的历史文化和地缘因素，但是政府的不懈努力是它们能够繁荣发展的根本保证。对于成都而言，要注重城市经济发展规划，制定适宜的产业政策和优惠的财税政策，吸引各类投资主体投资成都重点发展的产业，形成合理的产业结构。

——培育一批特大型企业

企业的发展壮大是一个产业发展甚至一个城市形象的象征，有的城市甚至仅仅因为一个著名企业而被世人铭记。因此，成都应该努力确定一批有望发展成为国际性大公司的企业，重点给予资金或政策上的支持，让这些企业产品成为成都国际营销的最大载体。

——精心策划，积极开展营商品牌推广和投资促进活动

目前，国家、地区和城市之间在企业和投资争夺方面的竞争日趋激烈，如何打造营商品牌、开展卓有成效的投资促进活动，是每个城市的经济部门面临的新挑战。成都在投资促进和营商环境优化方面做了初步的探索，比如服务改进、管理体系创新等，但投资形象的设计还不够明确，推广活动策划和推广的专业性以及力度还亟待加强。

（二）成都促进投资与出口的市场细分和选择

1. 总体状况

（1）成都营商环境国际认知度调查结果一般分析

表4－10是成都营商环境十国调查的有关结果。从表中不难看出，成都营商环境的六个主要因素平均得分都在3以上，即接受调查者对成都这几方面基本都持肯定态度。

在接受调查的10个国家中，对六个项目打分平均最高的是美国和德国，其次是印度、英国、法国和加拿大，打分最低的则是日本和马来西亚，其次是韩国和澳大利亚。我们认为，日本、马来西亚和韩国等国对于成都的认识应该比欧美国家对成都的认识更为深刻，这是因为，它们和成都的经贸来往相对较多。但即使就打分最低的日本而言，平均分也在3以上，表明他们也基本认同成都的投资和出口环境。不过从分项来看，日本对成都"存在很多商业机会"、"有发达的现代化高端产业"和"交通网络发达"等项的认同度较低。总的来说，十国调查者对"容易获得城市信息"和"欧亚交流节点城市"的认同较高，对于成都"优秀教育机构"、"有发达的现代化高端产业"和"交通网络发达"等项的认同度较低。

表 4 - 10　成都营商环境国际认知度调查结果

项目 国家	容易获得 城市信息	有优秀的 教育机构	有很多 商业机会	有发达的现代 化高端产业	交通网 络发达	是欧亚交流 的节点城市	平均值
澳大利亚	3.3	3.26	3.6	3.42	3.3	3.26	3.356667
日　　本	3.4	3.109	2.873	2.764	2.927	3.036	3.018167
韩　　国	3.451	3.118	3.314	3.118	3.412	3.118	3.255167
印　　度	3.608	3.451	3.608	3.451	3.667	3.608	3.5655
马来西亚	3.471	3.029	3.314	2.986	3.086	2.943	3.138167
德　　国	3.4	3.46	3.72	3.54	3.66	3.84	3.603333
法　　国	3.2	3.18	3.76	3.64	3.32	3.92	3.503333
英　　国	3.54	3.4	3.72	3.38	3.42	3.6	3.51
加拿大	3.51	3.392	3.529	3.49	3.333	3.471	3.454167
美　　国	3.745	3.51	3.647	3.647	3.51	3.608	3.611167
平　均　值	3.4625	3.2909	3.5085	3.3436	3.3635	3.4404	3.401567
中　　国	3.105	3.6	3.03	2.625	3.12	2.75	3.038333

　　值得注意的是，国内调查结果对成都的营商环境因素的评分均低于国际调查结果。虽然国内调查的平均得分也在 3 以上，但仅有 3.038333，低于全部其他国家的调查结果。从各分项来看，国内接受调查者对成都"有优秀的教育机构"项的认同度高于国际认同度，而且是所有项目中得分最高的。这应该是国内外接受调查者用来比较的标准不同造成的，国内接受调查者仅从国内角度来观察成都，认为成都具有优秀的教育机构，而外国接受调查者从国际角度来观察成都，对成都教育机构的认同度并不高，因此，这一项的打分是所有项目中最低的。另外，国内接受调查者对成都是"欧亚交流的节点城市"的认同度不高，这和国际调查结果差别也较大。国内接受调查者和外国接受调查者对成都"有现代高端产业"这一项评分较为一致，都比较低。

　　从这些分析中我们得出结论，成都的营商环境基本可以得到接受调查者的认可，但是在"教育机构"、"有发达的现代高端产业"和"交通网络"等重要的项目上得分较低，因此，成都在以后的工作中应该加强这方面的宣传和建设。

　　（2）不同类型投资者市场细分

　　①变量的因子分析。通过对 18 个研究问题进行因子分析，剔除掉相

关性很大的变量，可以将成都营商环境的研究归结为三个主要维度：

　　因子1：商业环境（包括适合举办展览及会议、有独特的文化氛围、容易获得城市信息、有优秀的教育机构、有很多商业机会等）；

　　因子2：宜居优势（包括有良好的生态、舒适的环境、能体验高水准的文化活动、居民收入差距小、可以享受丰富多彩的娱乐活动等）；

　　因子3：产业基础（有发达的现代化高端产业、对外交通网络发达、有可以代表城市特色和实力的产业、欧亚交流的节点城市等）；

　　以上三个维度应该说是投资者都特别看重的，但单纯以这三个维度总的评价结果不足以区分出不同的投资者类型，还要根据投资者对每一维度内部不同变量的具体评价结果综合区分出投资者类型。同时，考虑到投资营销的固有属性，地理因素和产业结构是另两个重要的细分变量，因此，这里首先就调查结果分析给出不同类型投资者的细分，在后面再对不同地理区域和产业方面给出细分。

　　②样本的聚类分析。根据接受调查者对成都营商环境不同维度的评价以及其所属的地域范围，识别出有显著差异的细分群体，课题组采用的方法是对样本进行聚类分析（如表4-11所示）。统计分析结果显示，成都的目标投资者可以分为四个类型，他们对于成都营商环境属性的评价有很大差别。

　　③细分市场说明。不同类型的顾客对成都营商环境属性的评价显示出该群体的特征（参照表4-11中数据），在充分体现该群体特征的基础上，四个细分市场命名如下。

　　——高端制造业投资者

　　类型1对于成都商业坏境中的适合举办展览及会议、有优秀的教育机构和有很多商业机会等指标以及产业基础上有发达的现代化高端产业、对外交通网络发达、有可以代表城市特色和实力的产业等指标评价较高，而对其他因素评价一般或较低。该细分市场由于对成都的教育、交通、商业机会和高端产业评价较高，最有可能对成都高端的制造业进行投资，因此将其命名为"高端制造业投资者"。

　　——生产性服务业投资者

　　类型2对于成都的商业环境中独特的文化氛围和容易获得城市信息（旅游、商业）等指标、宜居优势中的能体验高水准的文化活动及产业基

表 4 – 11　聚类分析得出的细分市场类型

因　子 ＼ 类　型		类型 1	类型 2	类型 3	类型 4
商业环境	B5	0.604	0.147	0.509	0.116
	B6	0.175	0.880	0.088	0.034
	B7	0.345	0.749	0.225	0.176
	B8	0.683	0.334	– 0.065	0.305
	B9	0.840	0.163	– 0.069	0.140
宜居优势	B10	0.154	0.120	0.162	0.897
	B11	0.367	0.320	0.425	0.616
	B12	0.242	0.655	0.243	0.333
	B13	– 0.171	0.070	0.859	0.270
	B14	0.361	0.276	0.431	0.452
产业基础	B15	0.605	0.338	0.443	0.049
	B16	0.728	0.270	0.171	0.161
	B17	0.456	0.556	0.315	0.306
	B18	0.274	0.386	0.716	0.118
细分市场识别		高端制造业投资者	生产性服务业投资者	国际组织/NPO	创业者

础中的有可代表城市特色和实力的产业等指标评价较高。此类细分市场由于对成都文化氛围、文化活动、信息获得性和产业体系评价较高，而对其他指标评价一般或较低，最有可能对成都生产性服务业进行投资，所以将其命名为"生产性服务业投资者"。

——国际组织/NPO

类型 3 对于成都居民收入差距较小一项评价较高，同时对成都作为欧亚交流的节点城市的评价也较高。该细分市场由于除对以上两项评价较高外，对其余指标评价都不高或较低，因此不可能对成都进行生产性投资，但却有可能在成都成立 NPO（非营利组织）进行活动，作为国际组织则也可能会因此选址成都作为分部之一，因此将这部分顾客称为"国际组织或 NPO"。

——创业者

类型 4 对于成都有良好的生态、舒适的环境、可以享受丰富的娱乐活动等指标的评价相对较高。该细分市场由于除对以上两项评价较高外，对其余指标评价都不高或较低，所以很难在成都进行规模性的投资，但是如果作为自然人，可能会被成都的生态、环境和娱乐等优势所吸引，从而来成都进行创业，故将其命名为"创业者。"

在细分市场中，高端制造业投资者和生产性服务业投资者应该是成都重点引资的对象，同时也要积极吸引国际组织或 NPO 和创业者落户成都。由于有能力进行高端制造业对外投资者和生产性服务业对外投资者主要分布在欧美等发达国家和一些新兴的工业化国家，因此，成都应该在确定引资对象后，就要在不同国家进行有针对性的招商引资活动。课题组对成都投资市场的地理因素和产业结构等方面展开深入分析，进一步讨论成都在招商引资时应该进行的产业和区域选择。

2. 投资者和出口地细分

（1）投资来源国（或地区）细分

香港、台湾、新加坡、英国、加拿大和美国在成都的投资比重一直维持在 40% 以上，2005 年甚至达到 66.2%（如图 4 - 13 所示）。

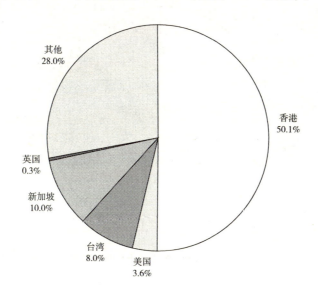

图 4 - 13　2005 年成都实际利用外资来源国（地区）结构

由图 4 - 13 可知，在成都的外来投资主要来自东亚，近年来，这些投资占投资总额的比重还有增加的趋势，而来自欧盟和其他地区的投资依然较少，甚至来自美国的投资也很不稳定。东亚国家或地区在成都投资的迅速增加对成都增加财政收入、解决就业问题和加快经济增长都有很大的促进作用，但由于东亚各国除日本外毕竟都是新兴工业化国家，因此，来自这些地区的投资在管理经验、技术水平和研发能力等方面还相对薄弱，对成都长远发展的带动作用也相当有限。而欧美等西方发达国家在这些方面则要远胜于东亚国家和地区，来自这些地区的投资对成都增强竞争力、完善产业结构和发展区域经济的作用比较明显。因此，如何在保持东亚地区投资适度增长的同时，增加北美、特别是欧盟各国在成都的投资，是成都引进外资时应该高度关注的问题。

（2）出口目的地细分

2005 年成都出口总额为 26.8 亿美元。从图 4 - 14 来看，亚洲仍然是成都的主要的出口目的地。因此，要继续扩大成都的出口能力，打造成都出口产品的品牌，成都还要努力扩大向北美和欧洲等地的出口，进一步提高成都的国际化程度。

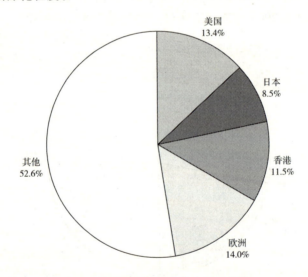

图 4 - 14　2005 年成都出口地区结构

3. 外商投资和出口产业结构现状细分

（1）投资产业结构

2005 年，成都吸引的外资主要集中于制造业、房地产和社会服务业、建筑业等行业。图 4 - 15 表明了成都吸引外资的产业结构。

从图中可以看出，成都吸引外资最主要的还是制造业，这和成都努力建设中国西部创业环境最优、人居环境最佳、综合实力最强的现代特大中

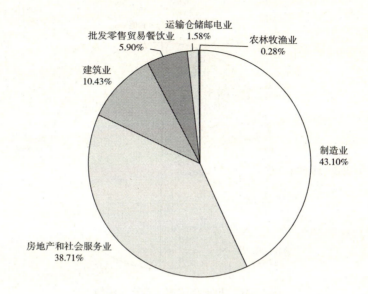

图 4 – 15　2005 年成都外商投资产业结构

心城市的定位并不完全符合。在成都鼓励发展的行业中，机械产业、冶金建材产业和石油化工产业等产业具有较大的污染性，当发展到一定程度时，很难和人居环境最佳的"休闲之都"的定位协调起来，因此，这些产业领域引进外资要适度，应该更多地鼓励和引导外商投资于商务服务业、创意产业和休闲娱乐业等行业。

（2）出口结构

2006 年成都形成了以机电、高新技术、农产品为主导，皮鞋、软件等特色产品为补充的出口商品格局，出口总额为 41.4 亿美元。图 4 – 16 表明了成都产品的出口结构。

从图中可以看出，成都出口的结构和全国总体出口结构具有较大的相似性。就成都来说，成都的软件产品和文化医药产品出口额仍然偏低，因此，应该采取措施大力促进这些产品的出口，同时在巩固机电产品出口的基础上继续扩大高新技术产品的出口。

4. 投资和出口（产业）市场选择

一个城市要提高自身的竞争力，就需要一批强大产业的支撑。但是，由于各城市自身条件不同和产业基础不同，那么就要确定不同产业的发展战略并制定相关管理政策。同时，如果一个城市要提升国际化程度和知名

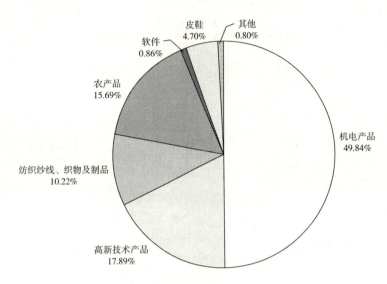

图 4 - 16 2006 年成都出口产品结构

度，那么，其还要选择那些能够辐射全球的产业并制订相应的投资和出口促进计划。

根据第一章有关成都产业潜在竞争力及产业选择部分的分析，结合成都各类产业发展情况和产业性质，课题组认为，成都应该围绕下述建议制定相关政策。

（1）有效巩固传统基础产业

成都的食品（含烟草）产业、冶金建材产业、石油化工产业、机械制造产业、商贸服务业和旅游餐饮业等产业发展基础比较好，而且很多也已被成都确定为重点发展的支柱产业。这些产业可以通过适度吸引外资做强做大，在满足当地市场和国内市场需求的同时鼓励这类产品的出口。另外，也要努力实现川菜的产业化，把成都甚至四川打造成重要的川菜原料出口基地。

（2）积极培育金融、信息、会计、法律、管理和咨询等现代服务业

现代服务业的发达与否是衡量一个城市发展水平的重要指标，一个现代化国际都市的现代服务业必须是高度发达的。这是因为，现代服务业的发展是一个城市其他产业发展壮大的基础性条件，是城市产业体系中必不可少的组成部分，同时，也是人们提升生活水平和生活质量的重要保证。成都应该通过鼓励外商投资现代服务业以加快相关产业的发展。

（3）大力发展高科技产业

高科技产业包括 IT、航空航天、核工业、电子、生物科技和医疗技术等产业，高科技产业发达与否是一个城市是否具有较强竞争力的最重要衡量指标。班加罗尔、奥斯汀和丹佛的 IT 业，图卢兹的航天航空业以及慕尼黑的电子通信业和汽车业都是一个城市经济发达的象征，也是这些城市获得持久发展和繁荣的原动力。成都地理环境、自然气候和科技力量与图卢兹很相近，具有发展航空航天业的强大基础，同时，成都在生物技术和电子信息等方面也具有技术、人才和产业优势。因此，成都应该通过各种形式鼓励外资进入，并整合现有资源，快速提升这些行业的综合竞争力，使成都真正发展成为一个高科技型的知识城市。

（4）重点突破服务外包、创意产业和会展产业

由于发展阶段的不同，目前成都还很难像发达国家的一些城市那样成为国际的技术和贸易中心，而是处于承接发达国家产业转移的层次。因此，成都在这一点上应该向班加罗尔学习，大力发展服务外包业，特别是承接发达国家信息技术等方面的服务外包项目。在承接外包服务的过程中不断提高自己，最终实现掌握核心技术、甚至达到向外发放服务项目的高度。创意产业是新兴都市产业，它包括动漫、广告和设计等。创意产业属于智本型产业，资源耗费少、附加值高、和其他产业的相关程度高，因此，创意产业的发展对一个城市的兴起具有重要的特殊意义。成都应该鼓励创意产业的发展，吸引外资投资于这些行业，并且在时机成熟时使创意产业的产品成为重要的出口产品。会展业是国际大都市的另一重要产业，日内瓦、米兰和慕尼黑都是著名的国际性会展城市。会展业不仅能够直接为本地区带来丰厚的收入，同时也为本地区其他产业的会展提供许多机会，还可以提高城市的国际知名度。成都这些年的会展业发展很快，应该在现有的基础上进一步提高会展的层次和影响力，扩大各种会展的国际化程度。

（三）聚焦成都文化创意产业

从面向世界、面向未来的高度来看，成都的总体定位和核心价值，应是创意型都市、智慧型都市。其基本支撑，就是城市的文化创意产业。因此，有必要对成都的文化创意产业进行聚焦分析。

文化创意产业是一个国家或地区经济发展到一定阶段上的产物。当传

统工业及其工业产品能够满足社会的基本需求之后，现代服务业开始较快发展，社会服务消费和文化消费的增长速度明显快于物质产品消费的增长速度。经济学家通常把这种现象解释为社会经济进入到了后工业发展阶段。这是导致社会经济中文化创意产业产生和发展的经济基础和历史条件。从国外的发展经验看，当人均 GDP 超过 1000 美元后，社会经济便开始进入到一个新的发展阶段，社会消费结构开始向发展型和享受型升级，并由此带动投资结构和生产结构的变化，由此导致了社会经济结构的调整和文化创意产业的产生和发展。2005 年，成都市人均 GDP 已经突破 2500 美元，并在近几年保持持续稳定增长的势态，具备了文化产业大发展的坚实基础。

在当代社会，文化创意理念隆重而强有力的推出，文化创意产业实践的全球性蜂起和文化创意阶层的茁壮发展，已成为一个基本的事实和发展趋势。一个国家的经济和社会的命运已经紧密地联系甚至取决于文化资源和文化产品形式的创意能力。文化创意产业、文化创意人力资本的价值对一个国家的发展具有重要意义。城市是文明的发祥地和财富的聚集地，是社会进步的动力。城市的人文环境，作为城市活动的载体和城市人流的汇聚地，其文化形态的塑造和展现，体现了一个城市的文明程度、社会进步程度和对人文精神的重视程度，也体现了一个城市财富的综合实力。因此，密切关注和深入研究城市文化创意产业的发展，准确把握世界文化产业发展的动向，对于面临经济转型和二次创业的成都市来说，具有重要意义。可以预期，未来文化创意产业对成都经济的全面协调发展和产业结构的进一步调整，将具有越来越重要的作用。

在成都市委市政府的高度重视和领导下，成都文化体制改革稳步有序推进，文化生产力得到释放，文化创意产业的发展已粗具规模，取得了一系列重大的进展。

对于成都的文化创意产业优劣势及相关的机会和威胁分析如下：

1. 成都文化创意产业的 SWOT 分析

（1）优势

①城市文化精神独具魅力。"宇宙绝观，优游天府"。成都文化所具有的安逸、优雅的独特魅力一直以来吸引着中外游客。今天的成都既是绵远的传统进程的延续，又是今日城市化现代化的新起点。数千年来，作为

一种特定的地域文化，它的基本性格因历史性的累积而得到传承，同时，其内部结构又因环境的影响而不断发生递进、重建和变异，从而形成独具魅力的城市自身个性化的文化内涵和历史底蕴。

②历史文化遗产丰富。成都是源远流长的历史文化名城，经过4500多年以上城市文明的发展历程，又经过2300余年城市建设的沧桑岁月，成都逐步积累起自己的历史底蕴，形成自身生态和文化形态的特征：它既是一个"水绿天青不起尘，风光和暖胜三秦"的生态城市，又是一个"诗人自古例到蜀，文宗自古出巴蜀"的文化形态城市。

③当代文化资源异军突起。在城市由古代向现代化转换的过程中，富有灵犀、仙化思维的成都人，一方面，保持了盆地地区由于时空阻隔的文化独特性，另一方面，在思想精神开放创新中兼容并包，特别是在当代文化艺术的生产、创作、传播方面具有广泛影响（如表4-12所示）。

表4-12　成都各类文化资源一览表

年代 ＼ 文化形态		物质文化	非物质文化
古代	古蜀文化	成都平原史前城址、三星堆遗址、十二桥商周遗址、金沙遗址、古蜀国船棺	川菜、川茶、川酒 成都漆器 蜀锦 川剧 都江堰清明放水节 诗词艺术 中医中药 现当代艺术 茶文化(酒吧文化) 农家乐 麻将文化 流行文化
	科技文化	都江堰	
	三国蜀汉文化	武侯祠、锦里、文殊坊	
	唐宋诗歌文化	杜甫草堂、陆游祠	
近代	陵寝文化	前蜀永陵、后蜀和陵、明十陵	
	道教文化	青城山、青羊宫、鹤鸣山	
	佛教文化	大慈寺、宝光寺、文殊院	
	红色旅游资源	保路运动旧址、刘氏庄园（收租院）、建川博物馆聚落抗战文物陈列馆	
	工业旅游资源	成都东郊工业文明博物馆	
现代	川西民俗文化	民俗小镇群、陈家桅杆	
	生态文化	大熊猫	
	现代科技文化	歼十飞机、磁悬浮、人造"太阳"	
	现代休闲文化	五朵金花、酒吧街	
	西藏文化	藏族聚集区、藏羌文化	
	艺术文化教育	四川音乐学院、四川美术学院、艺术文化教育研究资源	
	数字娱乐	国家数字娱乐基地、文化产业示范基地	

（2）劣势

①文化产业总体规模偏小，占经济总量的比例偏低。与北京、上海、深圳等城市相比，成都市的文化产业规模明显偏小。2005 年，成都文化产业增加值 77.74 亿元，只相当于北京的 20%。成都作为中国著名的历史文化名城和中西部特大城市，文化产业的发展规模无论是绝对量还是经济总量的比重，都明显偏小，因此，成都的文化产业与北京等一线城市相比还存在很大差距。

②产业结构不均衡，核心层增长缓慢甚至退步，文化产业外围层发展迅速，相关层发展滞后。文化产业的三个层次，是由文化产业中各种生产经营活动组成的，它们之间存在着相互促进、相互制约的关系。这三个层次的合理结构和协调发展是文化产业保持平稳、快速、健康发展的基本条件。成都市文化产业核心层、外围层、相关层的比例是 37：44：19，全国平均为 25：23：52。成都市文化休闲娱乐服务、广告会展等文化产业外围层比例较大，说明成都休闲文化业比较突出，发展旅游、会展等产业的势头良好。但核心层的新闻出版业务增长较慢，相关层的增长也不够理想。

③文化产业市场辐射力较弱，居民家庭文化消费水平偏低。西部文博会规模偏小，影响力不够。文化产品覆盖区域基本是成都市区、四川全省和西部省份。成都市城市居民家庭的文化消费水平偏低。2004 年，成都城市居民家庭户均消费支出 26001 元，比 2003 年增长 27.5%；而文化娱乐消费支出 1350.46 元，同比增长 8.4%，在消费支出中所占比重为 5.2%，比上年所占比重下降了 0.9%。

（3）机遇

①全球化经济发展和竞争加剧，创意产业成为显著产业。在知识经济时代，随着全球化趋势的快速发展，文化产业在现代化大城市建设和都市圈中的地位及作用日益重要，成为其发挥国际性、全国性、地区性经济中心和文化中心等辐射力的"核电站"。

②人们生活水平提高，对文化艺术的需要提高，闲暇经济发展迅速。随着经济的发展，人们闲暇时间增多，现代人的文化需求也不断增长，文化需求市场有不断扩大的趋势。成都目前的恩格尔系数为 42%，距小康标准差两个百分点。人们在吃穿这些基本生活产品上的消费支出正在减少，而用于其他消费，包括文化精神的消费正在增加。

③伴随中华民族文化的复兴，文化本土化凸显文化的竞争力，成都区

域文化地位上升。作为一个具有2300多年悠久历史和深厚文化底蕴的历史文化名城，成都是蜀文化的发源地和生长地，有丰富的历史文化遗产资源，在全球文化多元化，中华文化影响力不断增强的趋势下，成都在发展文化产业上有着得天独厚的基础和优势。

（4）挑战

①全球化的挑战，文化同质化对本土文化的侵蚀。外国资本大量进入，对我国文化产业冲击很大，这是因为我国市场机制尚不健全，文化产业规模尚在形成过程中，投资渠道单一、生产能力弱、质量偏低，经营管理人才严重不足。

②工业化、城市化对城市历史文化的破坏和影响。在我国经济持续迅猛发展，工业化、城市化日新月异的进程中，各个城市容易出现"千城一面"似曾相识的现象。因为工业化、城市化会导致城市失去特色，城市单质化，特别是大规模城市拆迁改造容易损害城市原有的文脉。

③西方强势文化产业对本土文化产业的挑战。由于目前我国的文化产业组织还较弱小，对外开放程度不高，因此，急需制定能够促进对内和对外开放的政策，以鼓励文化企业面向国际市场，主动积极地运用现代科技成果，提高产业科技含量和产业规模。例如，洋快餐的发展冲击着川菜消费市场；海外大片严重挤压我国传统文化产品的发展，如川剧等；动漫产品冲击创意产业的成长等（如表4－13所示）。

2. 成都文化创意产业的竞争状况分析

（1）成都文化创意产业与主要竞争城市比较分析

近年来，成都在文化发展方面有了新的突破。成都有深厚文化的积累，文化产业也有了相当规模，其中，有些文化产品已居西部前列。但就整体而言，和西安、重庆等竞争城市相比，其还不具备领先地位，和东部沿海都市相比，差距更为明显，还有很长的路要走。成都文化产业在全国文化产业版图的位置如图4－17所示。

（2）成都文化创意产业的竞争格局

从中国文化创意产业发展版图来看，成都文化创意产业处于第二梯队的中间位置。在竞争日益激烈的今天，成都要选定准确的竞争者，进行学习借鉴、适度模仿并积极创新，力争规划末期竞争性战略地位可以适度前移，进入第二梯队领先行列（如图4－18所示）。

表 4 – 13　成都市文化创意产业 SWOT 分析矩阵

内部能力　外部因素	优势(strength)	劣势(weakness)
	文化精神多样性丰富性 宇宙绝观,优游天府 历史文化遗产丰富 4500多年文明历史、2300多年城市发展史 现当代文化资源异军突起,开放创新包容多元	文化产业总体规模偏小 文化基础设施薄弱 文化产业专业人才不足 文化产业开发不够,缺乏旗舰型企业 文化精神提炼不够、定位杂乱
机会(opportunity)	SO	WO
全球化经济发展和竞争加剧,创意产业成为显著产业。人们生活水平提高,对文化艺术的需要增加,闲暇经济发展迅速;伴随中华民族文化复兴,文化本土化凸显文化的竞争力;成都区域文化地位上升	必须转变观念,转变政府职能 优化调整文化产业结构 重点发展数字娱乐产业 建设文化创意产业园区 营造文化创意企业发展的政策资金环境	加强公共文化服务体系建设 培养、引进文化产业专业人才 挖掘特色文化资源或者文化元素 加大文化产业开发力度
挑战(threats)	ST	WT
全球化导致文化同质化对本土文化的侵蚀 工业化、城市化对城市历史文化的冲击 西方强势文化对本土文化产业的挑战	注重文化产品的成都特色 塑造城市文化品牌,打造文化产业旗舰产品 在城市建设中注重保护城市文脉	针对文化资源的特性,实施个性化的产业化措施 整合利用各种文化资源 加强成都文化产品的营销力度,提高文化产业的竞争力

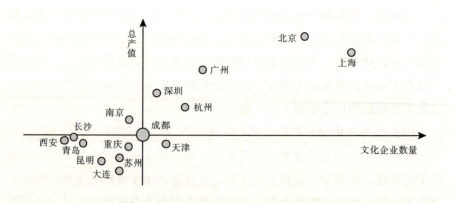

图 4 – 17　中国主要城市文化产业规模

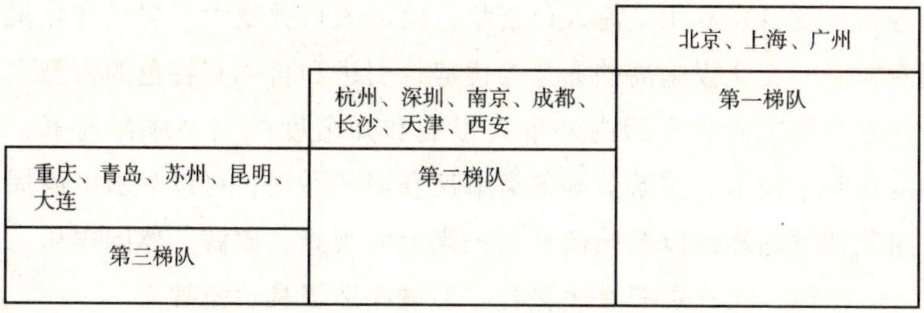

		北京、上海、广州
	杭州、深圳、南京、成都、长沙、天津、西安	第一梯队
重庆、青岛、苏州、昆明、大连	第二梯队	
第三梯队		

图 4 - 18　中国城市文化创意产业发展梯队

（3）成都文化创意产业的主要竞争者

①领先型竞争者。北京、上海、广州三大文化创意产业中心，属于集团的"领军者"。这三个城市的文化创意产业起步早、起点高，在文化创意产业市场规模、公共文化服务体系建设等方面领先全国水平。成都与这三个城市的文化产业实力相比有一定差距，还需要进一步转变观念，制定切实可行的追赶策略。

——北京：全国文化中心　文化产业国内领先地位

北京作为全国的文化中心，其文化产业在全国居领先地位。2003 年，北京市文化产业实现增加值 246.1 亿元，占全市 GDP 的比重达到 6.7%。2004 年，文化产业增加值 328.7 亿元，比 2003 年增加 82.6 亿元，产业规模进一步扩大，经济实力进一步提高。文化产业已成为北京市重要的经济支柱产业之一，成为经济增长最快的行业之一。北京的文艺演出、新闻出版、广播影视、文化会展、古玩艺术品交易在全国文化产业中具有明显优势。其中，艺术表演团体、演出经纪机构的数量均居全国之首，各种出版物品种、电视剧出品集数、电影产量和会展数量约占全国的 1/2。

——上海：文化产业起步早　基础环境全面突出

从全国范围来看，上海的文化创意产业集聚区建设起步比较早，发展十分迅速，产业门类比较齐全，而且在整体规模、上下游产业链、国际化程度等方面都处于全国领先地位。据不完全统计，目前上海市各区县经有关部门正式授牌的各类文化创意产业集聚区已经超过 50 家，而且随着"文化创意产业"热的日渐升温，又一批文化创意产业集聚区项目正在被各区县规划或推出。依托国有工业基础雄厚、城市历史悠久和农业现代化水平比较高的优势，上海要大力发展工业旅游、都市旅游、生态农业观光旅游等特色项目；利用上海人口密集、流动人口数量大，居民文化消费层次相对较高、文化设施高档齐全等优势，引进和自创有特色的大型主题乐园，举办高层次的具有国内外重大影响和知名度的大型体育赛事、演唱会、电影和电视节、旅游节等各类节庆和演艺活动，可以吸引上海周边的长三角其他发达地区以及国内外居民来上海观光、旅游、休闲娱乐。

——广州：文化资源有序整合　旧城改造极具示范意义

广州文化产业发展顺势而行，广州文化创意产业发展事在可行。文化资源与非文化资源整合有序，比如文化与房地产，文化与商业，文化与工业农业，文化与各种形态的产业都可以整合。只要找到它们内部的发展规律和市场经济的契合点，通过策划就可以整合。中国音乐金钟奖永久落户广州是广州文化产业的成功先例。

信义·国际会馆亦是结合旧区重整发展的文化产业园区项目。信义·国际会馆原为20世纪60年代的苏式厂房，建筑风格自然流畅，经改造后成为一个集展览、商务办公、公寓酒店、餐饮、文化艺术工作室及相关配套服务为一体的综合性物业项目。该会馆已形成具备一定规模的文化企业群，成为广州创意产业的重要组成部分。

②对抗型竞争者。杭州、深圳、西安、苏州与成都之间具有较强的可比性，这几个城市均为历史文化名城，具有较为丰富的历史文化资源，与成都类似；这些城市同为最佳旅游城市，都具有一定的"休闲"特色，特别是杭州，以"休闲之都"定位，其曾举办过世界休闲博览会，显示了较强的文化营销实力。众所周知的是，深圳作为一个新兴移民城市，并无深厚的历史文化积淀，但是该市通过成功举办"文博会"，以会展带动相关文化产业的发展，已经成为中国文化产业城市中的一张名片。为此，成都在文化营销上必须采取差异化战略，同时要提高起点，全面规划文化创意产业。在城市经济转型、提升的过程中，文化产业能够切实起到支柱型产业的作用，同时，可以为成都的国际品牌贡献力量。

——杭州：文化基础设施日趋完备，旅游产业发达，民间文化投资活跃

杭州文化基础设施日趋完备，为文化发展提供了良好平台。旅游产业是杭州文化，产业的主体，近十年来，杭州市加大了对旅游产业基础设施的投入，对杭州的主要风景名胜区——西湖进行了有效的保护和建设，其

中，仅杭州之江国家旅游度假区便投入基础设施资金 2.3 亿元，引进外资项目 16 个，合同总投资 2.67 亿美元和 12.7 亿元人民币。2005 年，"西溪"建设工程正式启动，这项总耗资高达 10 个亿的建设工程（其中仅道路改造便达 2.4 亿元）引起了国内外学者的广泛关注。"两西"成了杭州最为独特的风景旅游区。另外，杭州旅游综合配套设施日渐完善，综合接待能力也显著提高。一批新的历史文化保护区和纪念馆、博物馆等也开始规划和建设，成为杭州一张闪亮的"文化名片"。

民间文化投资蓬勃兴起，成为文化产业发展的亮点。其中，最为引人注目的是浙江万事利集团进军文化产业。它表明浙江和杭州文化产业市场正经历着新的经营管理理念变革。同时，作为杭州旅游产业的顶梁柱，宋城集团一直在文化投资方面保持了旺盛的势头，其发展文化产业的总资产已达到了 40 亿元。在杭州体育产业方面，杭州富阳等地的体育用品制造商为其发展提供了数额巨大的投资，直接推升了民间资本进入文化市场的热潮。

——深圳：打造顶级文博会品牌，文化体制改革成绩突出

中国（深圳）国际文化产业博览交易会是由中华人民共和国文化部、商务部、国家广播电影电视总局、新闻出版总署、广东省人民政府和深圳市人民政府联合主办，由深圳报业集团、深圳广播电影电视集团、深圳发行集团公司、深圳国际文化产业博览会有限公司承办的唯一国家级文化产业博览交易盛会，每年 5 月在深圳举行。深圳不断强化"国际化、专业化、市场化、规范化、精品化"的办展思路，围绕"拉动中国文化产业发展"和"推动中国文化产品出口"的核心，进一步深化"文博会"的特色与定位，致力于打造中国文化产品顶级展会与出口品牌。

——西安：历史文化优势明显，衍生开发有待提升

西安最具特色的是本地域的历史文化资源，数量巨大，涉及面非常广泛，而 3100 多年的城市发展史和 1152 年的建都史也给西安留下了国内其他城市所无法相比的大量重要、珍贵的历史文化资源，具有绝对的比较优势。

在西安市委宣传部与西安文化产业发展研究会共同举办"西安文化产业发展研讨会"之后，关于西安文化产业的发展，一个"一带三区"、"六大行业"、"七大板块"、"八大品牌"及"十二大项目"的立体布局

被确立了起来。"一带三区"包括：秦岭北麓生态——文化旅游产业聚集带；由曲江文化产业核心区、老城（唐皇城）区文化、商贸、旅游产业聚集区及临潼文化产业聚集区构成"三区"。通过这些文化产业聚集带、区的建设，加快构建西安市文化产品品牌创意、设计、制作、营销等产业互动联动舞台，努力提高西安文化产业的行业集中度和空间聚集度。

广播影视业、文化娱乐业、新闻出版业、文化旅游业、文物及文化保护业、广告业将成为西安市重点发展的六大文化产业行业。同时，以唐文化、影视产业及会展业为主的曲江新区板块；以文化创意产业为核心竞争力的高新区板块；以印刷出版、包装为龙头的经开区板块；以广运潭、丝路国际区等生态、旅游、文化资源为亮点的浐灞板块；以秦、唐及仰韶文化为旅游内涵的临潼区板块；以宗教文化旅游为主题的秦岭北麓板块；以及西安城墙景区文化产业板块，共同构成了西安文化产业的七大板块。此外，西安城墙景区工程、大唐不夜城项目、大明宫遗址公园和含元殿御道修复工程、乐游原青龙寺遗址保护工程、西安广电中心及关中民俗艺术博物馆等12个重大项目，则是西安文化产业整体布局上的一个个闪光亮点。

——苏州：公共文化设施巨资投入，为文化产业积累后发优势

苏州正在重点建设苏州市演出中心、中国刺绣艺术馆、苏州美术馆新馆等八大标志性公共文化设施，未来5年总投资达56亿元。苏州科技文化艺术中心总投资超过15亿元，由大剧院及观摩演艺厅、餐厅、科技展览馆、电影城、商业中心等不同功能区域组成。其中，大剧院可承办经典歌剧、大型交响音乐会等。红苓观摩演艺厅主要用于观赏现代歌舞剧、话剧、爵士乐和流行乐等。在建的苏州演出中心投入2.4亿元，美术馆新馆投资2亿元。

③竞合型竞争者。重庆、昆明等邻近城市一方面与成都的文化产业发展存在竞争关系，另一方面，作为中国西南地区相邻的几个支点，重庆、昆明、成都在历史文化、民风民俗等方面存在一定共性，因此，这几个城市更需要强调合作抱团发展。这就需要城市间采取交流、沟通的形式，通过切实可行的地区协同战略，加强区域整体的营销力度。

——重庆：政府重点扶持文化创意产业，创建西部最大文化创意产业园

重庆市政府在"十一五"期间，重点扶持研发设计、软件设计、建筑设计、文化传媒、咨询策划、时尚消费等六大类创意产业。目前，重庆

处于工业化的中期，工业兴市是重庆经济发展的重要战略，创意产业发展应该走与日、韩相似的路径，注重产业和文化的结合。而在"十一五"期间，重庆将突出以研发、创意、设计为核心的产业特色，重点推进六大类创意产业和 11 个载体建设，使之成为重庆经济增长与自主创新的重要推动力量。

重庆"时尚之都"文化创意产业园由一个平台、两大基地组成，即一流传媒产业聚集发展平台、时尚演艺娱乐产业基地和动漫产业基地。该文化创意产业园预计 2010 年建成，内设的动漫产业基地集产学研于一体，其中，重视传媒与四川美术学院、重庆文化资产公司组建的动漫公司入驻基地。该基地将力争被打造成全国最大的原创动画生产基地和动漫产业基地。演艺娱乐基地由多功能演艺大厅、露天演出广场、文化特色消费一条街构成。该基地建成后，将成为重庆市规模最大的大型文化娱乐活动场所。

——昆明：自然生态优势明显，民族多文化底蕴丰厚

昆明是中国世居少数民族最多的省份——云南的省会，是独具特色的多民族群体、多民族文化的交汇点。云南各民族人民在长期的历史发展过程中，共同创造了丰富的、具有鲜明民族特色和地域特征的文化。据统计，云南现已收集到的民歌多达 11 万首，民族舞蹈 1552 种，"蕴藏量"居全国之首；云南民族乐器多达 300 多种，是全国民族乐器数量最多的省份。此外，各具特色的民族服饰、建筑、饮食、礼仪等多姿多彩。云南丰富的民族文化资源是昆明文化产业发展可以充分发掘利用的宝贵财富。

昆明是四季花开、气候宜人的春城，并且具有深厚的历史文化底蕴和良好的人文环境。昆明于 1999 年被联合国提名为"最适宜人类居住的城市"，2003 年获得"中国最佳人居特别奖"。

④追赶型竞争者。目前，南京、长沙、大连等城市在文化创意产业的总量和规模上，与成都相比还有差距，但是这些城市也制定了赶超型的发展规划，文化产业增长迅速，因此，成都需要对这些快速增长型城市进行研究，挖掘其借鉴意义，从而实现全面持续发展。例如，湖南长沙通过传媒业的超常规成长，带动娱乐业、广告业、会展业等系列产业的增长，就具有较强的借鉴意义。

——南京：历史文化资源丰富，科技信息基础雄厚

南京无论是发展文化产业还是建设创意城市，都有很好的条件和发展基础。南京作为六朝古都，历史跨度长达一千多年。给我们留下了灿烂的文化，积淀了极为丰富的历史文化底蕴。如今，南京全市文物保护单位众多，市级的有 281 处，省级的有 80 处，世界级的有列入世界文化遗产的明孝陵。

南京不仅是历史文化名城，还是现代化的城市。改革开放以来，已形成电子信息、钢铁汽车、石油化工等支柱产业，还确立了软件、生物医药、新材料、新能源和文化等新兴产业。从交通上看，南京已成为东部的枢纽，不仅有国内最大的内陆港口，还有四通八达的公路网、集装箱运输、管道运输等设施。南京商业企业的业绩多年来名列全国前十位。作为重要的科技城市，南京拥有大学、科研院所分别为 48 所、14 所，两院院士、科学院院士有 78 位，吸引了世界 92 个国家、上千个项目以及世界 500 强的 70 多个项目在此落户。科技发达已使南京成为高科技的信息化城市，信息产业年产值已达 1150 亿元，软件业也实现了 166 亿元。信息化的运用已惠及教育、金融、交通、公安等多个领域，为南京进一步发展文化产业和建设创意城市打下了坚实的基础。

——长沙：传媒娱乐一枝独秀，创意产业走在前列

长沙提出：像重视工业一样重视文化产业，像重视科技创新一样重视艺术创新，像重视经济环境一样重视文化环境。长沙在出版发行、娱乐休闲、动漫产业、民间工艺、文博旅游等领域都表现出色。而这一切的发展，与政府部门的引导扶持密不可分。长沙市委、市政府明确长沙文化发展的定位是：文化名城、休闲之都、创意中心。2006 年，《长沙市在文化发展"十一五"规划纲要》正式发布。规划中提出"十一五"的奋斗目标是：文化事业全面繁荣、文化产业全面发展、历史文化名城风貌全面恢复、文化体制改革全面推进。文化产业增加值占全市 GDP 的比重达 12%，年均增长 20% 以上，成为长沙市新的经济增长点和支柱产业，文化旅游、文娱休闲、卡通动漫、文博会展、文化体育、民间工艺等八大文化主导产业实现良好的社会效益和经济效益，创意产业对文化产业的推动力进一步加强。总体目标是：把长沙建成文化基础设施完备、文化创新能力较强、文化产业化程度较高、文化生态环境良好、文化特色鲜明，市场活跃、人

才集聚、精品迭出，带动全省、领先中西部、辐射全国并具有较强国际影响力的现代化区域性文化中心。

2001 年，长沙市曾经出资 100 万元，向全国征集文化产业发展规划纲要。规划出台后，长沙市在 5 年内就启动了 45 个文化基础设施项目建设，一系列扶持政策纷纷启动，在税费减免、工商注册等方面给予优惠，优先发展文化产业。这几年，一张蓝图管到底，一届接着一届干，长沙的文化创意产业得到快速发展，做到了有规模、有速度、有品牌、有影响。2005 年，长沙市文化创意产业总产值 302 亿元，增加值 147 亿元，占全市 GDP 的 9.7%；2006 年，长沙市文化创意产业总产值 360 亿元，增加值 170 亿元，占全市 GDP 的 10%，占全省经济总量的一半左右，文化创意产业连续 5 年保持 20% 以上的增速，成为长沙的一大支柱产业。长沙把文化创意产业分为八大板块，包括出版发行、娱乐休闲、动漫游戏、民间工艺、文博旅游等。目前，长沙的民营文化创意企业特别活跃，投资文化创意产业的信心很足。目前，各区县发展文化创意产业的积极性也不断高涨。

——大连：服饰会展粗具规模，软件外包增长迅速

大连"一个中心，四个基地"规划，即加快建设大连东北亚国际航运中心，建成石化产业基地、电子信息产业和软件基地、先进装备制造业基地和造船基地。据最新调研显示，大连最有希望成为世界新兴的 IT 外包中心，而动漫产业集群的异军突起必将对大连电子信息产业和软件基地的建设发挥重要的作用。大连市政府表示，要全力以赴，抢占先机，快速推进，把动漫产业迅速做大、做响、做强，使其成为大连一个叫得响的特色名牌产业。大连是一个会展性城市，但是展览业、广告业还并不发达，缺少能在国内外造成很大影响的创意和传播公司。大连还是中国最早举办国际服装节的城市，但服饰文化产业的发展还不及别的城市。

3. 文化创意产业发展的标杆城市经验

由于文化传媒产业发展思路和模式的选择依据，涉及区域经济社会发展状况、自然环境与文化资源禀赋优势、大众文化意识与文化消费水平等方方面面，所以，对于成都文化创意产业的发展模式，需要在既有理论支持下，借鉴、总结国内外文化创意产业发展的成功经验，切合实际而又独辟蹊径，走出成都文化创意产业发展模式的新路子。

目前，香港、北京、上海、深圳、杭州等城市积极推动文化创意产业

的发展，正在建立一批具有开创意义的文化创意产业基地。香港的文化创意产业起步最早。2000 年，香港文化创意产业产值占 GDP 的比重为2.0%，就业人口占 3.70%；2004 年 5 月，香港特别行政区政府启动 2.5亿港元设立文化发展基金，推出"设计智优计划"，并成立"创意及设计中心"，汇聚各方人才，大力发展文化创意产业。

总的来看，国内外的文化创意产业发展模式可以概括为：以伦敦、北京为代表的点轴极化扩散模式，以首尔、上海为代表的楼宇集聚关联模式，以深圳为代表的会展模式等。

（1）点轴极化扩散模式

文化创意产业发展模式中的点轴极化扩散模式，以伦敦、北京为代表。

伦敦、北京的文化创意产业发展模式，可以提炼概括为点轴极化扩散模式——以点成轴、以轴带面、以面成体，在极化点不断扩散，逐渐集聚发展。这一发展模式的形成，和伦敦、北京深厚的文化底蕴与悠久的历史文化传承以及现代城市建设密切相关。目前，北京已逐渐形成 6 - 6 - 6 - 3 发展模式：即建设 6 大文化创意产业集聚区、重点发展 6 大文化创意产业、成立 6 大文化中心、建立 3 大文化产业园区。

据有关部门统计，2005 年，北京文化创意产业产值已超过 960 亿元，文化创意产业已成为北京的主要经济支柱之一，其增加值约占北京年生产总值的 14% 以上。到 2008 年，文化创意产业增加值将超过 500 亿元，在北京市生产总值中所占比重将达到 9%，成为北京市国民经济的支柱产业之一。

创业园区最初是从支持和孵化新建高新技术企业而兴起的，或称"科技园"、"开发区"、"高新技术区"，企业孵化器（Business lncubator）等，也称企业创业中心、创新中心（Innovation center）、企业中心（Enterprise Center）、支持中心（Suport Centre）、工作坊（Workshop）等。它是一种介于政府、市场与企业之间的新型社会经济组织和企业发展平台。它是通过提供一系列新创企业发展所需的管理支持和资源网络，来帮助初创阶段或刚成立的相对弱小的新创企业，使其能够独立运作并健康成长。1980 年特别是 1990 年以来，随着创意产业的兴起，各国的产业园区或孵化器高速发展，已成为新兴产业发展的主要模式。

英国文化创意产业的基础环境成熟、运作机制得宜、产业结构上中下游完整，并且所选定的产业都是英国发展较成熟的产业，所以各个产业部门能够相互支撑，互为供给，构成一条完整的产业链。2003 年 2 月，伦敦市长提出伦敦市文化战略的目标是：维护和增强伦敦作为"世界卓越的创意和文化中心"的声誉，成为世界级文化城市。文化创意产业是伦敦主要的经济支柱，所创造的财富仅次于金融服务产业，同时也是第三大容纳就业人口的产业领域，是增长速度最快的产业。据《伦敦市长文化战略草案》的数据，伦敦的文化创意产业估计年产值为 250 亿～290 亿英镑，从业人员达到 52.5 万人。而且，伦敦创意产业人均产值也远远超过全国水平，2000 年，伦敦创意产业人均产值为 2500 英镑左右，几乎是全国创意产业人均产值 1300 英镑的一倍。

据 2003 年 7 月英国《金融时报》报道，英国政府战略机构的一项研究得出如下结论：伦敦创意产业对经济的重要性已经超越了金融服务业。创意产业雇员（包括时尚、软件设计、出版、建筑和古董交易等）数量已达 52.5 万人，且还在增加；与之相比，伦敦金融服务业的就业人数为 32.2 万人，处于下滑趋势。

创意产业之所以能在伦敦蓬勃发展，除了城市拥有丰富的文化内涵与创造力，以及伦敦市政府对创意产业的高度重视外，相关机构提供的具体支持服务也起到了重要作用。现以伦敦文化产业发展推介中心为例，对其向创意企业（或个人）提供的全方位服务进行介绍，借此了解英国地方层面是如何支持创意产业发展的。

①关于伦敦文化产业发展推介中心的自我定位。作为拥护伦敦创意产业与文化产业发展的一个专业性支持机构，伦敦文化产业发展推介中心为有需求的个人和组织机构提供最佳和最易获得的服务。伦敦文化产业发展推介中心的愿景是：为创意与文化产业提供全方位的基本服务，包括产业咨询、组织架构、战略规划、市场支持、融资指导、培训指导、相关信息的出版和传播，为相关服务指路，推动产业网络建设，供应链和产业集群发展等。

在特殊产业部门开展活动，与年轻人、学生、妇女、黑人、少数族裔、失业人员、难民、残疾人和其他身处险境人士或弱势群体合作，推动文化多样性和创意产业部门的持续发展。

加深对艺术与创意产业的了解与实践，继承并发扬伦敦的文化遗产，鼓励游客与参观者的旅游活动，开发新的文化传播渠道和零售市场，促进社会各界进入文化与创意产业领域并利用其中的资源。

支持创意产业领域内个人与企业的创业，帮助企业发展，帮助雇佣员工，开展培训、教育和传授技能，实现经济的持续繁荣。

支持各种能促进伦敦振兴的创意的发展，鼓励生产、营销、配送、消费和零售活动，维持地方经济多样性的政策，规划城市振兴战略，鼓励创意中心、集群与文化特区建设计划等。

②多方资金注入伦敦文化产业发展推介中心。许多政府机构与公共团体都向伦敦文化产业发展推介中心投入资金，其中包括：英格兰艺术委员会、伦敦商业网络、欧盟的欧洲社会基金、地方网络基金、伦敦卡姆登区、纽汉区、哈姆雷特堡区政府以及伦敦发展局等。

③拥有专业型服务队伍。伦敦文化产业发展推介中心拥有一支由众多专业人士组成的员工队伍，负责提供该发展局的核心服务并开展各种活动。这些专业人士覆盖各个领域，一人一岗，分工明确。如：创意产业商业指导员、信息协调员、合同管理员、信息与管理技术支持员、行政管理人员、培训与技能指导员、营销与活动筹划人员、网站协调员、创意产业起步指导员、融资管理员、文化企业指导员、首席执行人员以及创意数字顾问等。有需要的个人或企业可以通过发送电子邮件，拨打电话或者亲自会面，直接向这些专业人士问询。此外，伦敦文化产业发展推介中心还热忱欢迎有文化与种族背景的人加入其中，成为志愿者。

④免费为个人与组织机构提供全面且实用的服务。伦敦文化产业发展推介中心免费向个人与组织机构提供支持与指导服务，服务领域包括：一对一的商业规划和项目开发期服务；支持市场营销，帮助企业开展业务、实施计划或举办各种活动；提供培训与指导；融资与筹款指导，这是文化产业发展推介中心的强项之一。发展局所有的指导人员都会帮助企业和组织机构寻求吸引投资的最佳途径。使个人与组织机构获得创意产业专业顾问的咨询建议；每月发布网上公告，定期发布网上新闻；为个人或组织机构提供机会，在文化产业发展推介中心网站上刊载他们的新闻、见解，介绍他们开展的活动和提供的服务。

⑤设立创意产业资源中心，提供各种有用信息。伦敦文化产业发展推

介中心还设立了创意产业资源中心，广泛收集各类出版物、期刊、数据库和其他与创意产业部门相关的信息，内容涉及商业服务、创意产业部门介绍、政府政策与法律介绍，以及培训与教育等各个方面。所有信息均发布在伦敦文化产业发展推介中心的网站上，供浏览下载。若要进一步获得更多的信息，也可以与发展局的有关工作人员联系，约定时间进行交流。

通过上述政策措施的实施，文化创意产业已成为英国政府推动经济增长与降低失业率的有效发展策略。每年，伦敦的境内外游客在艺术文化方面的花费超过 60 亿英镑。2003 年，英国首相战略小组指出，以就业和产出衡量，伦敦创意产业对经济发展的重要性已经超过了金融业。

（2）楼宇集聚关联模式

文化创意产业发展模式中的楼宇集聚关联模式，以韩国首尔和中国上海为代表。

——上海的文化创意产业

与北京广阔的发展腹地和悠久的文化内涵相比，上海的文化创意产业发展模式因其自身特点而有所不同，可以概括为楼宇集聚关联模式。

以上海为例，上海开发改造和利用了 100 余处老上海工业建筑，对老厂房、老仓库进行了改建，形成了一批独具特色的创意工作园区，闯出了创意产业与城市改造的新路。在楼宇和园区文化快速发展的基础上，上海文化创意产业在短短几年时间里获得了快速发展，推动了一批文化创意型行业的起飞，建立了一批具有很高知名度的文化创意产业园区，聚集了一批具有创造力的优秀创意人才。

根据上海市经委综合规划室消息[①]，文化创意产业已经成为上海都市楼宇工业中最具生命力、影响力的新兴产业之一，并分别在上海市普陀区、卢湾区、静安区、黄浦区形成了四个各具特色的都市楼宇文化创意产业群。

普陀区苏州河边的莫干山路 50 号，利用老纺织厂 4 万多平方米的老旧厂房群适当改建，开辟为别具一格的春明都市工业园区，入驻了不少画廊和艺术家工作室。目前，园区内已经有来自瑞士、加拿大、法国、挪威、意大利、以色列、英国和香港、云南、黑龙江、辽宁、湖南、上海等地的 52 家画廊和艺术家工作室，其中，如香格纳画廊、艺术景画廊、比

---

① 《中国上海》：申城崛起四大文化创意产业群 撑起楼宇工业一片天，2005 年 7 月。

翼艺术中心、东廊艺术、劳伦斯画廊等均是在国内具有举足轻重地位的现代艺术画廊。如今，莫干山路 50 号已成为上海最具规模的现代艺术创作中心，也培育出了一个有影响力的现代艺术品交易市场。

卢湾区泰康路的老厂房，如今已经成为海内外视觉创意设计机构争相进驻的"热土"。据悉，目前，泰康路上往昔的弄堂工厂厂房内，竟然进驻了 10 多个国家和地区的近百家视觉创意设计机构，成为上海最大的视觉创意设计基地，形成了一定的视觉创意设计产业规模，泰康路俨然成为了上海视觉创意设计人才的"孵化器"。

静安区昌平路上海窗钩厂和上海航空设备厂上万平方米的都市楼宇经过改建成为工业园区，现在是上海市中心的新型广告动漫影视图片产业基地。进驻昌平路都市楼宇的广告动漫影视图片公司大多是一些制作公司。这些公司规模都比较大，比如中国卡通影视公司，拥有 1500 多平方米的制作办公区，是上海数得上的大型民营动漫影视制作公司；再如上海展宇网络图片设计有限公司，既独家代理法新社、合众社、伽码社、洛杉矶时报等多家国际顶级新闻机构向中国市场销售新闻图片的业务，还独家代理来自于欧洲、美国等大型图片公司的广告图片业务。另外，该公司还将中国摄影师的作品推向国际图片市场。

黄浦区福佑路 335 号 5 楼都市工业楼宇，已经辟为上海市工艺品旅游纪念品设计展示交易基地。首期有 15 家专门从事旅游纪念品设计的公司进驻。这些公司大多是业内的知名企业，汇集了一批优秀的旅游纪念品设计师。过去，上海的旅游纪念品设计一直比较薄弱。在黄浦区都市工业楼宇建立这样一个旅游品设计中心后，可以对国内外各方面的旅游纪念品的设计人才进行有效整合，促使其不断推出高水准的旅游纪念品，从而提高上海旅游纪念品的设计水平。

再以上海首个文化科技创意产业基地——张江文化科技创意产业基地为例。目前，张江文化科技创意产业基地已引进文化科技创意类企业 81 家，并有 10 多家企业正在办理工商登记手续。2006 年，张江文化科技创意产业基地的产值达到 50 亿 ~ 100 亿元，其中出口产值占 20% 以上，从而成为上海市文化产业链中的重要环节。作为全国四大文化创意产业基地之一，张江文化科技创意产业基地的发展目标是建立起完整的、具有一定规模的文化产业体系，包括创意产业教育培训体系、现代文化产品交易市场和展示平台，形成创意产业企业服务体系，以及文化产品的创意、制作、开发、营销体系，使基地成为世界著名的创意产业发展区域。

由此可知，上海市的文化创意产业发展模式，是结合了上海老工业城市和现代工业中心的特点，在老旧厂房的基础上发展楼宇工业，进而融入文化创意元素来发展文化创意产业，逐渐形成文化创意产业链条进行整体联动发展，因此可以概括为楼宇集聚关联模式。

——首尔的文化创意产业

韩国发展文化创意产业生产经营的总体战略是，自2001~2010年的10年间，在全国建设10多个文化创意产业工业园区，10个传统文化产业工业园区，1~2个综合文化创意产业工业园区，形成全国的文化创意产业链，旨在优化资源组合，发展集约经营，形成规模优势，提升研发生产能力和文化创意产业的整体实力。文化创意产业园区是产、官、学、研的联合协作，是文化创意产业进行研究开发、技术训练、信息交流和生产制作的"集合体"。

在亚洲，韩国是较早认识到文化创意产业对经济发展具有巨大推动作用的国家。早在1990年，韩国政府就设立了"文化产业局"，负责出版等相关事务，后经政府内部调整，文化创意与观光事务等合并成立了"文化观光部"。1997年亚洲金融风暴使韩国政府意识到，文化创意产业是21世纪最重要的产业之一，并将之纳入政府主导发展计划。韩国1998年文化经费只占国家总预算的0.62%；1998年后逐年增加，到了2002年，文化预算已经达到政府总预算的1.09%。

韩国发展文化创意产业走过了立法和机构创新之路。1999年，通过《文化产业促进法》，韩国成立了"文化产业基金"，为新创文化企业提供贷款。设立"文化产业局"，下设文化产业政策、新闻出版、广播及广告政策、电影录像带、多媒体、文化内容推广等6个部门，分别执掌各项文化创意产业事务，包括政策面的研究、对厂商的辅导经营、营销推广、人才培育、行政事务的协调统筹、补助/赞助、奖励等。"文化产业局"附设12个附属机构：韩国广播公司、出版伦理委员会、电影委员会、电影图书馆、媒体仲裁委员会、韩国广播院、国际广播基金会、媒体中心、媒体基金会、游戏产业发展基金会、工艺发展基金会、韩国文化产业振兴院等，以辅导监督管理各项文化产业事务。"文化产业振兴院"协助将创意文化内容衍生成文化产品的一个辅助机制，其界定的产业项目有：动画、音乐、卡通、电玩等，提供设备租借、投资、技术教育训练、协助发展国际营销策略、进行产业中长期计划的研究，并与其他单位发展策略联盟的伙伴关系。

韩国振兴文化创意产业的主要政策措施如下。①

一是提供设备技术支持。政府提供设备给创业者，只收取低廉的使用费，提高民间创业者的研发能力，提高文化创意成为产业的可能性。如：韩国文化观光部是游戏事业的主管单位，1999 年，其成立游戏推广中心，提供游戏产业所需的一切援助。

二是投入公共硬件基础。宽带是韩国政府主力发展的策略型产业，早在 1993 年即开始固网宽带硬件系统的架设，使得软件内容的开发可以很快地占领市场，赢得了商机。

三是提供资金。政府设立"文化产业基金"，为新创文化企业提供贷款，使得中小企业也能贷到资金，顺利开展文化创意的研发生产。

四是立法保障文化产业的发展。1999 年，通过《文化产业促进法》，明确协助文化、娱乐内容产业的发展，并设立奖励措施吸引民间业者的投入。

五是设立一系列的产业振兴院。1998 年，成立游戏产业振兴中心（壮大游戏软件产业），IT 业振兴院（壮大数字内容与软件）；2001 年，成立文化产业振兴院（扶持动画、音乐、卡通），拥有 70 多位员工，上百亿韩元的年预算指标。

六是充足的政府经费资助厂商。政府以充足的经费全力辅佐补助，涉及人才培育、研发，以及生产后的国际营销、推广等各个环节。如全额补助翻译与制作费，使韩国文化产品国际化。

七是推动手法周到细腻。政府辅助创意厂商的发展，采取许多有创意且细腻的做法，如运用国防替代役补救软件人才短缺的问题。补助厂商海外参展、播放广告补贴等手法。

经过上述推进发展措施，韩国文化创意产业获得了极大发展。韩国的文化创意产业对中国的出口在 2004～2005 年整整提升了 23.4%，这足以

---

① 卢娟：《国外文化创意产业的发展政策》，http://www.ccmedu.com，2006 年 3 月。

证明文化创意产业对一个国家提高国际竞争力的重要意义。

（3）新加坡的文化创意产业发展模式及政策

新加坡的文化创意产业包括音乐、剧院、书籍出版、视觉艺术、电影/影带、平面媒体、广播/电视、建筑/设计、玩具/主题乐园等，以及与之相关产业及服务业。

新加坡发展文化创意产业的思路和模式有如下几个方面。

①明确定位。艺术本质具有向上提升生活的影响力，从艺术本质对人的影响为出发点，来思考艺术与社会和城市的交互关系。

②政府补助。政府积极地投入艺术文化硬件设施的建设，建立一个发展平台来激励艺术创作与发表。

③策略规划。新加坡提出建成世界一流城市的愿景，以文艺来复兴一个城市。为了达到这个理想，政府提出许多策略：透过艺术教育来培养艺术文化的欣赏人口；为了加强艺术教育在学校的影响力，每年政府额外提供 40 万坡币的补助，扩充艺术教育委员会对中小学及学院推广艺术教育的监督；强化艺术文化组织的经营管理能力；发觉培养具艺术天分的人才；投入艺术文化硬件设施；国际交流；捐助艺术文化经费，提升新加坡文化产业的亚洲知名度；对于到新加坡演出的国际表演艺术家以及经办艺术文化活动的经纪公司，给予税法优惠；新加坡政府连续三年共投入 50 万坡币经费研究国际表演艺术市场（以亚洲为主），让表演艺术团体找到表演舞台，如艺术节的策划者、经纪人等都是扶持对象。

④现状问题的检讨和调整。根据新加坡咨询委员会（Advisory Council）对新加坡的文化发展所面对的诸多议题所作的评估：缺乏基金、缺乏知识、缺乏专业人才、倡导不足、文化设施不足、缺乏教育机会、对文化资产议题的认识不足。希望政府通过四方面努力来改善现状：改善组织、改善教育系统、改善文化设施、致力于艺术文化的推展。

⑤社会资源利用。新加坡的文化创意发展资源来源于全社会，如艺术文化基金来源于政府、民间和赛马赌金。以 1999 年为例，彩金收益拨出 580 万坡币作为艺术文化经费，其中有 60% 作为艺术文化赞助基金，剩余的部分资助新加坡交响乐团和国乐团两个单位。政府还提供闲置建筑空间，并补助租金供艺术文化团体作为排演、训练、办公场所。1999 年租金补助达到 319 万坡币，补助 26700 平方米的楼宇面积给 56 个艺术文化

组织和 26 个视觉艺术家。

(4) 会展模式

文化创意产业发展模式中的会展模式，以中国深圳为代表。作为文化产业发展的后起之秀城市——深圳，本来缺乏城市文化旅游资源，但却通过世界乐园、民俗村、微缩景观，特别是举办文博会等文化艺术会展活动，打造出了自己独特的城市文化品牌，发展了城市文化创意产业，推动了城市经济发展。

如今，文化产业已经成为深圳第四大支柱产业。2007 年第三届"中国（深圳）国际文化产业博览交易会"举办期间，参观文博会主、分会场各项展览及各项活动的人数达 170 万，网上文博会访问量达到 120 万人次。本届文博会不仅参与人数多，而且嘉宾来源广、层次高。展会期间，仅政府各部门接待海内外嘉宾总规模就有近 1900 万人。文化产品和服务交易成果显著，文博会融资功能进一步增强。签约项目总数和签约投资项目规模超亿元的项目有 58 个。

深圳文博会立志打造"中国文化产业发展名片"。全国有 22 个省、市、自治区组团参展。海外城市组团参展亦十分踊跃，已有美国、韩国、德国等 10 多个国家的 26 个城市参展。文博会采取了多项具体措施进行海外招商，大力吸引海外专业观众、采购商、投资商参会，海外招商取得了重要突破。目前，文博会已与香港城市运营中心、澳大利亚贸易委员会、欧洲华文出版社、美中商务有限公司等 26 家代理机构正式签约，全面开展海外招商活动，同时，通过中国侨联等邀请约 100 位海外侨界领袖及众多华商组织参观采购团。

（四）成都市投资和出口国际营销策略

1. 成都投资和出口营销目标任务

（1）投资和出口国际营销的战略目标

①通过国际营销，形成归核化的战略性产业体系，实现产业结构的跨越式提升，并促进关键产业跻身全国前列。

投资和出口的国际营销是要促进产业的发展，进而达到增强城市综合实力的目的。但是，投资和出口国际营销应该与城市产业发展规划相适应，使这种国际营销有利于成都战略性产业体系的发展和完善，促进成都产业结构的高级化，并且通过这种国际营销促进关键产业的迅速发展。

②通过国际营销，使成都成为注重生活环境的跨国企业投资中国的首选地之一和国际性新兴的投资热点城市。

投资和出口国际营销的一个直接目的是促进外商在成都投资，特别是吸引跨国公司在成都的投资。成都通过国际营销要向世界展现自身的优势，特别是生活环境和营商环境，吸引跨国公司等各类外资的进入，使成都成为外商投资中国的首选地之一。

③通过国际营销，使成都成为跨国企业在欧洲、南亚和东南亚的交汇地及服务和管理平台，并且使成都初步具备作为区域中心所必需的交通通信、生活服务和使领馆等方面的基础条件。

随着南亚崛起和世界科技的迅速发展，成都的地理区位优势逐渐显现，成都有望成为欧洲、南亚和东南亚经贸文化交流的枢纽城市。通过国际营销，向世界传达成都作为这样一个枢纽城市的有关讯息。

④通过国际营销，巩固成都外来投资的西部龙头地位和赶超部分东部沿海大城市。

成都是西部地区吸引外来投资的龙头城市。通过国际营销，成都应该巩固这种地位，适当拉大与重庆、西安等城市的差距，并在此基础上有步骤地赶超部分东部沿海城市，如大连、杭州等城市，逐渐使成都在吸引外来投资方面走在全国前列。

⑤通过国际营销，建成国际知名文化之都和新兴创意产业都市。建设知识和创意型田园城市，是成都极具潜力和战略意义的定位。振兴城市文化、发展创意产业，是达到这一定位和目标的必然选择。

（2）投资和出口国际营销的战略任务

①初步形成成都营商品牌和国际品牌（包括原产地品牌）。营商品牌直接影响着外来投资选址的决策。成都的招商引资和出口国际营销，应该在全面改善投资环境的基础上向世界宣传成都的营商环境，提高成都营商品牌的知名度。同时，也要向世界介绍成都原产地产品，如女鞋、中药原料及制成品、川菜原料产品等，通过提高成都这些原产地产品的国际知名度逐渐提高成都整体产品的国际知名度，逐步培育成都产品成为国际品牌。

②建设具有国际一流水准的投资基础设施和服务体系，有步骤地追赶国内和国际标杆城市。一个城市要吸引国际投资，就要有国际一流的投资基础设施和服务体系。基础设施的完善可以降低外来投资的建设成本，而生活服务体系的完善则会提高投资者的消费满足程度。在建设投资基础设施和服务体系时，成都应该参考其他国内或国际标杆城市，学习它们的经验，吸取它们的教训，使成都投资载体的建设真正具有国际一流水准。

③培育原产地产业集群和配套体系，有步骤地追赶国内和国际标杆城市。原产地产业集群和配套体系对吸引外资和促进出口都具有重要意义。成都应该通过国际营销，逐步完善产业集群建设和配套服务体系建设，使成都相关产业相互支撑相互促进，真正实现产业集群化和企业规模化，赶超国内和国际标杆城市。

④提升城市文化营销能力和文化竞争力。加强文化基础设施建设，加强国际性文化交流，进一步提升成都城市文化的国际性、多元性和丰富性，保护、开发、传承城市历史文脉，突出城市文化的原生态，积极发展文化事业，鼓励和推动市民社区文化活动，提升市民素质，打造富有活力的城市文化氛围。此外，从成都城市经济产业转型跨越式发展的高度，大力发展创意文化产业，并建设与市场经济体制相适应的文化管理体制，形成国际文化营销整合机制。

⑤形成合理科学的营商环境、原产地产品营销管理体制及投资和出口营销整合机制。通过国际营销，成都应该建立起完善的城市营销体系，对营商环境建设、原产地产品营销管理和出口营销涉及的有关部门的职能或活动进行适当整合，并使其制度化、明晰化，使成都国际营销成为成都一项经常性的重大活动，真正实现成都国际营销的最终目的。

2. 成都投资和出口营销定位体系

根据上述分析和成都市的特点，课题组勾勒出了成都投资和出口营销的定位体系（如表 4-14 所示）。

（1）总体定位

成都：拥有高品质休闲生活环境的亚洲内陆服务中心及新兴知识经济城市

定位口号：Chengdu：Enjoy your Success　成都：成功之都

表 4 – 14　成都投资和出口营销定位体系

总体定位	主题口号	定位支持点
拥有高品质休闲生活环境的亚洲内陆服务中心及新兴知识经济城市	Chengdu：Enjoy your Success 成都：成功之都	Chengdu：Heart of West China 成都：中国西部之心 Chengdu：An Established Center of Technology 成都：科技之都 Chengdu：Easy Living & Exciting Economy 成都：激情工作,悠闲生活 Chengdu：Emerging Service Center in Asia 成都：亚洲新兴服务中心

　　成都在确定投资和出口营销时,应该强调新兴知识经济城市的特点,借以吸引知识型或科技型产业的投资,同时,突出成都服务中心的地位,当然,这种地位应该基于亚洲而言。在此基础上,进一步向外展示成都高品质的休闲生活环境,从而达到吸引跨国公司等高端公司的入驻。"拥有高品质休闲生活环境的亚洲内陆服务中心及新兴知识经济城市"是对成都上述特点的高度概括表述,内容真实丰富而又极具感染力。

　　定位口号分析:成都在进行投资和出口营销时,应该主要突出成都良好的营商环境和产品质量,以达到吸引外来投资和产品消费的目的。中文口号"成功之都",不仅突出了成都良好的投资环境能给投资者带来的成功,同时也暗含了"成都"这一营销主题城市的名字,给人以深刻的印象。英文口号"Enjoy your Success",则不仅表明在成都投资能够给投资者带来成功,同时也暗示了成都良好的生活环境能够给投资者提供高品质的休闲生活,意蕴丰富。

　　(2) 定位支持点 (沟通的核心信息)

　　①成都是西南地区的中心城市之一,对周边地区各类资源的集聚能力和市场辐射能力都比较强,外商在成都投资既可以充分利用西南地区丰富的人才资源、技术资源和自然资源,又可以有效地开发潜力巨大的西南市场。而且,随着成都经济的快速发展和城市功能的日益完善,外商在成都投资可以进一步提升其竞争力,从而可以获取更丰厚的回报。

　　"中国西部之心"(Heart of West China) 不仅表明了成都在西部地区所处的中心区位,同时也表明了成都在西部地区所具有的核心作用,这样就突出了成都强大的资源集聚能力和辐射能力,从而吸引外来投资选址成都。

②科技进步是一个城市经济发展不竭的动力，也决定了这个城市的竞争力。成都教育和研究机构众多，科技实力雄厚，特别是高科技发展迅速。成都的这种科技优势如果能够充分向世界展现，势必会吸引外来投资的流入，特别是高科技企业的进入，反过来，也会进一步提升成都的科技实力，使其真正成为世界著名的科技城市。

"科技之都"（An Established Center of Technology）不仅表明了成都具有丰富的科技和人才资源，也表明了成都产品具有较高的科技含量和较好的质量，这样不仅可以吸引科技含量较高的外来投资流入成都，同时也鼓励国外对成都产品进行消费，从而带动出口。

③在现代都市里生活的人们不仅可以享受经济快速发展带来的种种便利和消费高品质的科技产品，同时，人们也日益感到激烈竞争的压力。在快节奏的工作中无暇品味生活，几乎迷失在物质和压力的大潮之中，但是，成都人却可以在工作和生活中求得一种折中和平衡，在快节奏的工作之余不忘天府之国的悠闲之风。成都人恬静的性情和洒脱的气质、丰富多彩的娱乐活动及齐全完备的休闲设施使成都成为名副其实的休闲之都。

"激情工作，悠闲生活"（Easy Living & Exciting Economy）不仅能够表现出成都经济的迅速发展，也能表现出，在这种高速发展中，人们依然能够保持较为悠闲的生活方式。在现代社会中，这种协调显得弥足珍贵，这更能有效地吸引重视高品质生活方式的外来投资的流入。

④成都地处西南腹地，又是西藏的门户，向南可接南亚和东南亚，地理位置十分重要，同时，成都高科技产业发展迅速，商贸服务、商业服务和生活服务业十分发达，这使得成都成为了亚洲新兴的服务中心。软件等高科技项目外包服务、物流、仓储、商贸服务、交通通信服务和旅游餐饮服务业发展迅速，使成都成为跨国公司投资的最佳选址地之一。

"亚洲新兴服务中心"（Chengdu：Emerging Service Center in Asia）表现了成都是一个新兴的服务中心城市，而且在整个亚洲都占据较重要的地位，这可以吸引跨国公司将区域总部设在成都，进而提升成都作为区域中心的地位。

3. 成都投资和出口营销战略路径

发现补缺价值机会，打造成渝为联结欧洲、南亚、东南亚和中国中西部经贸服务网络体系的战略节点，以此为基础拓展北美及其他地区的目标市场。

　　我国西南地区和南亚、东南亚许多国家接壤或毗邻，西南开发战略不仅是我国西部大开发总体战略的组成部分，同时也是拓展我国与西南邻近国家经贸交往的一种战略选择。特别是随着南亚主要是印度经济的崛起，开发大西南并使之成为我国与南亚地区进行经贸文化交流的平台已经是十分紧迫的任务。而成都是大西南重要的中心城市之一，在国家西南战略中的地位举足轻重，成都如果抓住机遇并且重视与重庆的合作，将有望把成渝地区打造为联结欧洲、南亚、东南亚和中国中西部经贸服务网络体系的战略节点，并在这一基础上持续扩大成都的国际影响力，最终有效拓展北美及其他地区的目标市场。

　　①继续巩固和发展中国中西部"西博会"，提升成都在西南地区的重要性和影响力，进而吸引外商关注度并增加在成都的投资并促进成都相关产品的出口。

　　②借势大湄公河次区域合作基础，搭建开发东南亚经贸及文化交流平台。如举办亚洲城市旅游节和新兴城市发展论坛等，或者举办各种形式的产品博览会，以增强成都和东南亚国家的经贸交流，提升成都在这一地区的知名度和影响力。

　　③紧密配合国家西南战略。我国已经确定了西南开发战略，具体项目有铺设缅甸石油线、建设南亚公路和寻找新的出海口。这些国家开发战略为成都等西南城市提供了快速发展的良机。同时，南亚经济发展加快，特别是信息传输、软件开发和现代服务业等方面的发展令世人瞩目，而成都在这些产业领域具有很大的优势，因此，借力国家西南战略和南亚国家在这些领域的优势展开全方位的合作，将使成都经济发展获得源源不断的动力。

　　④依托与欧盟相对密切的关系，进一步打造中欧经贸及文化交流平台。如举办中欧国际美食旅游节、中欧国际软件合作洽谈会、中医药现代化科技大会暨新技术新产品展览会和其他相关产业性质的博览会等，或者举办中欧田园城市论坛、城市发展论坛等，并展开和欧洲国际非政府组织的各种形式的合作。在举行各类博览会或者论坛的时候，要注重突出投资出口导向，向欧盟推销成都、推销成都的高科技制造业产品、文化创意产品和各类高水平的服务项目（如会展、旅游、软件等），同时也要注重吸引农业方面的投资和增加成都农产品出口。

⑤打造欧亚大陆重要的交流平台。将成都打造为联结南亚、东南亚和欧洲交流的平台是成都国际营销的目标，也是成都自身定位的不二选择，因为只有这样，才能拓展成都发展的国际空间。基于此，成都应该通过举办各种形式的亚欧经贸交流会、博览会和论坛提升成都的国际知名度，同时向亚欧大陆地区传递一种只有成都才是亚欧大陆交流中心平台的信息，并努力使亚欧大陆城市最终承认成都的这一地位。

⑥积极拓展东亚和北美等地市场。成都在重视与南亚、东南亚和欧洲的交流与合作的同时，也不能放弃东亚和北美等地市场，这些地区是现代高科技的高地，加强和这些地区的合作对于提高成都自身科技水平和重要产业水平具有非常重要的意义。同时，拓展这些地区的市场也将为成都产品出口开辟出更广阔的天地。在积极拓展东亚和北美等地市场的时候，成都要把精力放在"点"的合作上，积极吸引该地区对成都高科技产业、农业、会展业、旅游业、文化创意等生产性服务业的投资。

⑦促进文化创意产业，打造创意成都、智慧成都。文化事业和文化产业，是进行文化创意产业建设的两个主要的支点，也是文化发展战略的基本内容和主攻方向。在现代社会中，文化事业与文化产业相互渗透、相互配合、相互促进，并以其特有的方式构成了文化的驱动链条与文化的有机体。文化既是经济发展和社会进步的精神引导与智能支撑，又是经济发展和社会进步的直接构体与具体指数。文化的这一性质和功能，只有在文化事业与文化产业的联合作战中，共同发挥积极作用的情况下才能实现。这就要求文化事业和文化产业相互推动、不可排斥。它们也只有在形成合力的情况下，才能充分显示自身的特征和发挥自身的作用（如图 4-19 所示）。

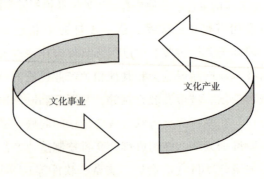

文化事业

文化产业

图 4-19 文化事业与文化产业之间的相互关系

创意成都或智慧成都的基本战略路径是：巩固和提升新闻服务、出版发行和版权服务、广播、电视、公共文化服务体系、市民人文素质；培育文化艺术服务、文化用品及相关产品生产、文化用品设备业；大力发展软件外包、影视娱乐业、广告、设计、会展业；重点突破服务外包、数字娱乐业、计算机软件业。其中，成都文化创意产业可考虑分三步走向国际化（如表 4 - 15 所示）。

表 4 - 15 成都文化创意产业三步走

第一步(2007 ~ 2008 年)	第二步(2008 ~ 2010 年)	第三步(2010 ~ 2012 年)
占领、巩固中国西南地区市场	瞄准、发展与我国文化有着天然亲和力的朝鲜、韩国、日本、菲律宾、新加坡、马来西亚、泰国等东南亚市场	进军欧美主流市场
重点： 2007 年数字娱乐 2008 年休闲娱乐	重点： 2008 年休闲娱乐 2009 年乡村田园体验　城乡一体化 2010 年熊猫生态旅游	重点： 2010 年熊猫生态旅游 2011 年历史文化资源 2012 年现当代文化艺术

4. 成都投资和出口营销策略措施

（1）成都投资和出口产品策略

第一，优化现有产品。园区建设是成都吸引外商投资和促进出口的主要载体。总的来说，成都需要对园区进一步统筹布局，强化管理和创新体制。

首先，对现有园区进行定位优化和整合。成都高新技术开发区、成都经济技术开发区、龙潭都市工业集中发展区和各区县工业园区的定位应该体现出层次来，同时加强合作与协调。成都高新技术开发区主要集中高新技术企业，如电子信息产业、软件开发产业、生物技术产业和医药产业等，其他一般性技术产业可以主要集中于经济技术开发区，而一般的制造业则可以集中在龙潭都市工业集中发展区和各区县工业园区。另外，成都高新技术开发区内建有留学人员创业园、博士创业园等孵化器和民营科技孵化器，还有各种形式的产业基地，比较杂乱，因此，可以考虑将留学人员孵化器、博士孵化器和民营科技孵化器按照孵化企业性质进行归并，使这些孵化器加强和各类产业基地的联系与交流。园区定位或许能够较易做到，但由于各园区存在着利益竞争关系，所以不能真正按照原有定位分布企业。在今后的招商引资过程中，各园区要注重彼此间的合作，按照企业的产业性质决定所要入住的园区。

其次，切实推进产业集群战略。实施产业集群战略包含两方面的含义，一是同类企业集聚，二是上下游企业集聚，通过这两种形式的集聚可以共享基础设施与信息，方便人才流动与信息交流，有助于思想的碰撞产生创新的火花，同时，彼此的竞争将更加易于感受到，迫使企业加强竞争意识，从而提高自身的竞争力，最终使得整个产业发展壮大。实施产业集群战略就要求成都把同类企业或关联性强的企业放在同一个园区进行布局。另外，实施产业集群战略也需要成都完善产业集群区域的企业服务体系建设，包括融资服务体系、人才服务体系、物流仓储服务体系和技术服务体系等。

再次，进一步优化园区投资环境。投资环境是吸引外资的重要因素。园区建设不仅要注意园区的自然环境优美，也要注意遗产保护和生态环境保护，使园区建设和城市建设相协调。在企业进入园区时，要根据企业性质进行审批或备案，符合园区定位产业性质的企业要允许其入驻，不能因为外资或民营等身份不同而给予不同的待遇。同时也要避免对园区内外同类企业所实施的政策有过多悬殊。园区只是产业集聚地，不能成为优惠政策集聚地。这一点对不同的园区也适用，因为园区只是靠优惠政策吸引企业，那么各园区可能会展开激烈的政策竞争而达不到产业集聚的目的。

最后，应继续加强园区的体制创新建设，提高园区服务效率。园区的主要任务是为园内企业提供服务。这要求园区管理者在企业申请入驻审批或迁出审批、入驻企业日常管理等方面都要提高效率。

第二、强化原产地产品。成都在进行国际营销时，还要注重强化原产地产品。成都的养生保健、疗养度假、中药生产、家具、川菜原料和女鞋产业等都有天赋条件和相当基础，因此，成都要注重吸引外资对这些产品的投资，适当借助外力提高这些产品的质量和品牌知名度，吸引外来消费或促进出口。

第三，创新战略性产品。成都在强化原产地产品外，还要创新战略性产品。会展业、文化创意业、数字娱乐业和影视业等是很重要的都市产业，能够有效提升一个城市的品牌关注度。

在会展业方面，成都可以多借鉴米兰、慕尼黑和日内瓦等城市的经验，多举办一些国际性的会展，并且注意提升会展的社会影响力和关注度。

文化创意产业包括的范围较广，而且很多创意产业之间没有必要的联系，因此，应该有选择地集中。具体说，文化创意类产业可以在市区相对集中，对于一些占地较多、规模效益显著的产业，如动漫业、影视业和数字娱乐业，则需要集中于某一区域发展，这也是成都继续壮大数字娱乐业和建设影视基地的需要。其中，成都在数字娱乐业方面发展较快，基础较好，可考虑申办或创办国际级的数字娱乐竞技大赛永久落户成都。通过举办大赛，促进成都完善电子竞技的电子设备、软件、创意产业链，迅速形成规模产业。

另外，成都还要通过体制创新加强官、产、学、研的结合，迅速提高服务质量。

（2）投资和出口价格成本分析和改进策略

成都的要素资源和生活成本较低，有助于吸引外商投资，同时也有利于扩大对外出口。但是，生活成本低和产品价格低带来的一个问题是人们的收入水平也较低，这不利于吸引外来优秀管理人员和技术人员，而较低的收入水平造成较低的购买能力也不利于商业和服务业的发展。因此，成都在今后的发展中应该注意实行差别性价格策略，即实行较高工资基础上的低价或低成本策略。不过，人们收入提高带来购买力的增强也会导致市区生活服务业产品和稀缺性产品的价格上涨，这就要求成都工资水平的提高要适度，并加强对相关产品的监督和疏引。具体来说可以有以下策略。

第一，实行产品品牌策略。实行产品品牌策略可以提升出口产品质量和知名度，提高产品溢价能力，增加附加值。同时，也可以提升服务质量及溢价能力，使生产性服务产业与人居环境和商务环境的多元化需求相配套。

第二，增加城乡收入，特别是管理技术人才的收入水平。增加城乡收入，可以增强整个成都地区的购买能力，有助于商业的繁荣和发展，而管理技术人员收入水平的提高则有助于吸引人才。

第三，维持土地等商务要素和生活性服务产品的成本优势。在现阶段，成都要发展还离不开国内或国外的资金投资，同时也离不开对外出口，这就要求成都要适当维持土地等商务要素和生活性服务产品的成本优势。

第四，对需扶植产业、战略性产业及其他生产性服务业通过优惠财税政策降低其成本。人员工资提高将抬升各产业的生产成本，降低其价格竞争力。为了提升或维持需扶植产业、战略性产业和其他关键性生产服务业（如文化创意产业、现代农业、高科技产业等）的竞争力和发展能力，成都可以通过在一定时期内对这些产业实行较优惠的产业政策或财税政策等措施来降低因人员工资提高带来的不利影响。

第五，切实采取措施降低物流成本和企业的交易成本。物流成本和交易成本较高会增加产品的成本，但这两种成本和要素成本的性质不同，要素成本可以形成要素拥有人的收入，增强购买能力或工作意愿，但物流成本和交易成本高则是一种虚耗。因此，成都应该努力通过基础设施建设、区域合作和网络建设等途径降低物流成本，通过改进政府服务降低企业的交易成本。

（3）渠道策略

成都在进行国际营销时，要建立和国际国内相关组织或机构的日常联系，利用多种渠道和多种方式进行营销。

——渠道建设

①建立与国外组织驻华机构的联系。随着中国对外社会经济文化交往的加强，国外许多组织也开始在中国设立派出机构，如果成都能够通过某种方式建立起和这些派出机构的联系，那么这些国际组织的派出机构将能够起到沟通成都与世界联系的桥梁的作用，让世界了解成都，从而促进成都外来投资和出口的增加。这些派出机构包括联合国所属组织派出机构、世界银行和国际货币基金组织派出机构、区域组织的派出机构、外国政府的派出机构、各类行业协会、国际合作机构和其他组织的派出机构等。

②建立与国外 NGO 和友好人士的联系。成都进行国际营销时还要建立与国外友好人士的联系，包括想要招商引资地区的政府机构，也包括行业协会等。同时，成都也要在国际上广交朋友，让友好人士为成都作免费宣传。目前，海外华人社团比较多，成都可以和这些社团建立长期的联系机制。

③建立与中国驻外机构的联系。成都应该和中国驻外机构加强联系，包括中国贸促会，同时，成都也应该在国外重点招商和出口地区建立派出机构，以吸引外来投资和促进本地产品的出口。

④其他渠道。除了机构性的交往外，成都还应该通过其他多种形式建立广泛的营销渠道，比如会展、交流会和互联网等。成都既可以自己举办国际性的会展和交流会，也可以积极组团参加国际性的会展和交流会。同时，成都也要重视互联网建设，使互联网成为成都营销的重要展示性平台。

——渠道管理与维护

渠道建设是一项很重要但很艰辛的工作，所以，应该有一个职能性的部门专门负责。投资促进委员会应该是一个能够胜任此项工作的部门。在渠道开发和建设以后，还要进行日常的管理工作，这也应该由投资促进委员会专门负责。

渠道维护的手段主要包括：固定发放纸质的、电子的报道信息；向相关单位和个人发放证书以激励其参与；在适当时候举办"成都投资和出口营销渠道伙伴会议"；选请在全球具有人脉和影响力的名人作为"成都投资和出口大使"，邀其参与进来，实现渠道共赢、多方获利的目标。

（4）推广策略

①分市场促销重点。成都在进行投资和出口营销时，应该区别不同的市场采取不同的促销手段。在欧美等发达国家进行市场营销时，应该着重吸引该地区的投资，向其介绍成都良好的投资环境和丰富的科技人才资源等，进行产品营销时则侧重宣传本地的原产地产品特色，逐渐树立起"成都制造"的品牌。在非洲、拉美和东南亚等发展中国家进行市场营销时，则主要进行成都原产地产品的宣传，强调产品的价廉物美的同时，突出成都特色，树立成都品牌。

②展览展示。成都可以通过各种形式的展览展示活动向世界宣传成都良好的营商环境和丰富的产品。通过举办或参加大型的有国际影响力的展览展示活动，扩大成都城市影响力和产品知名度。

③推销策略。成都可以通过策划活动对成都营商环境和产品进行推销。可以专门在某一地区举行有针对性的投资推介会，例如，可以在德国

举行装备制造业的投资推介会，在美国举办高科技产业的投资推介会等。也可以举办一些生动活泼的间接性的主题活动进行推销，使人们在轻松氛围之中了解成都、投资成都，例如，在国外举办成都美食活动，展示优美的蜀锦，从而激起人们对川菜和蜀锦的兴趣，吸引其投资开发川菜和蜀锦。

④网络营销。如今，互联网已经成为人们获取信息和交流的重要平台。成都在进行投资和出口国际营销时，应该充分利用互联网这一有力工具。除了自己努力建设有影响、质量较高的网站外，成都也可以在平台区域市场的重要招商门户网站有计划地发布信息，并指定专门人员对此进行管理和维护。

成都还要重视电子商务平台的建设，可以有效改进服务，提高效率，吸引外来投资和促进出口。

⑤人员推广策略。成都还应有效地采取人员推广策略。例如，可以将投资成都的成功案例进行整理，编辑成册，也可以对成都历史上有名的财富故事进行编纂，还可以展示成功人士在成都的悠闲生活，通过各种方式将这些人和事对外进行宣讲，激起人们对成都投资的兴趣。

在采取人员推广策略时，要注重有形化策略的应用，即：宣传手册、公告牌、市区标志等有形化载体，通过这些载体向世人直观地展示成都城市的环境和品质。

（5）协同策略

①地区协同。成都在进行国际投资与出口营销时，还要注重地区间的协同。包括与重庆的地区横向协同，也包括与四川和中央的上下协同。

成渝协同的主要内容是联合招商，减少恶性竞争。二者要针对自己的实际情况，重点吸引对本市发展具有重要意义的产业，比如，在联合招商时，成都可以重点吸引服务业方面的投资，重庆重点吸引有优势的制造业投资等。

成都与四川和中央的协同主要包括两方面：一是成都遵从中央和四川省招商引资项目的区域布局；二是成都可以通过与中央和四川省进行协商，争取中央和四川省在资金、政策等方面的支持。

②机会协同。成都在招商引资时还要注重机会协同。每个招商引资项目都应该有合作与协同规则，政府部门、行业协会和企业之间要通力合

作，并且应建立一个长效的合作机制，同时还要建设重大项目的合作机制。

成都在投资推广时也要有合作机制，否则只会事倍功半。哪个部门负责投资推广决策，哪个部门负责组织和管理，哪个部门负责宣传服务，哪个部门负责具体实施等都要有明确的分工，各司其职，各负其责。这样，通过建立常规的部门协同机制，可以提高投资推广效率，使投资和出口的国际营销能够收到更好的效果。

5. 成都城市营销活动

为更好地吸引投资和促进出口，需要有步骤、有计划地开展国际营销，可以每年在重点国家或城市举行一次大型的投资推介会或经贸交流会，逐步使成都被世界所认识，并将成都打造成为亚欧经贸交流的节点城市。以下是课题组列述的成都未来5年可以举行的一些城市营销活动，仅供参考。

——2008 感知成都年推广活动

主题：成都品牌

市场：美国圣迭戈、圣何塞、波士顿等城市；加拿大蒙特利尔等城市。

活动内容：根据各城市的高科技产业进行有针对性的营销，介绍成都高科技产业迅速发展的现状和丰富的科技人才资源，吸引高科技投资。

——2009 神奇成都年推广活动

主题：文化成都

市场：新加坡、马来西亚和泰国等国

活动内容：针对各国的优势产业进行有针对性的投资推介；与各国展开充分的经济、贸易、文化和区域等合作。

——2010 惬意成都年推广活动

主题：田园城市

市场：印度班加罗尔、新德里等城市

活动内容：在班加罗尔举行投资推介会，宣传成都在软件业方面的优势，促进两市合作；在新德里举行经贸洽谈会，宣传成都的投资环境和原产地产品。

——2011 欧亚成都年推广活动

主题：现代丝路

市场：欧洲的慕尼黑、米兰和图鲁兹等城市

活动内容：在慕尼黑、米兰和图鲁兹等地举行综合性的经贸文化交流活动和投资促进活动，并根据三市的产业特点分别进行投资招商。

——2012 品牌崛起年推广活动

主题：创意成都

市场：在成都举行以亚欧国家为主的国际经贸洽谈会

活动内容：通过照片、多媒体、城市展览牌等方式全面展示成都文化、自然资源和经贸发展成就，展示成都著名企业，促进参与各国加强经贸交流，促进各国在成都进行项目投资。吸引世界著名创意企业参观成都的创意产业，促进其投资成都。

三　成都宜居城市建设与人才输入策略

成都是一个宜居城市，成都的幸福指数名列前茅，多次在幸福城市、快乐城市的排名中领先。成都的宜居体现在休闲的生活与工作方式上，但令人遗憾的是，这给成都的工作方式带来了消极的影响。因此，改善和重塑成都的宜居形象的营销势在必行。

（一）需求与竞争分析

1. 宜居成都的 SWOT 分析

成都对吸引定居者的选择方面，要重视两块市场：引进高级技术人才与管理人才，吸引具有较高消费能力的定居者。成都建设宜居城市在吸引人才方面具有一定的优势，同时也有很多的不足。

（1）优势

①高科技产业全国领先，人才吸引潜力巨大。经济的快速发展以及巨大潜力，势必成为吸引高级技术人才和管理人才定居成都的主要动力。最新的《时代》杂志认为，"成都正以最快的速度追赶着全世界最富裕的地方"。随着西部基础设施建设的日趋完善，这块巨大的市场越来越被国内外企业所看重。成都是中国著名的软件、通信、航天、飞机制造、医药、磁悬浮列车、光电、大型电气设备、旅游等高科技、低污染产业的中心城市（如表 4 - 16 所示）。

表 4 - 16 成都及周边地区重点产业发展情况

产　业	具体体现
IT、软件、通信	软件、网络游戏研发、3G 研发、IT 项目、通信
航天、航空	飞机制造、航天、航空航天电子、飞机配套高新产业、飞机发动机、国际商用卫星发射
能源	电气设备、重型机械、核能、石油化工高新设备、石油化工业
医药	制药、中医药
机械	重型机械、精密机械、模具
光电	依托中国科学院成都光电技术研究所大力发展光电产业
高新冶金	特种钢、高新冶金
高新电器	长虹、九洲电器等
军工	中国工程物理研究院(中国原子弹设计生产基地,院士 20 多人)、高科技军工企业、中国核动力设计院等
机车和超导磁悬浮列车	西南交通大学的超导磁悬浮列车高科技项目已经世界领先

　　成都拥有非常强大的高科技产业基础。成都高新区在全国综合排名位列第五，并被确定为全国首批"创建世界一流园区"试点地。今天的成都高新区，已形成"三大基地"，即以微电子和软件为主导的电子信息产业基地、以中医药现代化为重点的生物医药产业基地、以先进制造技术为特征的精密机械制造产业基地。与此相对应，形成了集成电路产业、软件及服务外包产业、生物医药产业、精密机械产业"四大特色产业群"。其中，尤其以 IT 产业快速发展引人注目。在不久的将来，成都将建设成为中国最大的软件王国。成都凭借充足的人才资源和达到欧盟标准的自然环境、自来水水质，已经是一座蓬勃发展的高科技产业经济中心城市，2~5年内，其将进入一线城市行列（如表 4 - 17、4 - 18 所示）。

表 4 - 17 成都高技术产业科技情况

	单位	指标值	占规模以上工业的比重(%)
科技活动人员	万人	1.02	32.3
其中:科学家与工程师	万人	0.57	29.1
科技活动经费内部支出	亿元	12.92	44.4
其中:R&D 经费内部支出	亿元	2.43	34.3
新产品产值	亿元	60.60	46.1

　　注：高技术产业的范围为在规模以上工业中属于高技术产业范畴的行业。

表 4 - 18 成都高技术产业 R&D 投入分类

	R&D 经费内部支出（亿元）	占高技术产业总计（%）
医药制造业	0.41	16.8
航空航天器制造业	0.35	14.4
电子及通信设备制造业	1.18	48.6
电子计算机及办公设备制造业	0.01	0.4
医疗设备及仪器仪表制造业	0.48	19.8
高技术产业总计	2.43	100

资料来源：成都市第一次全国经济普查主要数据公报（第二号），http://www.chengdu.gov.cn。

②人才需求存在缺口，创业发展空间无限。成都的软件、动漫产业居于全国领先水平。依托蓉城的数字娱乐人才培养基地，市场、文化、人才三者结合，成都为移居的优质人才提供了广阔的发展平台和无限的发展空间。

据统计，自 2000 年以来，成都软件及服务外包产业持续保持 30% ~ 40% 的增长幅度。2006 年，成都软件及信息服务从业人员达 6.5 万余人，销售收入超过 180 亿元，实现出口 3248 万美元。2007 年，成都软件及服务外包从业人员将达到 10 万人，实现软件及服务外包销售收入 300 亿元，出口超过 1 亿美元。由此可见，IT 业的发展对从业人才的需求很大。

2003 年 10 月以来，四川大学、电子科大、西南交大、成都大学相继开设数字娱乐相关专业院系，使成都成为了全国数字娱乐人才的培养基地，并成为成都吸引移居者的一大优势。例如，华为公司表示在 3 年内将把研发中的重心迁移到成都。华为和赛门铁克合资投资 4 亿美元的华赛公司已经把总部落户成都。成都吸引了全世界和全国几乎所有大牌通信、软件公司在成都开设大型研发中心，并朝着高端发展。

③独特的宜居文化，深刻的成都烙印。成都独特的宜居文化也正是城市精神的体现：雍容大度、张弛有道、时尚多元。

雍容大度是成都面对外部世界的胸襟与气度；张弛有道是成都生产与生活、继承与革新的基本格调；时尚多元是成都培育个性，打造品牌，以扎实的努力塑造城市魅力的特点。

享有三千年的宜居口碑——少不入川，老不离川；一座来了不想走的城市。这向世人展现了成都作为宜居城市的文化底蕴。

④田园般的自然生态环境。"天府之国"的盛名由来已久。成都属亚热带季风气候，具有春早、夏热、秋凉、冬暖的特点。成都气候的一个显著特点是多云雾，日照时间短。成都市及周边的名胜风景更是举不胜举。幽静的青城山、秀丽的峨眉山、神奇的九寨沟、古老的都江堰、磅礴的乐山大佛等都是游客们流连忘返的理想目的地。

成都提出了以建设可持续发展、最适宜人居住的、具有"田园风格、水网绿锁、多廊发展"的生态网络城市作为目标（如表4-19所示）。

表4-19 成都生态网络城市建设目标和内容

目　　标	内　　容
● 构建"区域生态屏障"	包括山地、河流、交通干线绿化、城郊防护林带风景名胜区、森林公园、自然保护区以及农林网、花木生产地、林场、茶场、果园等。
● 发展"态轴线"	包括生态主轴、生态次轴、生态支轴等，建立各组团间的多组"生态隔离带"，防止城市无序蔓延。
● 中心城区外围生态建设圈	以一环路、二环路、三环路和外环路为框架，道路两旁种植有色树木，给人以不同的感受。
● 保护"生态单元"	众多的湖泊、丘陵、山体等形成的生态镶嵌体，是防止水土流失，调节气候，丰富和点缀城市景观，明确地表特征的重要环境因素。
● 抓紧科技文教区建设与保护	在二环路内区域，通过科研院所、高等院校、旅游景点，构建成都"科教历史文脉"。
● 改善城区内外水资源系统	以府河、南河、沙河、青白江等多条河流为基础，建立网状"蓝道"系统。

⑤高品质的物质生活条件。《时代杂志》认为，"居住在成都与居住在巴黎与纽约没有什么不同"。与周边地区相比，成都在购物环境、交通环境、生态环境等方面，均处于相对领先位置，成都的消费意识在国内位列前茅。

（2）劣势

①人居产品国际化开发不足。在对成都的调研中，反映比较突出的问题是成都的国际化居住环境的建设滞后，人居产品不能有效满足国际分众群体的生活需要。国际化的社区、医疗、教育、娱乐设施开发严重不足，语言环境的建设也不理想，在整体造成国外移民生活不便利。这都给国外移民的进入带来一定的阻碍。

②产业发展受区位局限，人才吸引力锐减。虽然部分产业已经处于全国前列，但是整体尚未形成超越区位局限的产业基础和产业优势，产业发展仍然不够理想，真正有竞争力的产业集群仍然没有形成。而且对外经济、文化等方面的联系相对滞后，沟通渠道（如国际航线）非常缺乏，比之东部发达地区，对于国际投资者与技术人才的吸引力相对较弱。

③针对性的人才引进配套政策不完善，更谈不上与之相应的营销规划与执行。成都虽然制定了人才引进的政策，但是针对国际分众群体的相关配套政策不够完善，更谈不上与之相应的营销规划与执行。诸如香港的优秀人才入境计划之类的品牌尚未形成。

（3）机会

①全球范围内人才自由流动加速，人才循环已成趋势。经济全球化趋势，信息及交通技术的改善，使得要素特别是人才的自由流动加速，同时呈现出一些新的特点。如今，人才不再是单向地由发展中国家往发达国家流动，而是出现了人才循环的局面。亚太地区近些年来保持了较快的经济发展速度，对人才的需求量不断扩大。这一方面使得越来越多的人才回流；另一方面也对发展中国家的人才具有较强的吸引力，甚至也引起了发达国家人才的浓厚兴趣。因此，亚太地区与其他地区之间的人才循环现象越来越明显。

②收入水平提高和老龄化，国际间生活移民机会剧增。随着全球范围内老龄化发展趋势的到来，由此导致了国际间的移民机会剧增。在这次浪潮中，成都城市营销如果开展得力，很有可能会吸引大量的发达国家的老龄定居者，而这部分群体具有相当的经济能力和消费能力。

③中国崛起和西部开发的机会，以及统筹城乡综合配套改革试验区的确立。中国的迅速崛起，产生了大量的工作及创业机会，以及中国城市日新月异的国际化程度，无疑吸引了世界的瞩目。而西部作为我国开发的重点其发展潜力更是不容忽视。成都被确定为中国统筹城乡综合配套改革试验区，这既是对成都城乡统筹发展模式的肯定，也表明了成都是未来中国发展的重要极点，在政策、资源等方面都将获得诸多优势。

④追求休闲生活的风潮，工作生活平衡潮流。全球经济的飞速发展，使得工作与生活的压力越来越大，追求休闲生活，追求工作生活平衡，正

成为越来越多人的共识，且已发展成为一种崭新的生活理念与模式。那些在这方面具有优势的企业或者城市将被人们推崇。

⑤全球生活方式的转变，追求多元新奇的生存状态，以及对中国文化的向往。追求多元化的生活方式成为时代潮流。欧美的消费者希望尝试多元生活方式，体验不同的文化感受，中国文化是吸引他们的重要因素。

（4）威胁

①城市竞争加剧，吸引人才面临更大压力。全球化与区域一体化使得城市之间的竞争加剧，东部沿海显性发展，已经形成先发优势，周边城市的迅速崛起，给成都在吸引人才方面带来了巨大的压力；全球化与区域一体化，导致人才流动的范围不再仅仅局限在某一区域或者某一个国家。在中国，东部沿海地区的城市发展较快，且已经形成了一定的规模与先发优势，再加上成都周边城市的迅速崛起，这都给成都在吸引人才方面增加了难度。

②宜居城市定位繁杂，成都如何独树一帜。城市的生活质量和宜居竞争力越来越受到重视，许多城市纷纷将自己定位为宜居城市、休闲城市，这使得城市在人居方面的竞争力往更深层次、更具体层面发展。基于此，成都的发展要体现差异化，提供给消费者与众不同的特殊价值。

③经济的迅速发展，可能削弱成都的闲适特点。许多城市在城市化的进程中都出现了不同程度的文化变迁，生活方式的剧变，传统的文化和生活方式都受到不同程度的破坏。成都在生活品质方面的优势地位，休闲的文化特色，同样受到严重威胁。

④宣传不周和外界误导，休闲引致不求上进和懒惰的印象。某些程度上，"少不入川"正是成都休闲品牌负面印象的暗示。许多消费者认为，成都是一个适合度假的地方，但是不适合工作与就业，主要因为休闲引致的不求上进、懒散的印象。这其中既有成都宣传推广不周严的原因，也存在着消费者误解的因素。总之，要清除人们对成都休闲的负面印象尚需时日。

（5）SWOT对策分析

综合上述SWOT分析，我们可推导出如下基本的对策（如表4-20所示）。

表 4 – 20　宜居成都的 SWOT 分析对策

	S（优势）	W（劣势）
O（机会）	优势—机会（SO）战略： 一区一平台—优势	劣势—机会（WO）战略： 完善引智机制，强化战略规划
T（威胁）	优势—威胁（ST）战略： 深化休闲内涵，突出产业优势	劣势—威胁（WT）战略： 打造引智品牌，加快人才积累

优势—机会（SO）策略：一区一平台—优势

指的是依托成都统筹城乡综合配套改革试验区和软件产业平台，加快人才引进。

劣势—机会（WO）策略：完善引智机制，强化战略规划

成都"休闲之都"的美誉在国内虽然小有名气，但是在国外却鲜有人知。成都迫切需要打造真正的国际化人居品牌，成为充满中国文化气息的、国际化水准的人居中心。

优势—威胁（ST）策略：深化休闲内涵，突出产业优势

成都目前的人居国际化严重不足，适合国际顾客需求的人居产品极其有限，希望通过动漫、游戏软件等突出产业的优势带动高水准人才迁移。

劣势—威胁（WT）策略：打造引智品牌，加快人才积累

周边城市对人才的"掠夺"要求成都唯有坚定不移地打出"引智"品牌，才能形成优质人才的积累，实现未来成都的可持续发展。

2. 竞争分析

（1）总体情况

①宜居特色拥有较好的认同基础。经过近年来营销工作的开展，成都在国际人居市场上已经具备了初步的竞争力，其文化、生活方式及商业机会逐渐被目标人群认知，并初步显现出独特的局部的竞争优势。

从对国际顾客 17 项针对成都各方面认知调研来看（如图 4 – 20 所示），绝大部分表现不错，认可度较高（该项指标评价为"4 = 较好"或者"5 = 非常好"）的国际顾客比率均在 40% 以上，而持较低评价的仅不足 20%。其中，更有超过 50% 的国际顾客强烈认同下列指标：成都的城市起源充满神话色彩，具有大量独特的历史与文化遗迹，夜生活丰富多

彩，文化环境有独特魅力，生态环境好，居住环境舒适，非常适合会展，有符合自己城市特点的产业。

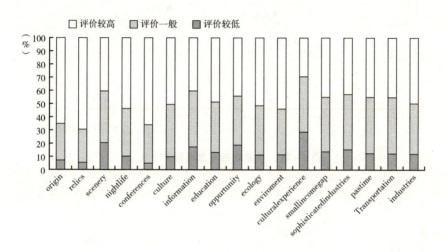

图 4-20 国际顾客对成都宜居评价

但是，与已经成为国际性宜居城市的竞争者如北京、上海、广州等相比，成都在许多方面仍存在较大的差距。比如，在文化体验上面，成都表现很差，这与拥有丰富的文化资源形成了鲜明对比，从一个侧面说明成都的城市营销工作仍然存在较大的不足。其表现为：国际知名度不是很高；国际性的定居者及其他目标群体的数量有限；国际化的人居环境建设比较落后；缺乏良好的人才引进机制与平台。

②公共文化资源具备一定的基础。公共文化资源在宜居指标中占有重要位置，成都的公共文化资源，特别是针对国际营销的文化资源已具备了一定的基础（如图 4-21、4-22 所示）。

（2）竞争者类型

城市宜居指标实质上是由经济指标和生活指标构成，因为在人才的引进中，目标人群——创业性、技术性移民不会单纯的因为居住条件的优劣来选择定居地。实际上，国际性的移民中心城市都是经济和生活并重的，宜居与经济可以和谐发展。因而，课题组以人居 GDP 收入为横轴，以生活质量为纵轴，做了成都在全球所处竞争地位的散点图（如图 4-23 所示）。

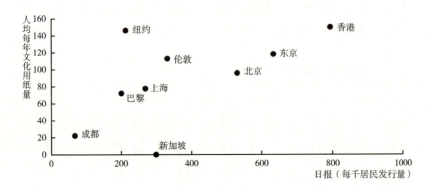

图 4 - 21　国际城市新闻出版产业比较

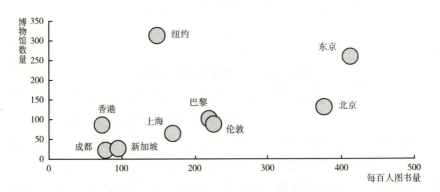

图 4 - 22　国际城市公共文化设施比较

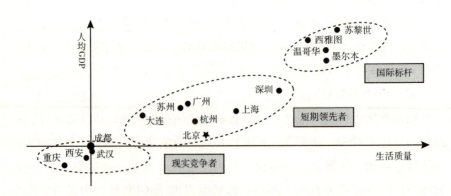

图 4 - 23　成都人居城市全球竞争者分析

资料来源：课题组研究总结。

从图可以看到，几个国际性的移民中心城市的人均 GDP 都非常高，远远领先于中国城市，而且其生活质量也高于国内城市，它们是成都发展的标杆城市。

在国内城市中，深圳、上海、北京、苏州、杭州、广州的人均 GDP 与生活质量都要高于成都，短期内属于领先者。

而成都、武汉、重庆与西安四个城市彼此之间没有明显的优劣势，而且从地域及文化来看，这几个城市也具有一定的相似性，它们之间构成现实的竞争者。

（3）主要竞争者

通过前面的分析，我们可以清楚地认识到，成都在短期内的现实竞争者是邻近的西部城市，即武汉、西安、重庆。短期内的领先者将成为成都在未来一段时间内的竞争者，这些领先者虽然目前对于成都具有一定的先发优势，但是，并不构成绝对的领先优势，短期内，成都通过对局部条件的迅速改善，对于特定的人才应该具有一定的吸引力。

从国际人居产品的品质来看，与现实竞争者相比，成都最具竞争力的要素是居住环境、购物环境、社会公平环境、社会协调环境和社会包容环境；比较具有竞争力的要素是生态环境和社会秩序，但在教育方面均落后于其他城市，表明教育仍然是成都的薄弱环节（如表 4 - 21 所示）。

从公众对于成都的品牌感知来看，成都的得分都非常高，但宜居忠诚度不高。整体表明成都通过其他方面的魅力弥补了硬件设施的不足，其中可能包括独特的文化和生活方式等（如表 4 - 22 所示）。

成都的竞争城市各具特色，在产业的发展、生活质量、引进人才的侧重点和营销工作方面都有自己的特点。课题组在大量文献检索的情况下，提炼了这些城市在引进人才方面的硬件条件及营销特点（如表 4 - 23 所示）。

3. 标杆城市经验及启示

由图 4 - 24 可以得出，国内城市与国际城市在人居平均水平上存在较大差异，但成都与国内城市的平均水平基本相当。这意味着成都与国内大多数城市一样，面对着共同的问题——城市自然资源匮乏。

表 4-21 成都人居城市功能要素竞争分析表*

指标城市	居住环境	消费环境	出行环境	教育环境	娱乐环境	社会治安	生态环境	功能感知指数
深 圳	0.865	1	0.857	1	1	0.912	0.567	3.256
北 京	0.468	0.857	0.286	0.674	0.933	0.717	0.733	2.519
上 海	0.74	0.893	0.357	0.655	0.652	0.49	0.857	2.412
昆 明	0.701	0.485	0.643	0.383	0.639	1	0.752	2.123
杭 州	0.535	0.559	0.429	0.474	0.595	0.782	0.966	2.102
成 都	0.737	0.641	0.5	0.299	0.47	0.729	0.866	1.977
广 州	0.753	0.699	0.286	0.655	0.391	0.611	0.465	1.94
武 汉	0.619	0.322	0.857	0.403	0.346	0.471	0.733	1.73
重 庆	0.464	0.605	0.5	0.32	0.341	0.234	0.656	1.594
西 安	0.459	0.385	0.5	0.368	0.35	0.412	0.687	1.522

* 数据来源：倪鹏飞主编《中国城市竞争力报告 No.5》，社会科学文献出版社。

表 4-22 成都人居城市要素品牌感知状况分析表*

指标 城市	自然环境优美度	城市文教满意度	城市医疗满意度	城市市民亲和力	城市文化吸引力	就业满意度	宜居忠诚度
深 圳	1	0.691	0.683	0.869	1	0.829	0.492
北 京	0.912	0.768	0.603	0.654	0.8	0.716	0.188
上 海	0.529	0.768	0.603	0.618	1	0.82	0.031
杭 州	0.684	0.768	0.603	0.89	0.8	0.912	0.538
昆 明	0.558	0.614	0.444	0.872	1	0.782	0.364
成 都	0.545	0.691	0.603	0.942	1	0.908	0.015
广 州	0.583	0.768	0.683	0.788	0.8	0.832	0.376
武 汉	0.455	0.845	0.762	0.699	0.6	0.828	0.079
西 安	0.454	0.614	0.524	0.806	1	0.804	0.117
重 庆	0.576	0.614	0.444	0.719	0.6	0.721	0.08

注： 　　代表该项指标表现排名第一；

　　 　　代表该项指标表现排名第二；

　　 　　代表该项指标表现排名第三；

* 数据来源：倪鹏飞主编《中国城市竞争力报告 No.5》，社会科学文献出版社。

表4-23　竞争城市营销活动分析表

竞争城市＼营销活动	重庆	成都	西安	武汉	大连	杭州
现有国际顾客地域分布	重庆常住外籍人士的地区来源比较单一，主要来自亚洲，而这些亚洲国家大多数属于发展中国家，消费水平比较低	成都常住外籍人士的地区来源比较复杂，各个国家均有，主要为中华文化所吸引	西安外籍人士的主要来源比较复杂，各个国家均有；也有大部分外国人是由于西安的科技实力而在西安投资于高科技行业。归国留学人员在西安创业成为西安引进人才的另一重点	据统计资料显示，武汉是法国在华投资最密集、文化密度最大的城市之一；武汉是法语教学和法国文化传播在华最为广泛的城市之一；武汉是法国人在华居住数量最多的城市之一	在大连的外籍人士主要来自日本和韩国等周边国家，尤其是日本，成为大连人居环境第一客源国	在杭州的外籍人士主要来自于欧洲，如西班牙、比利时、意大利等发达国家，消费能力比较强。当然，日本、韩国和美国也是杭州外国人的主要来源国
较有影响力的引进人才平台	博士服务团	国侨办引智引资重点联系单位；海科会	西安软件园；中创协会	"华侨华人专业人士创业发展洽谈会"	大连贸促会；大连海外学子创业周	杭州留学生创业园
引进人才活动	针对性的城市选择，比如组织汽车企业到底特律进行人才引进活动		着力打造"西安软件园"，雄厚的本地软件产业基础，人才比较优良好的产业生态环境	别具风情的法国街；首个国际学校于2007年9月正式招生；荷兰姑娘马逸莲开办武汉首家"洋保姆公司"	围绕信息产业现代化目标，以国家软件产业基地建设为核心，重点加强日本、印度软件开发人才的智力引进工作。促进大连——班加罗尔合作推广中心建设，引项目、引智合作推广中心建设；引智促进引资，引项目；日本人居住区	

资料来源：竞争城市的资料来源于各个地区的外国专家局网站，经课题组整理。

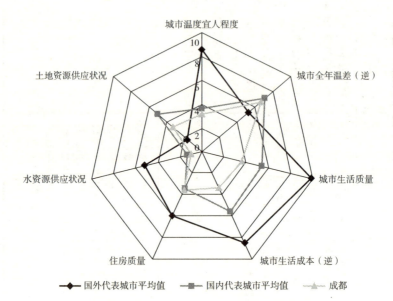

图 4 - 24　中外代表城市人居水平对比雷达图

注：国外代表城市包括：巴黎、日内瓦、苏黎世、温哥华、墨尔本；
国内代表城市包括：北京、上海、广州、杭州、武汉、深圳、西安、成都、
重庆

　　对城市生活成本和生活质量的统计分析得出，随着城市经济发展水平的提高，城市生活成本的增加是不可避免的，但只要居民的生活质量得到显著提升，就能实现良性循环。

　　——西雅图：全球和谐社区典范（借鉴度＊＊＊＊）

　　社区是社会的组成单元，人生活在社区中，整个社会的和谐必须建立在和谐社区的基础之上。可持续发展社区运动强调环境保护、经济发展和社会和谐在社区层面的有机结合，以此促进社区的整体福利增长，进而保证整个城市的和谐发展。

　　西雅图是最早开展和谐社区建设的城市之一，早在 1996 年，"可持续西雅图"就获得了联合国"社区指标最佳实施奖"。现在，还设有专门的社区部，成为全球社区建设的典范城市。在具体的实践中，Seattle 市提供了很多有益的经验与参照。

　　①在城市发展战略中开发了一系列享有盛誉的可持续社区指标。指标参考了社区成员的建议，获得了当地大学和科研机构的学术支持，政府组

织和非政府组织分别提供了部分经费，并且定期研究反馈结果，修订指标体系，发布年度报告。

②系统而程序化的公众参与机制。西雅图在城市的建设与开发中特别强调公众的有效参与，以此来提高城市的凝聚力，并保证实施过程的有效监督。在参与过程中，制定了比较系统的规划操作程序，程序涉及的具体内容根据项目特点，由政府、专家、股东共同协商制订，公众评判、监督。为保证公众参与的质量与效率，尽量量化程序中的各项指标，使结果规范实用、细致、有效，具有很强的可操作性。

③自然环境的保护，突出人与自然的和谐。在具体实施中，降低对城市资源的使用，灵活地进行交通机动化，鼓励公众采取绿色环保可持续的生活方式。

④多元文化的保护，鼓励创新、创意。西雅图也是一个较多种族共居的城市，30%的人口由包括中国、印度、日本、韩国等在内的亚洲人和土著居民、部分欧洲移民组成。西雅图在发展中，尊重并保护这些移民的生活权利。和谐的西雅图是充满着创意、创新的地方，微软、波音等行业巨子都落户于此。

——墨尔本：多元文化融合之都（借鉴度 ***）

墨尔本是澳洲第二大城市，也是最大的教育、商业、多元文化交流及移民集中地之一。现在（2006年的数据）每年大约有10万名新移民抵达澳大利亚，当中约1/3在墨尔本定居。多元化的文化共存、融合无疑是墨尔本的特点，而且也是其吸引外来移民的重要因素之一。

在墨尔本，共有140多个民族和睦相处，并保留着各自的传统和特色，形成了多姿多彩的社会，成就了社会的繁荣。各个民族的文化活动在这里都能找到。墨尔本在保持多元文化特色方面对其他城市有很多启发。

①建立某一民族的国际化社区，依靠集群效应来吸引特定移民。比如，最具代表性的三个社区：保存中华文化的唐人街，极具意大利风情的拉岗（LYGON）街，以及充满希腊色彩的LONSDALE街。

②举办各个民族的文化节事。例如，浴佛庆典已经迈入第12个年头，其已成为墨尔本市政府重要的多元文化融合活动之一，亦是民众关心的年度盛会。自2006年起，墨尔本佛光山首度获墨尔本市政府、维州多元文

化委员会（Victoria Multicultural Commission）、联邦广场三个重要单位的支持，成为墨尔本市第一个获准悬挂宗教旗及浴佛节旗帜的佛教团体。

墨尔本成功地融合了多元文化，融合了人文与自然，连续多年被总部设于华盛顿的国际人口行动组织（Population Action International）评选为"世界上最适合人类居住的城市"。

——苏黎世：休闲与效率的完美统一（借鉴度 *****）

苏黎世是瑞士第一大城市，是工商、金融业和文化中心。在英国美世人力资源顾问公司主办的"世界上最适合居住的城市的调查（2006）"中，苏黎世位居第一。

苏黎世作为国际性的金融中心，其居民的生活状态却与东京截然不同，与东京的紧张、有效率相比。苏黎世显得惬意很多。苏黎世是效率和休闲的完美结合，生活休闲，但工作非常有效率。

苏黎世的这种模式与成都很有相似之处，为成都的未来发展提供了一个很好的经验。积极地休闲，发展工商业、金融业将是未来成都发展的一个重要模式。

——温哥华：贴近自然，宜居宜商（借鉴度 *****）

温哥华在吸引国际移民及城市宜居建设方面的口号是"贴近自然"，通过科学的城市规划、大片公共空间的建设，使得这一口号得以实现。温哥华不仅是全球性的宜居城市，而且在最近由万事达信用卡（MasterCard）公司进行的一项调查显示，温哥华被列为"全球50大商业中心（Worldwide Centers of Commerce）"之一，排名第28位。温哥华在构建宜居宜商城市过程中总结了很多经验。

①科学规划，建设公共空间。温哥华市政府利用市中心17公顷的土地修建了5个巨大的公园，出资修建了社区服务所需的各种设施，包括用于幼儿护理、文化娱乐、体育活动、艺术创作的场地设施，并积极参与学校和图书馆的建设。从布局来看，居民居住社区和各种服务设施多与公共开放空间联系在一起，环境优美、交通便利，可以就近为居民提供服务，这与北美城市郊区的传统做法形成了鲜明的对比。传统的公共空间往往就是一个停车场或者公路干线。这些开放空间的建设对于塑造和谐的社会氛围和休闲的生活方式起到了重要的作用。

②良好的社会治安，和谐的社会氛围。英国权威金融刊物《经济学

人》（The Economist）的调查显示，温哥华的城市犯罪率相对较低，社会稳定、恐怖风险小，并且拥有高度发展的基建设施，因此成为傲视全球的理想居住地。

③不同文化的国际化社区建设。温哥华不仅有加拿大最大的中国城，还有象征着温哥华文明起源的瓦斯镇，以及日本城与小意大利区。这些社区都是吸引国际移民的靓丽名片。

④国际移民带动经济与产业发展。近些年来，亚裔新移民的涌入，直接带动了温哥华工商业的发展。温哥华已经跃居为加拿大不列颠哥伦比亚省的工商业和金融中心。

——福冈：城市国际化需要明晰战略（借鉴度 ****）

福冈市是九州地区的中枢城市，聚集着经济、行政、金融、信息、休闲等多种城市功能。在福冈市的产业结构中，以服务业、批发零售业等为中心的第三产业占到了市内生产总值的近90%，其市场影响力波及至全九州地区与本州南部地区。福冈在其城市国际化实践中，坚持战略指引，取得了巨大的成功（如表4-24所示）。

表4-24　福冈市城市国际化战略

战略目标	在1987年制定的"福冈市基本构想"中，提出了建设"充满活力的亚洲基地都市"的目标,积极推进与亚洲各地区的友好交流
战略的第一项	拥有可供人们交往和货物流通的国际交通基础设施,成为九州、西日本地区与"亚洲、世界连接的门户都市"
战略的第二项	成为"东亚的商务、物流都市"
战略的第三项	成为"亚洲的国际旅游文化城市"
战略的第四项	"多元文化共存的地球市民都市"
战略的第五项	"在亚洲创造知识与文化及培养人才的基地都市"
战略的第六项	"为解决亚洲课题作出贡献的都市"

通过这几个城市的典型案例，我们可以发现以下几个特点：

第一，宜居与宜商并不矛盾，两者在这些城市都得到了很好的统一协调发展，这些城市都在服务业、金融业及创意产业方面具有巨大的优势；

第二，适宜移民的城市必定是多元文化共存包容的城市，多元文化减低了移民进入的适应性风险；

第三，宜居城市对于生态与环境的保护是必备条件；

第四，国际化社区的建设是吸引国际移民的重要举措。国际化社区有利于降低国际移民的认知风险，加快移民融入当地社会的速度。

（二）市场细分与选择

成都人居的国际营销必须定位于全球市场的高度，但资源的有限性和稀缺性决定了成都不可能为全球市场的顾客服务。在人才引进和吸引移居方面，顾客人数太多，而需求又各不相同，因此，成都需要辨认能够为之最有效服务的细分市场，以期将优势资源集中在目标市场，进行高效的目标营销（target marketing）。因此，科学而严谨的市场细分与目标市场选择至关重要。

1. 人居市场细分

辨别成都人居市场细分主要通过三个步骤完成，即全面调查阶段、统计分析阶段、细分市场说明阶段。

（1）全面调查

课题组在经过二手资料收集和前期的探索性调研基础上，开展了成都国际营销国内和国际两项市场调查。国内调查涉及 4 个城市，样本 300份，其中有效样本 240 份；国际调查覆盖 3 个大洲的 10 个国家，样本 10万份，其中有效样本 500 份。

在人居城市方面，搜集了被调查者对成都人居城市功能和情感等多方面属性的态度及其重要性的评价。

（2）统计分析

——变量的因子分析

通过对 18 个研究问题进行因子分析，剔除掉相关性很大的变量，可以将成都人居营销的研究归结为四个主要维度：

因子 1：城市宜居性（包括容易获得城市信息、居民收入差距小、对外交通网络发达、优秀的教育机构等）；

因子 2：产业发展情况（包括现代化高端产业、代表城市特色和实力的产业、有很多商业机会等）；

因子 3：自然生态环境（包括自然景观、良好的生态、宜人的环境等）；

因子 4：历史文化因素（包括城市起源的独特神话、历史文化遗迹、体验高水平的文化活动等)。

以上四个维度集中反映了城市顾客对于人居属性的态度和偏好,为市场细分提供了第一个细分变量。同时,考虑到人居城市营销的固有属性,地理因素是另一重要的细分变量,而且地理细分(geographic segmentation)是进行市场细分时应考虑的首要方法。本次课题的调查覆盖了国内和国际多个城市,因此,按照空间范围分为国内、亚洲、欧洲、北美和其他五个方面,被访者所属地域范围成为第二个细分变量。

——样本的聚类分析

根据上述城市顾客对成都人居营销不同维度的评价以及其所属的地域范围,识别出具有显著差异的细分群体。课题组采用的方法为对样本进行聚类分析(如表4-25所示)。统计分析结果显示,成都人居营销的目标顾客可以分为四个类型,他们对于人居属性的评价有很大差别。

表4-25 聚类分析得出的细分市场类型

因子\类型	类型1	类型2	类型3	类型4
城市宜居性	0.64043(±)	-1.40719(-)	0.72032(+)	0.42194
产业发展情况	0.93871(+)	0.68094(±)	0.14507	-0.24935
自然生态环境	0.09989	-0.77469(-)	0.74636(+)	-1.21376(-)
历史文化因素	-0.80901(-)	0.18825	0.24039	0.90367(+)
城市顾客类型	创业投资者	技术管理者	生活移民者	科研学习者

(3)细分市场说明

不同类型的顾客对人居属性的评价显示出该群体的特征,在充分体现该群体特征的基础上,四个细分市场被命名如下。

①创业投资者。类型1:对成都的产业发展情况有非常高的正面评价,而对历史文化因素的评价很低,对成都的宜居性评价较好。该细分市场注重经济和产业发展,对居住等相关因素亦有一定关注,最有可能因到成都投资而选择在此居住,故将其命名为"创业投资者"。

②技术管理者。类型2:对成都的城市宜居性和自然生态环境均呈现强烈的负面评价,只对产业发展情况评价较高。此类细分市场的特征是,移居成都的动力很单纯,仅为经济因素。将其命名为"技术管理者"是因

为技术和管理人才的流通一般只受公司政策影响，对某城市生活居住环境等的考虑很少。

③生活移民者。类型3：对成都的各方面评价均较好，突出在城市宜居性和自然生态环境方面。该群体特征十分明显，最有可能因为被成都的生活状态和自然条件所吸引而选择到此生活，是单纯的"生活移民者"。

④科研学习者。类型4：对成都的历史文化因素评价非常高，认为城市宜居性较好，而自然生态环境很差。这个细分市场会被文化因素吸引而选择移居成都，故称之为"科研学习者"。

2. 目标市场选择

在众多的细分市场中，成都应选择能够发挥自身优势的方面作为目标市场，并全力满足其需求（如表4-26所示）。各细分市场中不同国家所占比重不同，通过计算各类型市场中每个国家所占百分比，来确定有针对性的目标市场，为制定具体战略奠定基础。

表4-26　成都目标市场选择战略图

类型 \ 地域	亚洲				北美		欧洲		
	东亚、东南亚			南亚					
	日本	韩国	马来西亚	印度	加拿大	美国	英国	法国	德国
创业投资者									
技术管理者	动漫科研、游戏软件开发			软件开发					重工业制造业
生活移民者	退休老年人				向往独特文化的年轻人				
科研学习者		留学生	留学生	软件开发科研人员					

（1）东亚、东南亚地区

东亚、东南亚地区包括日本、韩国和马来西亚，这三国表现出很强的共性。对成都独特的历史、文化、城市起源和生态环境有较高的认同（"4＝较好"与"5＝非常好"的比率占到50%左右）。从这一市场的整体来看，文化驱动的生活移民者和科研学习者占比最多，其中，日本市场的技术管理者占有一定比例，韩国的创业投资者群体数量大于其他两国（如图 4 - 25 所示）。

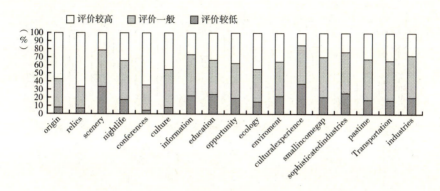

图 4 - 25　东亚、东南亚地区顾客对成都宜居评价

（2）北美地区

以美国和加拿大为代表的北美地区对成都的整体评价很高。历史文化因素作用突出，对城市宜居属性和产业发展情况也有较好评价。北美市场创业投资者群体和神秘东方文化驱动的生活移居者居多，成为主要目标市场（如图 4 - 26）。

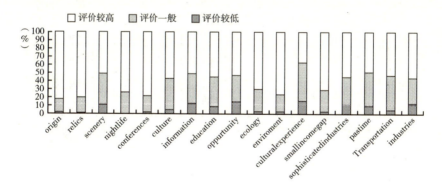

图 4 - 26　北美地区对成都宜居的评级

（3）欧洲地区

欧洲地区包括法国、德国和英国。这三个国家对成都独特的文化、历史和城市起源的评价很高，历史文化细分变量起到重要作用，同时，对于自然生态环境方面的评价，整体呈现一般水平。相应地，在欧洲市场中，

创业投资者表现出一定的倾向性，亦有部分技术管理者出现（如图 4 - 27
所示）。

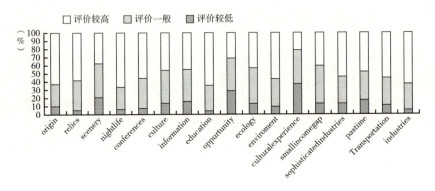

图 4 - 27　欧洲地区对成都宜居的评价

（4）南亚地区

以印度为代表的南亚地区对成都的评价与东亚、东南亚地区呈现出明
显差异，其认为自然生态环境、城市宜居性和产业发展状况均表现良好。
其中，技术管理者市场占有大量比例，生活移居者占比也很高（如图 4 -
28 所示）。

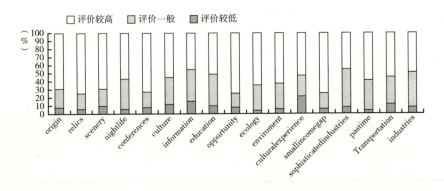

图 4 - 28　南亚地区对成都宜居的评价

课题组根据国际调研结果分析后，发现 4 类人才的流动大致具有以下
特点。

①创业投资者。这类群体拥有资金与理想，他们试图到全球任何可能
成就一番事业的地方开拓自己的事业，他们的跨国流动常常受到某些地区

和国家投资政策的吸引。对这一跨国流动群体具有吸引力的常常是那些税收政策优惠、能够获得投资高新技术所必需的风险资本的地区，以及具有产业优势的区域，比如美国的硅谷。

②技术管理者。经营管理人员的流动主要受公司决策的影响，特别是受到公司向海外拓展业务的影响。经营管理人员的流动往往是偶然发生的，因为他们的流动往往不是个人事先计划好的，而是由所供职的公司的合并或扩张活动所引起。这些经营管理人员最初在国外多是短期停留，到后来常常变成长期停留和永久居住。

一般而言，在公司国际化的早期阶段，需要更多的管理人员定居国外以开拓海外业务。在后期巩固海外业务的阶段，由于公司的海外业务已经与当地环境相融合，需要移居国外的管理人员逐渐减少。不过，各国公司在具体实践中所采取的策略可能不同。例如，日本的公司无论在国际化的早期还是后期阶段都倾向于依靠本国员工来开展国外业务。海外投资的方向常常影响着公司高技能人员跨国流动的方向。由于美国、欧洲和日本等国家的企业十分重视在东南亚投资，因此，流入东南亚国家的高技能人员多是来自这些国家。同样的原因，英国每年都派遣大量专业人员到澳洲去工作。

而技术人才跨国流动的动机首先是经济利益，根据预期报酬来作出关于跨国流动的决定。因此，他们往往流向最需要其技能并且报酬最高的地方。这一特征使得工程技术人员的跨国流动同一个国家的国民经济状况密切相关。其次，在很大程度上受到移民政策的影响。

③生活移民者。生活移民者在选择国家与城市时，主要看重的方面是国际性的生活质量、生活成本、生态环境等宜居条件，同时，能否感受多样性的文化，提供多样性的文化体验，也是影响这一群体的重要因素之一。

④科研学习者。一般而言，科研人员在选择国外学术机构时特别看重其在学术界的声誉（具体体现在学术机构的研究团体、出版物、工作条件等方面），以及国家或者学术机构的学科优势。

科研人员在选择政府和企业进行跨国流动时考虑的因素更为复杂，包括是否有利于发挥个人专长，是否有足够的科研费用、实验条件，薪酬是否优厚等方面。

学生群体是劳动力市场的来源。他们的跨国流动主要受政府和教育科研机构政策的影响。随着经济全球化的发展，本国企业越来越多地开拓海外业务，越来越多的国家鼓励本国学生出国学习或工作，以便培养更多的国际化人才。

吸收大批留学生对留学生受入国（host country）来说很有好处。许多留学生毕业以后希望能有更长时间的停留，有的希望可以永久居留，这些人将成为当地所需要的高技术人才。

综合来看，一个国家吸引海外人才的渠道是否畅通，在影响人才流动的因素方面是否具有激励作用，决定了一个国家对各种人才的吸引力的大小。目前，各个国家、地区、城市、公司、大学等越来越重视吸引各种跨国流动人才，并针对影响跨国人才流动的因素不断推出新的措施进行人才竞争。美国《1990 年移民法》将就业移民配额由 54000 人提高到 14 万人，并增列投资移民方案。在就业移民方案中，突出重视吸引第一职业类别人才（包括杰出人才、跨国公司主管、优秀研究人员和教授等）。而低技术性劳工移民的签证配额将从每年 18000 名降到 1 万名。

（三）成都市人居国际营销策略

1. 成都人居营销目标与任务

（1）成都人居营销目标

根据对成都营销的 SWOT 分析，结合竞争城市的具体情况，并参照国际都市的基础上，成都城市人居营销的目标可以确立为：将成都打造成为具有一定国际知名度的宜居城市，使之成为国际人才宜居宜业的乐土，为成都实现经济发展战略转型和建设国际化城市提供支持，巩固成都作为国内一流宜居城市的地位，并初步形成国际性宜居品牌。具体来看，可以将其分拆为以下几个方面：

①打造国际宜居品牌。在国际人才宜居宜业方面具有一定的国际知名度。

②建设国际性的和谐宜居之都。针对国际顾客的具体需求，将成都建设成为真正的国际性宜居城市；成都城市建设的目标可以概括成为：国际性的和谐宜居之都——传统与现代的融合，城乡融合，人与人的和谐，人与自然的和谐，工作与生活的和谐。

③人才创业与就业乐土。将成都打造成为全球性的特定产业人才聚居地与培养中心，成为国际人才流动的重要驿站。

（2）成都人居营销任务

在成都未来的发展中（2008~2012年），本着"以人为本"的理念，处理好发展与保护的关系、本地居民与外来人员的关系，完善城乡一体化，建设和谐成都，实现可持续发展。保护自然环境，营造宁静、清洁、祥和的居住环境；保护具有历史、文化、自然、宗教和精神价值的建筑及非物质形态的文化；完善城市基础设施和公共服务，建设便利、舒适、快捷的国际化水准的生活环境；完善医疗卫生和公共服务网络，提高居民生活质量，为到成都的投资移民、技术移民及生活移民提供美好的人居环境；开拓国际市场，形成成都国际宜居品牌。

具体来说，成都的人居营销任务如下。

①创建国际宜居城市，打造东方田园城市品牌。成都的宜居定位是"东方田园城市"，未来需要加大对此定义的推广力度，让全世界都认识成都；要想成为国际性的宜居城市，成都需要全力在理想客户群（投资、技术人才及高端定居者的来源地）——欧洲及北美等地区取得突破。

②建设国际化的硬件环境。完善并建设符合国际化水准的城市基础设施、公共服务体系，建设国际化社区，配备符合国际顾客消费习惯的设施，如医疗、教育、饮食等；开拓发展新的国际航线，方便国际投资或者技术移民的商务需求。

③建设国际化的软环境。彰显成都"积极休闲、开放包容、张弛有度、中国文化"的国际人居环境品牌；构建和谐的社会氛围，培养人与自然、人与社会社区和谐共处的意识；通过学校教育、家庭教育、奖励措施、新闻宣传等方式，加强人文道德教育，引导尊重知识、尊重人才和积极进取的社会风气，营造创新开放、公平竞争的社会氛围，使成都成为人才的聚集地与培养地。

④专业管理，重视协调。实施真正的专业管理，是成都城市营销的必然选择。这就要求各个管理功能（计划、组织、领导、控制）方面都得到科学合理有效地实施，整合营销管理，整合组织机构设置，重视机构之间的协调。

2. 成都人居营销定位体系

在前述研究的基础上，课题组提出了成都人居营销定位体系，并针对各个细分市场提出了传播的侧重点（如表 4 - 27 所示）。

表 4 - 27　宜居成都的定位体系

总体定位	核心信息	细分市场	沟通侧重
成都:东方惬意之都 Chengdu: Oriental Agreeable City	慢生活　快经济 Easy living & Exciting Economy	技术管理者	发展机会多,发展空间大,发展环境好;生活质量高及文化的情趣浓
	快乐城市 Chengdu:Cheer Dot	生活移民者	侧重文化的包容性(特别是时尚多元的文化以及人居环境国际化),和谐的社区氛围,同时强调人居的经济性和闲适性
	亚洲最具开放魅力的内陆城市 The most Opening Inland City	投资管理者	强调政策优势、市场优势、西部区域优势,以及文化和生活品质
	三千年的罗曼史 Three Thousands Years of Romance City	科研学习者	科研基础、实验条件、人才政策和独特的生活氛围

注:"东方惬意之都"主题,包含了创业乐土、休闲、快乐、满足、幸福等主观感觉,切合成都"休闲创业,轻松生活"的特点。

（1）总体宜居形象定位

定位：东方惬意之都（即亚洲最和谐的宜居名城之一）

其中，成都的和谐有几个方面的含义（如图 4 - 29 所示）。

①传统与现代的和谐。成都具有三千多年的悠久历史，同时又是一座充满生机与活力的现代城市，在这个城市中，川剧可以与超级女声共存，茶馆与酒吧同在，传统的东西并没有被新生事物所冲毁，反而呈现出相得益彰的乐趣。成都在经济发展的同时，一定要对文化进行保护与保持。

②城市与乡村的和谐。成都无疑是城乡统筹发展的典范，现在又成为我国统筹城乡综合配套改革试验区。成都在经济发展中，一定要利用这种优势，实现城市与乡村和谐发展。

③人与自然的和谐。成都重视自然环境的保护，其中府城河与沙河改造获得了"联合国人居奖"。成都无论从生活方式，还是生活环境，都可

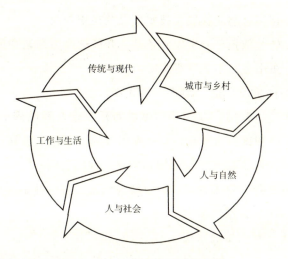

图 4 - 29 成都和谐创建关系图

以称之为"东方的田园城市"。

④人与社会的和谐。积极进行社区教育，广泛组织社区活动，强调国际顾客的参与，使国际顾客融入到社区中来。

⑤工作与生活的和谐。成都吸引国际顾客的一个重要点就是工作与生活的和谐，休闲中创造，创造中休闲，是成都生活的真实写照。

（2）定位分析

所谓细分市场定位是指在针对不同的目标群体时，在总体定位的基础上，适当的增加一些点，来丰富市场定位，并使具体的定位更具有针对性。

其一，在引进高级技术与管理人才时，定位应是：发展机会多，发展空间大，发展环境好，生活质量高。

其二，在吸引具有较高消费能力的定居者时，定位应是：中国的成都，时尚多元的文化，人居环境国际化（住在成都与住在巴黎、纽约没有什么不同），和谐的社区氛围。

其三，在吸引投资移民时，定位应强调政策优势，市场优势，西部区域优势。

3. 成都人居营销战略路径

（1）战略重点

①全面沟通。以系统化、网络化、机制化的方法吸引华人、华侨、留

学生中的投资移民、创业移民及技术移民及在华外商。

②重点突破。依托现有资源和条件，开展选择性沟通和推广，力争在欧洲、北美、东南亚、南亚取得突破。

（2）战略性阶段步骤（2008~2013年）

前期边建设边营销，以产品、渠道的开发建设和品牌的规划塑造为主；后期以推广和维护为重点，具体可以分为以下几个步骤：

2008~2009年，政策环境和规划思路，推广为辅；

2009~2012年，基础建设、项目建设为主，推广并重；

2012~2013年，推广为主。

4. 成都人居营销策略措施

根据传统的市场营销学理论，结合城市营销实际，成都市场营销的策略可以从以下5个方面进行：

（1）产品策略

围绕国外顾客需求进行产品开发，与竞争城市相比，力争率先实现人居环境的国际化。从竞争对手的动向来看，武汉在这方面已经取得了一定的突破。成都必须完善国际化的医院与医疗设施建设，解决好外国顾客的后顾之忧。在武汉的外国人自己创建学校及医院的经验值得学习。

建立国际化社区：无论是国际标杆城市的经验，还是竞争城市的实践，都展现了建设国际化社区的必要性。

创造良好的人才引进环境：学习香港的优秀人才入境计划，通过健全完善、保障良好的人才引进、激励及移民政策、机制与环境，增强对外国顾客的吸引力。

注重社会和谐发展、保持休闲文化特点。开展一些社区活动或者市民活动，将成都生活方式、生活品质进一步提升。

（2）渠道策略

①成都城市文化推广渠道设计。城市文化是城市活力和品质的集中体现。城市文化推广是宜居形象推广的重要领域相关的主要渠道策略建议（如表4-28、图4-30所示）。

在进行渠道推广设计时，应充分考虑如下因素。

表 4 - 28 成都文化营销渠道成果及经验一览表

类 别	推广渠道
新闻媒体	成都日报报业集团等本地媒体
	中央媒体
	出版社
	外国媒体(美国国家地理频道、法国旅游频道等多国媒体)
	网络媒体(成都日报报业集团 DIGJOY 网络多媒体出版平台、天府在线、成都在线等)
各类节庆、赛事活动	中国西部(四川·成都)文化产业博览会
	第四届世界华文传媒论坛
	中国成都国际非物质文化遗产节
	成都民俗大庙会
	中国·成都国际桃花节
	中国国际花卉博览会暨花卉交易会
	世界客家恳亲大会
	成都城市电子竞技精英赛
	中国国际美食旅游节
对外文化交流	川剧等国内外巡演
	音乐剧《金沙》国内外巡演
	全球大熊猫恳亲之旅
	成都艺术双年展
	道教养生文化与当代世界学术研讨会
	文化产业论坛、文化创意产业与城市竞争力研讨会
	文物考古研究
公益活动推广	蜀绣"太阳神鸟"随神舟六号飞船在太空遨游 5 天,并在开舱仪式上展示
	成都图书馆"同心行动·成都讲坛"等公益性文化活动

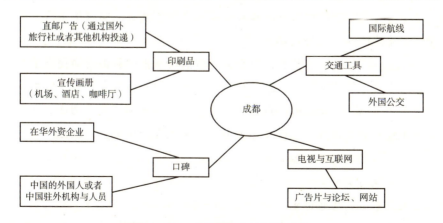

图 4 - 30 成都人居营销渠道图谱

要充分利用成都的人文资源优势、文化品牌优势和特色经济优势，大力拓展对外文化交流渠道，切实改变对外文化交流资源分散、特色不突出的状况，积极探索对外交流新机制，整合资源、统筹规划、形成合力，促进成都与国际间多方面的合作与交流。

通过政府、民间多种渠道，使成都对外文化交流由单一的政府间交流转变为政府和民间交流并举。

由单纯的交流访问演出转变为访问演出和商业有偿演出、展览并重，文化交流与经贸合作同步进行。

由比较单一的表演艺术交流转变为各文化门类之间，包括文物展览、文化产品展销以及文化人才、技术和信息等方面的全方位交流，形成多渠道、多层次、多形式的对外文化交流格局。

要积极创办国际性和国家级文化旅游节庆活动，参加国际文化艺术比赛，扶持文化产品出口。

充分利用境外媒体、互联网、报纸杂志、广播电视等传媒手段，广泛开展多渠道、多形式、多领域的对外宣传工作。

与企业联合、与相关城市进行捆绑宣传，达到事半功倍的双赢效果；通过地区协同策略，区域内两个或者多个城市联合到国际上进行宣传，将会收到良好的宣传效果，产生的影响更大，宣传成本更低。

以各种重大国际、国内经贸活动、赛事、会展为载体，大力宣传成都对内对外开放的措施，不断扩大成都文化在海外的影响，扩大成都知名度。

密切关注信息网络技术的巨大影响，通过互联网等高科技手段，广泛吸收和借鉴竞争者的优秀宣传技巧，注重文化创新，大胆改革，营造适合成都文化营销的一套现代模式。

②宜居形象接触点整合。整合营销传播为城市的营销传播提供了非常有效的工具，其中精粹之一就是接触点管理。课题组简要总结了成都城市营销的接触点，对这些接触点进行强化管理，将会起到事半功倍的效果。

③社区文化渠道。社区文化渠道主要由三部分构成：本地社区、国际化社区或园区、高校区域。

（3）沟通策略

★人才引进沟通策略

课题组在进行人才研究时，力图强调实用性与指导性，为此，专门提供了针对不同细分群体的引进模式与策略，给成都的人才引进工作提供真正具有启发性的建议。

①技术移民引进策略。参照国际上比较流行及成熟的理论及案例，我们认为，成都在进行技术移民时可供参考的模式大致有 3 种——整体引进模式、教育培训模式与科研合作模式。

首先，整体引进模式。企业引进：精选优势产品和优势企业，实施整体引进，这种模式将依托西部地区的特色产品和资源，聚集优势资金，集中力量引进几家优势产品或者企业。目前比较可行的是引进外资企业，或者将外资企业在中国的部分部门转移到成都。人才群引进：利用国家级高新科技开发区、大学科技园等小区域，集中引进人才群。实施科技型产品的孵化，并向当地企业输送孵化成果而非孵化原料。与国内外 500 强企业合作：在人才的引进上，可以合作办公司，将一部分部门或者培训机构设在成都；或者有计划派遣人才到成都工作一段时间，甚至是新员工在第一年来成都工作等模式。人才引进一定要采取多种模式，灵活机动，先吸引别人到成都来工作一段时间，然后再通过良好的人居和发展条件留住人才。

其次，教育培训模式。留学生计划：以本地高校为平台，吸引留学生，开展留学生计划，将优秀的人才苗子引到成都来。高级人才计划：吸引高级学者、教授到成都来。为他们设立专门的实验室或者科研项目等。例如，四川省现有的"高层次人才成都行"，重庆的博士团。但是成都的这些活动大都集中在农业，对高精尖人才的引进缺乏力度。国际科研与教育合作：利用国际间科研和教育合作，引进国外智力。国际学生实习：吸引国际大学生来成都实习，借以了解成都，在促进成都国际化建设的同时，这部分人也成为成都对外宣传的免费大使。

再次，国际合作策略。国外研究项目：到国外去办科学研究、技术开发中心和实验室；国外投资项目：向对方国家的研究机构、大学和企业投资，在当地直接利用国外智力。

②投资移民引进策略。利用现有的招商引资平台及政府部门，采取"走出去，引进来"的招商策略，多到国外目标区域举办推介会与洽谈会，搞好引资的平台建设，邀请拟吸引国际企业与投资者来成都参观、考察。在具体操作中，力图为顾客提供全面的解决方案。

③生活移民引进策略。以文化促定居：利用休闲、和谐和具有中国特色的文化吸引定居者；以旅游促定居：通过吸引旅游者到成都来，其中的一部分可能转化成为定居者；以创业促定居：将在蓉工作的国外人才转化成为成都的定居者。

★城市文化沟通策略

文化是市民自豪感、认同感的源泉，是市民生活方式特色的重要体现，而且"文化强市"也是成都市的既定发展战略。作为中国著名的文化都市之一，成都宜居品牌的推广，很大程度上体现为城市文化的营销与推广。

——构建公共文化服务体系，提升城市人文素质

公共文化服务体系主要包括先进文化理论研究服务体系、文艺精品创作服务体系、文化知识传授服务体系、文化传播服务体系、文化娱乐服务体系、文化传承服务体系、农村文化服务体系等七个方面。先进文化理论研究服务体系在公共文化服务体系中具有基础性和引导性意义。成都市高度重视构建公共文化服务体系，并把构建公共文化服务体系列入"十一五"国民经济和社会发展规划，提出构建"结构合理、发展平衡、网络健全、产品丰富、运营高效、服务优质"的覆盖全市的完善的公共文化服务体系的目标。

通过大力建设公共文化服务体系，广泛开展文明城市、文明村镇、文明行业创建活动，使城乡环境面貌能有较大改观，社会服务水平有显著改善，公民文明素质和城市现代文明程度有明显提高。

——全国性、全球性文化传播网络中加入"成都元素"

针对成都市文化品牌知名度较低的问题，可以通过在传媒影视等文化传播载体之外寻找能进入全国性文化传播网络的新体系。如果能在教材（包括中小学教材、大学教材、职业培训教材等）中加入"成都元素"，无疑是非常有效而且长远的方法。

——世界非物质文化遗产论坛永久地址

"中国成都国际非物质文化遗产节"举办期间，参加节会的国家、国际组织有68个，国内观摩代表团68支，共举办活动270项，直接参与人数突破400万人。"中国成都国际非物质文化遗产节"真正成为了"文化的盛会、人民的节日"，它不仅充分展示了世界文化的多样性和独具特色

的人类非物质文化遗产，而且对于提升我国非物质文化遗产保护的国际地位、提升四川及成都国际形象起到了积极的推动作用；同时，也有力彰显了我国在非物质文化遗产保护领域的务实措施，突出表现了四川及成都对这一领域保护的信心和决心。

——世界镇长圆桌会议

邀请世界各国、各地区的镇长与会，讨论"促进小城镇发展与改善居民生活"的永恒议题。打造"世界镇长圆桌会议永久会址"，每年定期召开。依据"永久会址"还可以举办其他国际会议和大型商务会议，从而形成会议商务中心。世界镇长之多，百年邀请不完，有选择性地邀请，有针对性的话题，对焦点话题的探讨，自然会形成新闻热点。

——国际书院联盟（复兴书院，弘扬国学）

成都素有书院文化传统，繁盛时多达数十个。四川省城高等学堂（四川大学的前身）就是 1901 年由著名的尊经书院、锦江书院、中西学堂等合并改组而成。复兴书院既有历史沉淀作依托，又有利于提升成都的文化品位。邀请国内和海外人士中有影响的国学家、汉学家来书院讲学，打造成国学研习基地，外国人汉学交流重要基地，有利于提高民族自信，提高人文学术创造力。

——国际（成都）现当代艺术沙龙

举办成都现代艺术沙龙，融合音乐、诗歌、摄影、新媒体艺术、油画和行为艺术等，激起市场的关注，吸引消费者的目光，以此突出成都现当代艺术文化的发展。利用活动的社会影响力，提升成都文化艺术的社会形象。一可以吸引普通民众的关注，二可以通过与政府、各文化单位和艺术家的联合，搭建一个文化艺术的舞台，陶冶普通民众的艺术情操，营造社会和谐气氛和雅俗共赏的格调，展现成都三千多年的深厚历史文化底蕴。

——世界诗歌城市联盟

"九天开出一成都，万户千门入画图。"这是作为诗歌元素定格在古诗文中的成都形象。成都，天然就是一座诗歌的城市，从西汉司马相如与卓文君的"才子佳人"成都，到盛唐李杜的诗酒成都，直到今天，成都的体温仍然是诗歌的体温，成都的气味仍然是诗歌的气味。

将世界各地诗歌城市联络起来，进行中西诗歌文化的对话交流，同时尝试将诗歌文化与成都的房地产、产业园、城乡一体化、休闲产业等进行融合。

(4) 合作策略

合作协调一直以来都是管理中的重要一极,部门越是分工细致,之间的协调就越显得困难。成都在进行人才的引进工作中,涉及的部门很多,因此部门之间的协调问题就成为营销策略中非常关键的一部分。其中,主要涉及以下几方面的合作:部门之间制定政策要协同;项目规划和项目落实要协同;公私间的合作要协同;部门之间信息要协同;人才引进和人才服务的协调。

(5) 人员营销策略

①重点传播。努力挖掘并讲述创业及生活移民的成功故事和幸福故事;积极邀请国际政治、体育、娱乐、影视明星来成都并配合媒体传播;历史文化名人的深度开发与传播。

②适当开发。大众文化名人,如余秋雨、易中天等,他们对成都的人文历史关注之深,研究之精,是引领民众深度认识成都的恰当路标。同时,他们又是享有较高社会知名度的人文学者。邀请他们来成都讲学、旅游,借助名人效应,并搜索名人的相关逸闻趣事、著作成果,使之对旅游者产生较强的吸引力。因此,成都在城市的发展中打文化名人牌是明智之举。

巧妙利用流行文化名人。充分发掘当代成都文化名人,对于发展文化旅游娱乐业具有重要意义。首先,大众文化名人对政策的敏感度较低,争论较少,各方的认识较一致。其次,大众文化名人本身的市场化程度较高,与文化产业里的一些高敏感度的领域相比,大众文化名人便于市场操作。最后,大众文化名人在成都具有巨大的消费市场,同时又具有一定的国内外影响力。

烘托学术名人。本地学术名人是成都文化原创和文化品牌的基础。成都境内的四川大学在道教、佛教研究方面具有极强的实力,尤其是道教研究被公认为全球第一,在儒学研究及《儒藏》的编纂上也享有盛誉,多年来,完成了许多国家级大型文化建设项目。基于此,要在文化及文化产业领域进行全面、深入地合作与融合,利用成都市的创新能力与品牌推广能力激活川大的文化研究专业力量,形成"优势互补,双赢共进"的局面。创造性包装、培养、引进文化大师,把成都建设成中国传统文化、现当代文化的重镇，提升成都市在中国文化体系中的地位，为成都的文化产业发展打下基础。

5. 宜居成都推广活动策划建议

课题组在学习其他城市成功经验的基础上，集思广益，提出了成都国际城市营销宜居方面的大型营销活动主题（如表4-29所示）。

表4-29　成都国际城市营销活动创意概要

年份	活动主题	参与方	活动重点	活动形式
2008	"福娃晶晶的幸福家园"大型推介活动	政府、房地产公司	突出成都千年以来良好的生态环境；成都的文化历史；成都的居民历史	成都文化及历史推介会 大型房地产推介会 向国际游客及记者发放成都宣传册 所有的外国记者转播人员将免费获得特制成都熊猫福娃一个
2009	人才招聘系列活动——成功之都	成都市人民政府与电视台、成都大型企业联合举办	国际人才招聘行动是成都对国际人才的渴望；国际人才也可以在成都安居乐业	进行全程转播 在节目前后，播放成都成功企业及个人的纪录片 配合洽谈会、招商引资会等政府大型会议
2010	全球动漫硅谷	政府、动漫企业、动漫协会	利用动漫优势，进行相关产业战略人才储备	面向全球主要有游戏软件开发专业的高校或地区招募高级教师，同时宣传四川省重点高校在此方面的优势 面向全球招考该方面留学生，突出教育产业的中国市场优势 建立国际合作机制，与国外先进企业及高校合作
2011	成都诱惑嘉年华	政府、各类文化休闲类企业、各类文化社会团体	强化成都文化的体验，弥补在此方面国际认知偏低的局面	集合美食、茶楼、川剧、传统工艺、麻将等各种成都元素，建成"移动式体验乐园" 每半年选择一个国际城市进行推介
2012	世界屋脊下的明珠	政府、旅游局	借势西藏推介成都；居住在成都，是爱好旅游的人的必选	

第五章
成都城市营销组织与管理

设计并确立城市营销规划组织是战略性城市营销的坚实起点。在城市营销战略的诸要素中，组织要素制约和决定着城市营销的其他战略要素，是城市营销战略得以落实和实施的有效保障和前提条件。

一 城市营销治理：成都的选择

城市营销与商业营销的最大差异，就在于不仅城市的营销主体、营销目标乃至城市产品本身是多样化的，而且主体之间、目标之间和产品之间也存在着复杂的相互关联。就营销的组织和控制方面而言，城市营销的难度显然更甚于企业部门。因此，仅仅依靠城市政府来规划和组织城市营销，不仅在理论上不科学，在实践中也行不通。

从目前国内外不同城市的营销实践来看，尚未形成清晰可辨的城市营销组织模式。但公私协作（PPP）模式、网络化治理模式已经被广泛采用。

首先，城市营销组织是一个网络化、多层级、开放性的系统。地区、国家乃至来自各个部门或领域的城市营销者，都有可能依其政治和经济的关联而组成治理网络。同时，治理网络进一步向水平方向扩展，地区间、城市间的协调及联盟显得越来越重要。

其次，城市营销组织强调对不同群体的整合。在美国，城市营销组织一般由公共部门和私人部门的代表共同组成。欧洲的城市营销组织更多地由城市政府官员组成。而亚洲的普遍模式，尤其是除新加坡和香港以外的地区，通常是由本地区的政府部门官员组成一个规划小组，有时也会雇佣外部顾问。亚洲国家的城市营销组织通常表现出很明显的政府色彩，政府所发挥的强势作用使得组织和协调效果比较突出，但相对来讲，顾客导向和竞争导向的思想则不够鲜明，市场发挥的自动调节作用较为微弱。

结合成都市大力推进全国统筹城乡综合配套改革试验区建设的历史性机遇和背景，课题组认为，公私合作的治理模式，应该是成都城市营销规划与管理组织设计的理想选择。

二　成都城市营销组织的架构与职能设计

成都的城市营销组织建议从两个方面进行设计和建设。首先，要建立一个公私协作的城市营销机构——成都城市营销委员会（暂名），作为成都城市营销的主导组织发挥管理协调与实施控制的职能。其次，要改革成都市政府新闻办公室的组织设置，将其作为市政府行政系统内的营销管理和协调中枢，承担政府层面与市民、企业、投资者和游客进行沟通的职能。

（一）关于"成都城市营销委员会"

1. 组织框架及运行机制建议

我们建议，成都市政府牵头设立"成都城市营销委员会（以下简称'委员会'）"，作为成都城市营销的规划和管理机构。委员会成员由公共部门（所辖9区4市6县以及高新区，市行职能部门如新闻办、投资促进委员会、旅游局、经济局、投资促进局、商务局、文化局、成都主要博物馆等）、社会部门（成都相关社会团体，如商会、学会、协会等，以及部分重要的新闻媒体）和企业部门（如航空、电信、金融、房地产以及主导产业的龙头企业、新兴产业的代表性企业等）的代表共同组成。

委员会全体会议是成都城市营销的最高决策机构，负责成都城市营销的长期、重大的战略性决策。

全体会议闭会期间，由理事会行使委员会的管理和协调职能。理事会（10~12人为宜）由来自相关部门的重要代表组成，作为委员会的领导机构，负责委员会重大工作的协调、工作组人员的委任，以及进行常务决策等。

聘请部分人大代表、政协委员及社会贤达组成监事会，作为委员会的监督机构，负责对项目开展、资金使用、工作绩效等方面进行监督和批评。

聘请本地及海内外专家学者，组成委员会专家顾问团，负责向委员会的工作和决策提供专业理论的分析和支持。

参考国际前沿的城市营销成功经验，我们认为，委员会应具有如下专业化职能架构，包括旅游推广专业委员会、投资促进专业委员会、文化开发专业委员会、宜居成都专业委员会。上述专业委员会是以相关的政府部门为主导，联合相关的社会团体、企业和专家所组成的专业性协同规划组织，负责成都品牌和成都城市营销战略在各自领域的落实。

委员会日常工作由秘书长领导下的秘书处负责。秘书处设置外联办公室、品牌管理办公室、内部协调办公室、市场研究部、网络管理部等，分别聘用专业人士担任，负责理事会赋予和交办的各项常规工作。

课题组建议的成都城市营销委员会组织架构如图 5 – 1 所示。

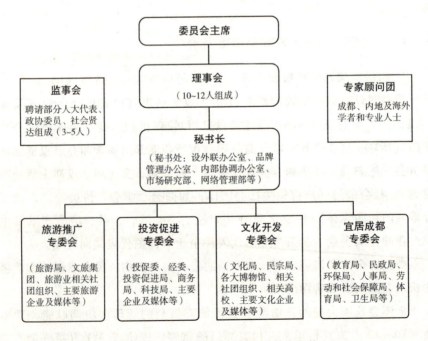

图 5 – 1　成都城市营销委员会基本架构

2. 职能界定

成都城市营销委员会是由政府、社会团体和企业等共同建立起的城市营销管理平台，负责统筹协调城市品牌和城市营销的规划和实施。各专业委员会则负责相关城市产品的营销策划和实施。各相关机构的职能界定如下：

（1）委员会全体会议

委员会全体会议为成都城市营销委员会的最高决策机构，具有如下职能：

①负责中长期城市营销计划审议；

②全局性重大城市营销项目决策；

③理事会成员的甄选、考核和任免；

④相关机构年度营销绩效评价报告审议等事项。

此外，委员会的运作机制包括年度会议、半年度会议和临时会议三种模式：

①年度会议主要制定或修正成都城市营销的中长期（一年及一年以上）发展战略规划并制定相关重大决策；

②半年度会议主要考核、检讨城市营销管理工作，修正当期战略规划及相关重大决策；

③临时会议可以由委员会主席或1/2以上的委员联名发起，举行成都城市营销相关的重大专题研讨、协调或决策会议。

（2）委员会主席

成都城市营销委员会主席建议由成都市行政长官亲任，以确保成都城市营销战略与地区发展战略的协同性，以及营销战略本身的方向性和可持续性。委员会主席的主要职能是负责召集委员会例会及临时会议，以及委员会全体会议闭会期间有关成都城市营销的重大决策和协调事项。

（3）理事会

成都城市营销委员会理事会在委员会主席的领导下工作，向委员会全体会议负责。其主要职能包括：

①制定和审议委员会的各项制度和政策；

②甄选、确认成都城市营销委员会委员；

③制定成都城市营销长期及年度战略规划，包括战略方针、主要举措及预算方案等；

④审查专业委员会长期及年度营销战略规划；

⑤就成都品牌 VI 的使用进行授权决策；

⑥讨论、决定重大城市营销项目；

⑦审议和修订各专业委员会的营销决策；

⑧保护专业委员会成员（包括相关政府部门、非政府组织、企业代表等）的权利和合法权益；

⑨其他与成都城市营销建设密切相关的协调与决策。

（3）秘书长（辖秘书处）

理事会的日常工作由秘书长领导下的秘书处具体负责。秘书处作为成都城市营销委员会的常设机构，负责城市营销管理、协调，以及理事会与各专业委员会及各个专业委员会之间的协调沟通工作。秘书长由理事会任命，对理事会负责。

①秘书长的职能包括：保证各种营销制度、预算、计划的执行；统筹安排和协调各专业委员会的城市营销活动；列席（或委派专人列席）各专业委员会的城市营销重大决策会议；对专业委员会的城市营销决策及方案进行商讨和协调，及时将专业委员会的决策异议提交理事会仲裁。

②秘书处各职能部门的职能。外联办公室：秘书处的对外联络部门，负责与成都以外的相关政府机构、社会组织、媒体及专家进行沟通和联络。品牌管理办公室：城市品牌的专业管理和维护部门，负责对成都城市品牌进行监测，并定期或不定期向社会公众及城市营销组织发布城市品牌监测结果；监测、把握品牌的竞争情势，提出成都城市品牌发展的战略性规划方案或专项推广方案；依照相关制度和授权，负责成都城市品牌的常规管理，确保成都城市品牌的协同性、凝聚力和发展方向；管理品牌识别系统和品牌结构；指导、协调各专业委员会的品牌建设工作等。内部协调办公室：本地区及委员会内部有关成都城市营销的协调联络部门。负责委员会会议召集、记录，内部信息沟通、服务，以及文档资料的整理、备份、归档等管理工作。市场研究部：委员会的市场信息收集和研究部门。负责对与成都城市营销相关区域的政治、经济动态资料进行监测整理、市场分析、顾客行为研究分析，定期或不定期地向成都相关城市营销机构提供市场研究报告。网络管理办公室：负责建立并维护成都城市营销网站，及时更新网站信息，并对其进行维护。同时，负责搭建成都城市营销机构

的在线交流与实时信息服务平台。

（4）专业委员会

从成都城市营销的重点专业领域出发，首先组建旅游推广专业委员会、投资促进专业委员会、文化开发专业委员会和宜居成都专业委员会。四个专业委员会由相关政府部门、非政府组织和主要企业构成，由成都城市营销委员会理事会进行统一协调。

专业委员会为常设机构，由各专业委员会负责人召集年度、半年度或临时会议。各专业委员会根据成都市的发展使命、愿景以及成都的目标定位，在城市品牌核心价值和应用规范的指引下，分别在各自领域规划和开展城市营销工作。专业委员会的具体职能包括：

①依据理事会决议的成都城市营销战略规划，制定各自领域的中长期营销计划；

②就本领域的营销活动方案和预算进行决策；

③开展目标营销、特别是节事营销和合作营销活动，大力推广和发展城市品牌；

④指导、协调下一级城市产品的开发和营销；

⑤向理事会提交各重大项目及年度营销计划执行的评估报告；

⑥主动、积极地配合其他专业委员会的城市营销活动。

（5）专家顾问团

由成都、内地及海外的相关专家学者组成，是成都城市营销委员会的参谋机构。专家顾问团对成都的城市营销方案提出价值中立的意见和建议，为相关决策的科学性和专业化提供理论和经验的支持。

（6）监事会

聘任部分人大代表、政协委员和社会贤达组成监事会，监督委员会的财务状况和运行效能，作为委员会修正工作，以及各项工作绩效考评的重要依据。

（二）关于成都市新闻办公室

成都新闻办公室（外宣办）在成都城市营销中历来发挥着重要的作用。新闻办公室是成都城市营销委员会中重要的成员单位。进一步加强和规范成都新闻办公室的城市营销职能，发挥其在成都行政系统中的城市营销协调枢纽的作用，是成都城市营销组织策略的重要内容之一。课题组建议，在外宣办目前职能设置的基础上增设"城市营销协调处"，来强化新闻办在成都城市营销方面的专业职能。城市营销协调处的职能重点在于其公共关系职能和城市品牌管理职能，建议设立公共关系科和成都品牌科具体担当（如图5-2所示）。

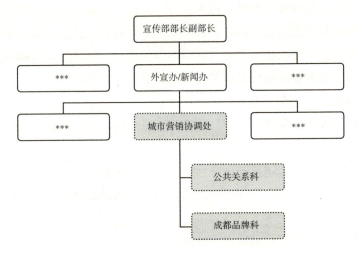

图5-2 成都市新闻办公室组织改革建议示意

1. 公共关系科

公共关系科的设立，旨在充分运用现代公共管理思想和经验，致力于成都市政府形象的提升、城市社会的融洽祥和，加强新闻办公室公共关系工作的主动性、战略性和专业性。其职能主要包括：

①负责编制公共关系年度计划和季度计划；

②积极策划和组织旨在沟通民意、树立政府良好形象的公共关系活动；

③通过媒体渠道宣传政府政策，与市民进行深入沟通；

④面向大陆和海内外开展公共关系工作，树立成都政府和成都城市的形象。

2. 成都品牌科

成都品牌科的设立，旨在充分运用现代品牌管理的理论和经验，扩充成都新闻办公室的城市品牌建设职能，在成都市政府行政系统中推行规范化的城市品牌管理，以提升政府形象，助力成都城市营销事业。其职能主要包括：

①负责成都市政府系统中城市品牌运作的协调和规范；

②负责政府行为中成都城市品牌的保护和维护；

③负责开发成都品牌系统的政府礼品、纪念品和宣传品；

④与成都城市营销委员会品牌管理办公室充分沟通和协同，向海内外传播成都城市品牌；

⑤与海内外城市、企业及其他机构进行品牌方面的合作和推广；

⑥与成都城市旅游副品牌、营商副品牌良性互动。

三　关于成都城市营销组织的协同策略

协同策略是城市营销战略规划中应具备的战略联动思维和联动策略，同时也是城市营销战略整体构建中重要的即时性反馈和调整机制。

（一）地区协同

成都制定城市营销战略时，需要充分考虑与周边地区的协作和协同。从政策层面来说，成都政府制定的独立公共政策如果与周边地区政府相互矛盾，则可能会造成现有的工作困难。孤立的城市管理模式，容易导致诸如环境污染、基础设施重复建设等大量不可回避的问题。在成都城市环境、教育、安全以及经济发展等方面，实现区域间、政府间合作协同是可行的，也是必要的。

成渝地区是目前已经初步形成的城市群，伴随产业集群的发展，区域经济一体化和城市集群化发展势头愈加迅猛，成都的经济、社会发展要充分利用和依托成渝经济区的其他城市，尤其是重庆市的经济发展成果。在成渝经济区中，成都可以使城市在等级、有序、互补、高效的整合中获取更多的收益。"共享共建"基础设施网络化的协同，可以大大降低建设和维护成本，是提高成都城市竞争力及成渝区域竞争力的动力源。

（二）管理协同

城市营销治理强调整合不同的群体共同合作，通常会涉及城市主要的公共部门、企业部门、社会组织、市民、区域参与者、国家参与者与国际参与者。各部门在参与城市营销的过程中，应在工作机制和流程上相互配合与协同。

（三）推广协同

各项城市营销活动主题要符合成都城市营销的总体目标，特别是节事活动和合作营销主题，应与城市品牌属性相一致。各项推广手段应尽量寻求整合，使不同领域的城市营销活动能彼此协同，事半功倍，成为为成都城市品牌创建加分的力量。

（四）渠道整合

成都在针对目标市场推广城市产品、宣传城市形象时，应尽可能整合各种可资利用的营销渠道。除了成都城市营销委员会及市政府有关部门的直接努力外，许多成都市之外的相关中介组织，政府或民间的关系网络，这些可能接触到目标市场的途径，都是成都城市营销潜在的渠道。通过综合运用各类组织、多种活动和互联网，使目标顾客能够更便捷地了解城市产品、感知城市形象。

1. 组织渠道整合

成都市内外的相关组织机构均是成都城市营销的渠道资源，应合理地加以整合和利用。

①市级政府部门及辖属的各级政府部门；

②本地及外埠相关地区的非营利机构；

③成都驻外的政治、经贸及文化机构；

④相关非正式社会网络，如同学会、宗亲会等；

⑤本地及外埠相关学术科研机构；

⑥本地及外埠相关中介顾问机构；

⑦本地及外埠相关企业；

⑧其他合作伙伴。

2. 互联网渠道整合

成都市政府官方网站、民间的相关营利和非营利网站以及外埠可资合作利用的网站，都应视为是成都城市营销的网络渠道。

此外，国际上城市营销开展较成熟的城市，大多建有营销合作伙伴成员专属网站和城市营销专业网站（如城市品牌网、城市旅游信息网、投资服务网等）。例如，荷兰的"阿姆斯特丹伙伴"（amsterdampartners. nl）属于城市营销合作成员网站，官方网站（iamsterdam. com）则是城市营销的专业网站。不同的网站各司其职，为目标顾客提供不同的城市产品和便利服务。

在网络技术趋于成熟、网络资讯极为丰富的今天，网络已成为城市营销极为便捷高效的途径。通过互联网渠道的开发和整合，可以更好地服务于成都市市民和企业，以及各地游客和投资者，使其更好地了解成都的特色、魅力和最新动态。

四　成都城市营销的控制策略

（一）评估准则

城市营销治理的最终目标是实现政府与公民对公共生活的合作管理，达到城市公民社会的一种新型关系和最佳状态。根据联合国亚太经济社会委员会的观点，好的治理（good governance 善治）可以从参与、法治、透明、回应、共识、公平、高效、责任 8 个方面展开。

（二）考核机制

世界范围内广泛讨论和应用的组织绩效管理的两大理论方法是关键绩效指标法（简称 KPI）和平衡记分卡法（简称 BSC）。自 20 世纪以来，二者先后应用于企业管理之中，它们的产生、发展及其在企业绩效和战略管理中的应用给政府部门很多启示。KPI 的精髓是"关键"，BSC 的精髓是"平衡"。目前，越来越多的公共部门引入上述评估方法，使得公共管理的绩效评估变得更具专业性和战略性。这值得成都城市营销管理者参考和借鉴。

此外，离开了适宜的环境，任何有效的工具都难以发挥作用。KPI 和 BSC 作为生根于企业环境的绩效评估方法，要想在成都城市营销管理中有效发挥作用，除了对工具本身作出一些调整外，公共部门大环境必须进行相应的调整和建设。KPI 和 BSC 的成功应用主要取决于：

①高层领导认识到绩效评估和管理的重要性；

②公共部门绩效评估制度建设的法制程度、规范程度；

③公共部门信息处理能力增强，加强对绩效评估理论和方法技术的研究等。

1. 关键绩效指标法（KPI）

关键绩效指标法（KPI）是通过对内部流程的输入端、输出端的关键参数进行设置、取样、计算、分析，衡量流程绩效的一种目标式量化管理指标，是把组织的战略目标分解为可操作的工作目标的工具。

确定关键绩效指标需要遵循一定的原则，即具体、可测量、可实现、实在性、时限性。运用 KPI 考评城市营销管理，将有助于城市营销组织结构的集约化和集成化，优化营销管理流程，进而提高营销工作效率。

关键绩效指标法在城市营销委员会及其他成都城市营销机构的应用，需要对应上述机构的具体部门职能，尽量细化指标。就成都城市营销的绩效考评而言，课题组提出以下可参考的关键绩效指标：

（1）城市营销战略规划关键指标

①是否制定中长期的城市营销战略规划及修正机制；

②是否制定年度城市营销战略规划及修正机制；

③城市营销主要规划目标的落实完成率；

（2）城市品牌资产绩效关键指标

①城市品牌知名度指标：成都城市品牌公众知名度；成都城市品牌社会知名度。

②城市品牌美誉度指标：成都城市品牌公众美誉度；成都城市品牌社会美誉度。

③城市品牌的忠诚度指标：成都城市品牌核心价值及个性认知度；城市综合竞争力排名位次。

④城市品牌联想度指标：品牌联想事物的数量；词义联想的正确度。

（3）营销组织和治理绩效关键指标

①是否建立专门的成都城市营销组织，并进行了实际的活动；

②外部城市营销事务处理达成率；

③企业、社团、专家顾问及普通市民参与城市营销规划和决策活动的次数，及其意见被采纳情况；

④与其他地区或城市的营销合作范围及合作次数；

⑤专业委员会在制定各自规划、战略及活动中的协调程度；

⑥专业委员会与理事会制定战略、规划及活动的统一协调程度。

（4）城市分类产品营销绩效关键指标

①旅游促进开发：旅游人数增长率；旅游收入增长率；大型会议会展举办次数；会展与会企业数及公众参观人次；旅游新产品开发数量；成都旅游竞争力排名位次。

②投资促进：每年迁入的目标企业数量；目标产业投资金额的增长率；就业机会增长率；营商基础设施投资额的同比增长率；引进的高素质人才数量；城市投资环境竞争力排名升降。

③人居：成都居民居住环境满意度；市民的工作满意度；生活品质指标改善程度；人居环境改进投资额增长率；成都城市人居竞争力排名升降。

2. 平衡计分卡方法（BSC）

平衡计分卡的精髓在于它追求的是组织的长期目标和短期目标、结果目标和过程目标、先行指标和滞后指标、组织绩效和个人绩效、外部关注和内部诉求等重要管理变量之间的平衡，追求过去经营结果考核与未来业绩评价之间的平衡，追求外部组织满意程度和客户满意程度之间以及内部经营过程、激励机制、员工知识与学习和产品、服务提升之间的平衡，追求这种平衡正是公共部门的价值追求。对于城市营销管理来说，既要追求多种价值的平衡，又要保持城市发展使命、愿景以及城市营销战略目标、战略导向的一致，同时体现出开放性、顾客导向和责任机制的特征。因此，将平衡记分卡引入对城市营销管理绩效的评估是非常适宜的。当然，有别于企业应用平衡记分卡突出的是对财务方面的评估，城市营销治理绩效评估则是将顾客方面的内容置于首要的位置（如图 5-3 所示）。

平衡计分卡操作流程一般包括六个步骤，其中的每一个步骤，都能加强营销组织内外的沟通，帮助改善组织管理，促进城市治理合理机制的建立和营销绩效的提升。结合城市营销战略，这些步骤可理解为：

①明晰城市发展的使命、愿景与城市营销战略目标，以及城市营销相应的重要绩效领域。

②依据使命、愿景与战略目标，找出并建立城市顾客、组织内部流程、财务以及学习与成长这四个领域的具体目标。

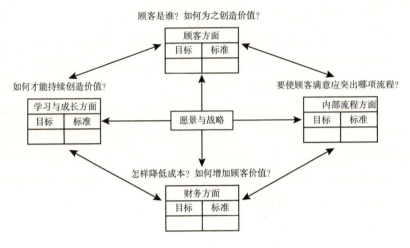

图 5 – 3 平衡记分卡结构

③分解四类目标，并根据目标设定具体绩效衡量指标。

④加强组织内部沟通、联系与教育。利用各种沟通渠道如内刊、公告、会议、培训等，让城市营销领导机构或执行机构中不同层级的员工充分理解发展使命、愿景和营销战略目标以及具体的业绩衡量指标，并不断提高决策能力和执行方面的知识与技能。

⑤根据绩效指标确定具体的营销工作方案和任务，体现各类指标间的因果关系、驱动关系与联结关系，并使组织的计划、预算和激励政策相协同。

⑥对营销管理绩效进行跟踪评估，并及时进行修正完善，力争调动一切资源确保组织工作趋于完成，实现愿景和目标。

公共部门绩效管理的重要价值在于它是公共部门战略规划与实施的重要途径，在提高公共服务的效率和质量、为实现组织使命和目标而科学评价与引导组织员工行为方面具有极其重要的作用。对于政府部门和其他公共组织来说，追求多种价值的平衡和对使命及组织战略的关注，是重中之重。通过 BSC 系统，在绩效指标中加入社会效益方面的考虑，也可以部分地解决政府评估中效率价值和公平取向的冲突。总之，平衡记分卡评估是促进营销组织不断反馈和修正调整的一套机制，是监测城市营销长期性价值增值过程的有效工具。它能使城市营销的组织和治理密切围绕使命、愿景和战略目标持续地展开。

（三）　激励机制

成都城市营销管理引入 KPI 和 BSC 绩效考评方法后，应重点强调各部门职能和工作对城市营销和城市品牌的贡献程度。依据成都政府对公务员的考核办法，对于那些为城市营销发展和城市品牌提升做出重大成绩的组织及个人，给予犒赏、晋升等激励，同时，对于那些阻碍和有损于成都城市形象、城市营销活动的组织及个人，依据规章制度给予相应的惩治。

五　关于成都城市品牌监测及管理方法

事实上，当代城市营销的焦点和关键，在于城市品牌的塑造、提升和维护。因此，成都城市品牌的监测与评估管理，应是成都城市营销管理中的重点。本小结进一步阐述有关成都城市品牌监测与管理的一些具体方法问题，供成都城市营销规划机构参考。

（一）　成都城市品牌的主要监测方法

1. 成都城市品牌资产监测

城市品牌资产监测主要包括城市品牌知名度、城市品牌美誉度、城市品牌忠诚度、城市品牌联想度等四个指标。根据几个主要指标的监测结果可以对品牌形象的总体安全状态作出评估。

（1）城市品牌知名度测量

城市品牌知名度是指城市品牌被公众知晓、了解的程度，以及影响的深度和广度。这一指标的测量包括：城市品牌公众知名度和城市品牌社会知名度。

城市品牌公众知名度：是指城市品牌在其相关公众中的影响力，其测量方法是：

$$城市品牌公众知名度 = \frac{知晓城市品牌的人数}{被访者总数} \times 100\%$$

城市品牌社会知名度：是指城市品牌在社会公众中的影响力。用成都城市品牌在大众传播媒体上出现的频率来表示，其测量方法是：

$$城市品牌社会知名度 = \frac{某时间段内某媒体有关城市品牌的报道次数}{同一时间段内该媒体的报道总数} \times 100\%$$

考察成都城市社会知名度，可以根据成都城市品牌的定位，将有关大众传播媒体分成国际级、国家级、省级、县市级及以下，然后分别计算出成都城市品牌在各级别媒体上出现的频率再加权平均，就可以得到成都品牌的社会知名度。

在得到这两项指标之后，就可以计算出成都城市品牌知名度：

$$城市品牌知名度 = \omega_1 城市品牌公众知名度 + \omega_2 城市品牌社会知名度$$

说明：ω_1，ω_2 分别代表成都城市品牌公众知名度与成都城市品牌社会知名度的计算权重，通常根据这两项指标的计算程度来调整，ω_1，ω_2 $\in$ （0，1）且 $\omega_1 + \omega_2 = 1$

（2）城市品牌美誉度测量

城市品牌美誉度是指城市品牌获得公众信任、支持和赞许的程度。城市品牌美誉度包括城市品牌公众美誉度和城市品牌社会美誉度。

城市品牌公众美誉度：是指城市品牌在相关公众中的受信任、支持和赞许的程度。

$$城市品牌公众美誉度 = \frac{被访者中褒扬城市品牌的人数}{被访者中知晓城市品牌的人数} \times 100\%$$

城市品牌社会美誉度：以大众媒体中正面积极报道占总报道量的比重来表示。

$$城市品牌社会美誉度 = \frac{某时间段内某媒体有关城市品牌的正面报道次数}{同一时间段内该媒体有关城市品牌的报道总数} \times 100\%$$

考察成都城市品牌社会美誉度，同样先将有关大众传播媒体分成国际级、国家级、省级、县市级及以下，然后分别计算出成都在各级别媒体上正面报道占有关其报道总量的比重，再根据不同媒体的级别赋以其不同权重，然后加权平均，就可以得到成都城市品牌社会美誉度。

在得到这两项指标之后，就可以计算出成都城市品牌美誉度：

$$城市品牌美誉度 = \theta_1 城市品牌公众美誉度 + \theta_2 城市品牌社会美誉度$$

说明：θ_1，θ_2 分别代表成都城市品牌公众美誉度与成都城市品牌社会美誉度的计算权重，通常根据这两项指标的计算程度来调整，θ_1，$\theta_2 \in$ （0，1）且 $\theta_1 + \theta_2 = 1$

（3）城市品牌忠诚度测量

该指标主要通过调查，然后定性地予以分析，总分为 10 分，各评估小项的总分同样为 10 分，首先由成都城市品牌战略管理人员对各评估小项予以评分，最后综合加权得到成都品牌忠诚度强度。

$$城市品牌忠诚度强度 = \sum_{i=1}^{N} x_i P_i$$

说明：x_i 为第 i 小项的评估值，P_i 为第 i 小项的权值，$\sum P_i = 1$，N 为评估项目数。

需要评估的小项包括：

①成都政府及其城市品牌管理机构在多大程度上激励成都市民进行品牌创建活动？

②成都市民在多大程度上了解他们所支持的成都城市品牌核心价值？

③成都市民对城市品牌核心价值的认同程度？

④成都城市品牌核心价值在多大程度上与成都民众的价值观相吻合？

⑤成都政府领导者的行为与其他反映价值观的政府行为在多大程度上类似？

⑥成都市民将成都城市品牌核心价值转化为他们所从事的日常活动时有多大信心？

⑦成都市民对城市品牌的感觉停留在哪个水平上？

⑧成都城市品牌给人们生活添加价值的领域，成都城市品牌在何种程度上使世界更美好？

⑨成都城市顾客对于成都品牌核心价值估计的准确性如何？当被告知成都城市品牌核心价值时，城市顾客在多大程度上表示欣赏？

⑩成都市民对成都城市品牌长期目标的感知程度？成都市民对实现成都城市品牌长期目标的坚定程度？

（4）城市品牌联想度测量

成都城市品牌联想度的测定可以根据市场调查的结果由相关人员评估而得，包括城市品牌联想内容和联想特征两方面的测评。对于城市品牌联想内容的评估可以包括以下几个方面，即利益、属性、价值、广告、名人、质量、竞争、品牌、城市产品等，以考察联想的正面性和准确性；对于城市品牌联想特征的分析则从以下几个方面考察：

①联想数量，指由成都城市品牌自由联想出来的项目个数；

②净有利联想，指有关成都城市品牌有利联想的数量与不利联想的数量之差；

③词义联想，指来源于成都城市品牌名称、口号或其中的字眼联想数量；

④共同联想，指与成都城市产品类别相同的联想数量；

⑤独特联想，指区别于其他竞争城市参照品牌的联想数量。

2. 成都城市品牌法律权益及安全性监测

城市品牌法律权益安全监测指标主要是监测城市品牌的法律权益安全状况。所谓城市品牌的法律权益安全，就是指成都在设计和使用城市品牌过程中不会因为各种涉及品牌所有权关系的因素影响而出现品牌危机，不会因为有关城市品牌法律方面的危机而影响城市品牌竞争力的安全。成都城市品牌法律权益安全包括两方面的内容：城市品牌名称安全和城市品牌标志安全。

（1）城市品牌名称安全

是指成都城市品牌管理机构必须通过各种渠道搜集信息，防止他人侵犯其城市品牌名称专用权。

（2）城市品牌标志安全

是指成都城市品牌管理机构必须通过各种渠道搜集信息，防止他人侵犯其城市品牌的图案、符号、色彩或字体等品牌视觉认知部分的专用权。

（3）城市形象安全（毁誉度指标）

城市品牌毁誉度是品牌形象安全度的重要测量指标，是品牌危机预警的重要参考。城市品牌毁誉度主要指贬抑品牌的顾客人数比例，具体包括城市品牌公众毁誉度和城市品牌社会毁誉度。

城市品牌公众毁誉度：

$$城市品牌公众毁誉度 = \frac{被访者中贬抑城市品牌的人数}{被访者中知晓城市品牌的人数} \times 100\%$$

城市品牌社会毁誉度：

$$城市品牌社会毁誉度 = \frac{某时间段内某媒体有关城市品牌的负面报道次数}{同一时间内该媒体有关城市品牌的报道总数} \times 100\%$$

在得到这两项指标之后，就可以计算出成都城市品牌毁誉度：

$$城市品牌毁誉度 = \phi_1 + \phi_2$$

说明：ϕ_1，ϕ_2 分别代表成都城市品牌公众毁誉度与成都城市品牌社会毁誉度的计算权重，通常根据这两项指标的计算程度和重视程度来调整。相对而言，城市品牌社会毁誉度更为重要，因为在大众媒体上的负面曝光，将会对城市产生巨大的不利影响，尤其是当品牌知名度较高时，这种打击将更为严重，因此通常 $\phi_2 > \phi_1$，ϕ_1，$\phi_2 \in (0, 1)$ 且 $\phi_1 + \phi_2 = 1$

（二）成都城市品牌外部市场环境监测

对成都城市品牌市场环境的监测主要包括品牌定位、目标顾客、竞争态势、宏观环境等方面，具体测量方法如下：

1. 城市品牌定位监测

随着城市发展环境和目标市场的变化，城市品牌定位也需要进行适当的调整。因此，就需要对城市品牌定位的合理性与有效性进监测，以便及时进行调整。城市品牌定位的合理性和有效性可以通过城市品牌定位指数来反映，以考察成都是否对目标市场进行了有效细分，是否对每个目标市场给予了有效的城市品牌定位。

$$城市品牌定位指数 = \frac{城市品牌偏好度}{城市品牌目标市场系数} \times 100\%$$

其中，城市品牌偏好度是指在目标市场中城市顾客对成都城市品牌的喜好程度，通常可以通过市场调查的方法获得，以实际被调查的城市顾客中喜欢成都城市品牌的人数比例表示：

$$城市品牌目标市场系数 = \frac{目标市场顾客人数}{整个市场顾客人数} \times 100\%$$

如果成都城市品牌定位指数在 0.5 ~ 1.0 之间，表示成都城市营销者对目标市场的判断和定位是比较准确的；

如果成都城市品牌定位指数小于 0.5，表示成都城市营销者对目标市场的定位错误或不准确，存在城市品牌定位模糊和定位过宽的可能性较大，需要进一步明确城市品牌定位或对市场重新进行细分。

如果成都城市品牌定位指数大于 1.0，表示成都城市营销者可能存在城市品牌定位偏窄的问题或市场细分标准选择不当，需要重新审视原有城市品牌定位是否恰当。

最后，按 10 分制将成都城市品牌定位指数的计算结果根据一定的评判标准折算为相应的分值。

2. 目标顾客需求变动监测指标

成都城市品牌目标顾客需求监测主要包括两个方面：

①目标顾客收入的变动监测。主要从宏观经济领域予以考察，包括宏观经济的周期波动（繁荣还是萧条）和收入分配的平均程度。

②目标顾客偏好的转移监测。一般说来，目标顾客发生偏好转移的有以下几方面：新产品出现、舆论领导者的导向、广告媒体的导向，等等。

3. 城市竞争态势监测指标

成都城市品牌的竞争态势主要由成都城市竞争态势安全度来反映。城市竞争态势安全度的高低反映了城市品牌在竞争中受到竞争对手的威胁的大小，以及品牌在未来遭受竞争品牌攻击的可能性。竞争态势安全度是通过评估主要竞争品牌的差异化优势、品牌实力、目前的举措等方面而获得。按照城市品牌自身的竞争承受力划分，可以将竞争态势安全度分为四个层级：安全、亚安全、低度危机、危机。对于竞争态势的分析，主要由成都城市品牌管理人员来共同完成，具体工作包括：

①确定成都城市品牌的主要竞争对手，并密切注意对方的动态。

②分析竞争性品牌的差异化优势。通过对城市竞争品牌的外形、个性、关系、文化、反映、自我形象等 6 个方面的分析，可以明确品牌目前所具有的差异化优势是否正在被竞争对手所侵蚀。

③分析竞争性品牌的实力。评估的项目包括：竞争性品牌的目标是什么，以及这些目标如何对成都城市品牌产生影响；成都城市品牌的目标市场对每个竞争城市的重要性；分析成都自身品牌的战略方向，以此判断今后面对的最大挑战可能来自于哪个竞争城市；根据关键成功因素判断竞争

城市品牌实力源于何处；判断成都城市品牌和其他城市品牌的竞争地位（领先、强大、维持、弱势）。

4. 宏观环境监测指标

其总指标是宏观环境安全度，分指标包括政治环境安全度、经济环境安全度、社会环境安全度、技术环境安全度、自然环境安全度五个指标。各指标都可根据四级分类法划分为四个层级：安全、亚安全、低度危机、危机，并取相应的分值。

（三） 成都城市品牌内部管理环境监测

对成都城市品牌内部环境的监测主要针对成都政府城市品牌管理组织展开，具体包括如下指标。

1. 城市品牌管理组织运行秩序监测

城市品牌管理组织运行秩序监测主要包括两个指标：成都城市品牌管理部门目标实现率和内部冲突率。

$$城市品牌管理部门目标实现率 = \frac{部门目标完成量}{部门目标总量} \times 100\%$$

$$城市品牌管理组织内部冲突率 = \frac{组织内部冲突次数}{监测周期} \times 100\%$$

其中，监测周期是指监测信息系统每次输出监测结果的时间间隔。

最后，根据上述指标的计算结果，按照一定的评判标准计算出品牌管理组织运行秩序指标的综合得分。

2. 城市品牌管理组织文化监测指标

$$城市品牌管理组织文化强度 = \sum_{s=1}^{K} z_s v_s$$

说明：z_s 为第 s 小项的评估值，v_s 为第 s 小项的权值，$\sum v_s = 1$，K 为评估项目数。

需要评估的项目：

政府及其城市品牌管理机构的领导能力和协调能力；

城市品牌管理组织文化的物质载体在多大程度上支持城市品牌属性；

城市品牌管理组织文化的价值观在多大程度上支持城市品牌属性；

城市品牌管理组织模式对目前环境的适应性；

城市品牌管理组织是否注重满足员工和目标顾客的需要。

（四）成都城市品牌监测流程

成都城市品牌监测流程如图 5 - 4 所示：

城市品牌监测部门通过监测、识别、诊断、评价城市品牌安全状态以及内外部环境的变动情况，根据监测指标值确认监测对象处于（安全、警戒或危机）何种状态，并根据判断结果采取下一步的行动。

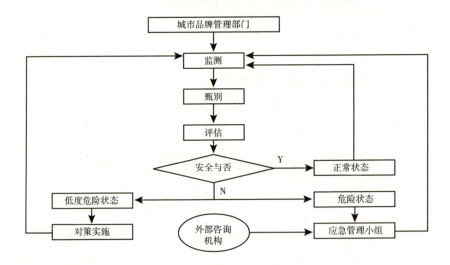

图 5 - 4　成都城市品牌监测流程图

当监测对象处于正常状态时，不进入预控阶段，而转入下一个监控分析循环过程；当监测对象处于亚安全或低度危机状态，即警戒状态时，城市品牌监测部门根据具体情况提出预控对策方案，并将此方案提交城市品牌管理委员会，由城市品牌管理委员会下达给各城市品牌职能管理部门落实、执行，直至城市品牌重新恢复安全。

当监测对象进入危机状态时，整个城市品牌管理部门进入危机管理程序，成立品牌危机管理小组，由小组成员及外部咨询机构共同商讨应对方案，并组织人员负责具体的实施。此时的危机领导小组取代负责日常安全管理的城市品牌监测部门，全面负责城市品牌危机状态下的应对工作，直至危机被化解，城市品牌重新恢复安全。

　　充实完善对策库，调整并优化城市品牌监测管理系统。在每一个监测周期完成后，都要回过头来对整个监测管理过程进行分析，从中总结经验和教训，把其中有益的经验充实到对策库中，为今后的监测活动所用。在城市品牌监测管理系统运行中和运行后，要及时对系统进行分析，发现其中的不足并予以调整和改进。

第六章
成都城市营销战略行动规划

在未来的五年中（2008～2012年），成都应抓住机遇，循序渐进，从地区战略支撑、城市营销推广和营销管理强化三个方面，来分阶段全面、协同地规划成都的城市营销战略。

课题组将成都城市营销分为"营销起航"、"魅力提升"、"形象升华"、"营销扩展"和"品牌崛起"五个阶段。未来五年，城市营销战略行动以"五大创意活动"为主线而贯穿始终。"五大活动"分别为成都品牌（侧重城市品牌的总体营销）、文化成都（侧重文化、旅游营销）、田园城市（侧重人居、投资营销）、现代丝路（侧重投资营销）和创意成都（侧重创意文化和体验旅游产业）。此外，为突出重点，增强营销力度，每个阶段都设计了相应的传播主题，即感知成都年（2008年）、神奇成都年（2009年）、惬意成都年（2010年）、欧亚成都年（2011年）和创意成都年（2012年）。在整个营销战略的推进中，主题逐步深化，战略纵深展开，彻底改变成都当前单一、矛盾和模糊的城市形象，最终实现成都品牌的崛起和腾飞。

一　五大创意活动

五大创意活动是在充分把握成都城市发展愿景的基础上，有针对性地提出的相互协调、紧密关联的统一体系，是今后五年内成都城市营销行动的战略主题。

课题组的总体建议是，在未来的五年当中，五大主题系列活动平行推进。鉴于成都的城市国际营销在第一个五年行动方案中，特别表现为先建设后推广，边建设边推广，建设与推广并重的格局，因此，根据营销目标和任务的综合考虑，每年突出其中的一个主题作为年度的亮点（即推广高潮）。

以下从创意解析（为什么有此创意及其可行性分析）、活动内容（此创意包含什么内容，分为旗舰活动和其他系列活动两个部分）和规划要点（主题活动的实施要点，特别是指导、分工和协同的要点）三个方面对这五大营销主题进行概要阐述。

（一）"成都品牌"主题

1. 创意解析

"成都品牌"是指成都在系列规划的基础上所确定的品牌规范设计，其核心要件是城市品牌的视觉标识系统及相应的主题口号等。课题组建议"成都品牌"系列主题活动作为2008年度的成都城市国际营销重心，包括品牌口号征集、设计方案征集、品牌设计申请注册、品牌发布（品牌开展礼）、市民节庆祝、品牌纪念品制作发布、品牌国内推广、品牌国际推广等一系列成都城市新品牌的设计和推广活动。

此外，课题组还建议，在"成都品牌"主题活动中，加入大熊猫元素。在城市国际营销中，大熊猫是成都独有的、极为重要的品牌形象资产，应充分开发利用。

2. 旗舰活动——成都品牌献礼2008

经过前期的征集、设计和注册，成都品牌正式诞生。

2008年奥运会前，作为奥运吉祥物"晶晶"的故乡，成都市将成都品牌标识纪念品赠送北京奥组委（国际奥委会），意在祝福北京奥运会，欢迎海外来宾。

成都城市品牌纪念品融入历史文化元素和采用民间工艺，如以蜀锦蜀绣的形式，以太阳神鸟、纵目人、三国故事、大熊猫等元素烘托中心城市品牌标识。连同纪念品一同赠送的，是成都城乡居民的巨幅祝福签名。

纪念品的设计和制作工艺，涵盖了多项国宝（文化遗产）级元素，彰显其价值和寓意。

居民签名在成都品牌开展礼暨成都市民文化节期间征集而得。

3. 主要系列活动

围绕"成都品牌献礼 2008"旗舰活动的前后，展开系列相关活动，共同烘托成都品牌诞生的意义和氛围。主要活动建议如下（仅供参考）：

成都品牌主题口号和标识设计征集活动；

成都品牌申报登记注册；

成都品牌纪念品制作；

成都品牌发布开展礼暨成都市民文化节；

成都品牌大使（杰出市民）任命；

成都城市卡通形象设计征集。

其中，对成都城市卡通形象设计征集的创意建议：选择最具成都标志性和亲和力的"成成、都都"来命名的成都大熊猫卡通形象（或动漫形象）为代言人，作为城市品牌推广的"导游"和"形象大使"。"成成、都都"是"成都"的谐音，既亲切活泼，又朗朗上口、便于记忆。品牌推广活动主要以"成成、都都"作为城市主人的身份，向国内外城市顾客传播成都在旅游、投资、文化及人居方面的特色和优势。这一创意，把最具吸引力的成都元素——大熊猫作为城市品牌形象的传播"桥梁"，可以充分地整合成都各方面的资源和优势，以"成成、都都"形象为线索，既提供了连接各项城市营销和品牌推广活动的最佳中介，又极大地增加了人们对成都的亲切感。以感性诉求为主导，辅以理性诉求是本创意的核心要旨。

4. 规划要点

品牌推广活动是城市营销活动的重要组成部分，旨在综合展示和呈现成都在旅游、营商和人居等方面的资源特色和优势所在。因此，品牌推广不能搞短期突击，而应是有目标、有规划的系列活动的整合。2008 年将是"感知成都年"，成都品牌应作为年度城市营销推广重点，其他各项城市营销主题和行动，均须围绕"成都品牌"主题而展开。在其后的四年内，成都品牌推广仍将延续并进一步深化这一主题。

品牌推广活动，主要围绕成都旅游、投资和人居三个方面展开。具体包括以下内容。首先，进行"成成、都都"系列产品的设计和开发，征集并设计大熊猫卡通形象，制作相应的实体产品（如毛绒玩具、卡通书包、纪念徽章等）。其次，把"成成、都都"同旅游营销、投资促进等工作环节有机地结合起来，使"成成、都都"的形象真正深入人心、过目不忘。如在旅游营销中，制作"成成、都都带你游成都"宣传册/片，在旅游景区内，导游员以"成成、都都"的服饰形象向游客提供服务；在投资促进方面，将"成成、都都"作为重访"古代丝路"之旅的友好使者，沿途赠送"成成、都都"相关产品和纪念品；利用事件营销进行品牌推广，如2008年北京奥运会吉祥物中的"晶晶"就是熊猫形象，可以开展"成成、都都进京恳亲"、"成都人民祝福奥运"等旅游推介或品牌推广活动。有关成都品牌推广的系列行动规划建议，请参见本章第二节的内容。

（二）"文化成都"主题

1. 创意解析

文化是城市之魂，是城市深层次和持续性吸引力所在。"文化成都"主题以建设、整合和巡展为主要营销手段。创意目的主要着眼和服务于成都在未来发展定位中营造出最好的文化氛围：全球最具开放魅力的内陆城市。历经千年的城市发展史赋予了成都宝贵丰厚而又独特神奇的文化资源，三星堆、金沙遗址、都江堰、青城山等自然和人文景观无不蕴涵了城市神秘、奇幻的独特魅力和文化气质。文化营销是高端的城市营销，也是最具感召力和持续影响力的营销方式。考察城市的现实客观条件，成都进行全球性的文化巡展是可行的，而且也是城市营销战略行动的必然选择。在将城市资源进行合理整合的基础上，再对其加以有效的组合和配置。根据海内外客源市场的不同需求，可以采取不同的营销组合策略和产品组合策略。通过主动"走出去"开发市场和利用国外重要节事活动借势营销等方式开展文化巡展活动，这将是成都扩大和提升国际知名度和美誉度的一个重要途径和有效方式。

2. 旗舰活动——北纬30度文化联盟成立暨首届北纬30度文化国际论坛

北纬30度线上，奇观绝景比比皆是，自然谜团频频发生，如中国的钱塘江大潮、安徽的黄山、江西的庐山、四川的峨眉山、三星堆、金沙，以及巴比伦的"空中花园"、约旦的"死海"、古埃及的金字塔及狮身人面像、北非撒哈拉大沙漠的"火神火种"壁画、加勒比海的百慕大群岛和远古玛雅文明遗址……可以说，在北纬30度线附近或在这一纬度线上，奇事怪事，数不胜数。

联络各国各地旅游、文化或研究机构，由成都市发起并成立"北纬30度文化联盟"，同时举办"首届北纬30度文化国际论坛"。论坛主要内容是整理人类文明的特殊记忆，研究神秘文化及其背后的智慧，探索和交流神秘文化旅游经验。首届活动在成都，此后世界各地轮流举办，成都作为发起城市当然还可从中参与和借势，同时却减轻了主办方的工作压力。

此项工作宜在2008年即着手筹划、商洽，2009年实施。叫响北纬30度这个概念，突出成都在这个纬度上的特殊意义和地位，对于加强世界对成都文化的关注度，带动文化旅游，将产生深远意义。

3. 主要系列活动

在"首届北纬30度文化国际论坛"旗舰活动的前后，可同时展开系列相关活动，共同烘托文化成都的神秘感及其价值。主要活动建议如下（仅供参考）：

①以"绿叶配红花"的形式，视情况开展"文化成都巡展"。红花，就是成都文化，是主体。绿叶，是北纬30度其他文化，由资料图片和论坛所得资料为主，作为背景衬托和强化成都文化的神秘感。

②举办好各项传统文化节事活动。如举办成都特色文化节。

③文化系列产品（歌剧、影视等）的上市及推广。

4. 规划要点

以成都神奇的文化宝库为载体，以古老神秘的金沙古国文化、悠远深邃的青城山道教文化等城市产品为重点推介物，面向不同的城市顾客市场进行有针对性的巡展活动。文化巡展可以采取独立展示的形式，也可以采取联合展示及对话的方式，与相近地理位置或文化传承的国家和地区进行战略协同，如"对话北纬30度文化"、发起"全球北纬30度文化联展"等。文化巡展也应考虑采取丰富多彩的产品展示方式与目标受众进行更好地沟通互动，除实体产品展示外，要加大体验产品的比例，尤其是当面向对东方和中国文化了解较少的西方目标市场时，神奇的变脸艺术、别样的民乐现场表演更具吸引力和影响力。此外，大熊猫作为成都最具知名度的城市形象大使，在巡展中，也可将品牌推广中的大熊猫"成成、都都"作为成都的文化使者，开展"成成、都都：全球讲述神奇金沙故事"等文化营销活动。当然，文化巡展也不仅仅局限于文化一个方面，旅游、人居和投资推广都可以融入其中，在成都"大文化"范畴的统领下，实现不同营销内容、方式和手段的协调。

文化成都巡展是成都进行国际营销的重要支撑活动。在 2008 年成都品牌主题点亮之后，文化成都系列活动就应转向以 2009 年"神奇成都年"的城市营销为重心。当然，文化巡展也应成为成都保持连贯性和一致性的营销手段，在其余的年份里，也应把握机遇、有效地进行产品创新、产品建设和产品整合。特别是在 2010 年，要以上海世博会为契机，进行城市文化等方面的综合展示和推介，以及每年在不同的国家和地区客源市场和潜在市场中进行"成都文化周"、"神奇成都之旅"等主题营销推广活动。具体行动规划详见本章第二节城市营销五年规划的有关论述。

（三）"田园城市"主题

1. 创意解析

田园城市既是中华文化中极受重视和赞誉的城市风格，也是西方城市发展理想和城市研究的热点之一。田园城市作为成都最大的特征和核心优势之一，体现在成都城市禀赋、城市性格和城市化进程等方方面面。

田园城市系列创意活动紧密契合了成都市积极培育和发挥人居环境最佳、创建世界最宜人类生活的田园城市之一的愿景。如何在城市发展的过程中，通过城市营销把这种新兴的城市发展理念传播开来，进而成功塑造和不断提升成都作为田园城市的品牌形象，成为城市营销战略行动中一个重要考量的问题和执行环节。目前，国内尚未有城市明确提出打造"田园城市"的城市发展定位，因此，以此主题大做营销文章，必将产生事半功倍的效果。进而言之，如成都在传播田园城市理念的基础上，树立自身田园城市典范城市的高端形象，必定会对城市发展，特别是提升城市魅力发挥出积极的推动作用。

近年来，成都在城乡一体化建设中取得的成功经验，无疑也迎合了田园城市发展的本质要求，即城乡的协调发展、人与环境的协调发展。加之成都市作为建设全国统筹城乡综合配套改革试验区的宏观背景，也为田园城市品牌的塑造提供了政治保障和政策支持。因此，围绕"田园城市"主题开展系列营销活动，在国内外城市顾客心中树立成都的田园城市形象，必将为成都城市品牌塑造增添格外夺目的亮彩。

2. 旗舰活动——首届田园城市国际博览会（田博会）

田园城市是东西方共同向往的城市发展模式，也是城市化研究的一个热点。成都作为东方田园城市的典范无可争议，这一优势，是成都城市形象和定位差异化的巨大资源。

2010 年，成都邀集世界上典型的田园城市的首脑、学者，以及田园城市相关的规划设计机构、都市工业、都市农业机构、文化团体，邀请联合国人居署、世界银行城市发展局等官员，举办"首届田园城市国际博览会"。博览会期间，举行"田园城市国际论坛"，发表田园城市《成都宣言》；交流探讨田园城市的规划建设经验，宣传成都城乡一体化、试验区、全域统筹成都等经验；评选全球典范田园城市；另辟产业展馆和文化交流分会场；田博会永久落户成都（现在，田博会的概念让人觉得陌生，但它必将因成都的努力而具有广泛的知名度）。

3. 主要系列活动

围绕"首届田园城市国际博览会"旗舰活动的前后，展开系列相关活动，共同打造成都作为现代东方田园城市的独特价值。主要活动建议如下（仅供参考）：

——上海世博会田园城市推介

——田园城市交流互访

——体验"惬意成都"，感受"田园魅力"：推出不同主题的体验项目，办好传统文娱节庆活动

——举办国际（成都）当代艺术沙龙

——启动"成都诱惑嘉年华"

4. 规划要点

田园城市创意活动的内容主要是举办"世界田园城市论坛暨田园城市博览会"。课题组建议博览会由联合国人居署、世界银行城市发展局及GUCP（全球城市竞争力项目）联合主办，由成都市政府承办。"田园城市论坛和博览会"将成为国际田园城市发展的重要常设性节会活动，第一届由成都承办，以后的会议可采取轮流申办制，建议会议秘书处常设在

成都。评选全球典范田园城市将是此项会议的重要内容。此外，世界传媒齐聚成都，必将进一步宣传和提升成都的城市形象，特别是人居、投资的良好形象。

田园城市的打造，除营销努力外，成都市应加快地区的公共管理、行政管理和城市公共设施、基础设施等软硬件环境和条件的改进、提高和完善，这样，成都田园城市创意活动的开展才不会成为无本之木、无源之水。

经过 2008 和 2009 两年关于田园城市的规划、建设和概念准备，课题组建议 2010 年即"惬意成都年"，以田园城市系列主题活动作为成都年度城市营销的重心来着力推广。重点是办好首届"世界田园城市论坛暨田园城市博览会"，以此打响田园城市的概念，启动系列营销战。此外，配合论坛和博览会的开展，在旅游、人居、营商等方面采取协同营销的方式烘托主题，配合行动。详细行动规划参见本章下一节城市营销五年规划部分的相关介绍。

事实上，虽然田园城市被作为成都的战略性定位概念和发展方向，但营销努力之外的城乡统筹建设规划创新，以及基础设施改进、公共管理水平提升等相关软硬环境的建设和完善，是更为重要的基础和支撑。

（四）"现代丝路"主题

1. 创意解析

如前所述，打造中国中西部综合竞争力最强的城市是成都市的既定发展目标。课题组从城市营销的视角将其解读（重构）为：联手重庆、打造欧亚交流最具潜力的平台。而"现代丝路"营销主题的提出，正是为了通过有重点的协同营销努力来不断提示成都在全球城市体系中的角色，强化其战略定位和发展目标。

作为我国历史上重要的商贸和外事活动载体和平台的"丝绸之路"，一直以其漫长而艰辛的旅程为世人称道，以其促进欧亚交流、沟通东西方文明的卓越功绩而享誉中外。作为国际商贸和文化交流的成功经验，"丝绸之路"的深远影响一直延续至今，依然为世界各国进行友好往来提供着借鉴。联合国教科文组织从 20 世纪 90 年代起就开始对"丝绸之路"进行深度研究。另外，"丝绸之路"将作为线性文化遗产以跨国联合的方式"申遗",中国文化部和国家文物局正组织协调丝路沿线各省区的申报工作。虽然成都并非古"丝绸之路"的传统路线行经区域,但其同南亚地区进行商贸交往的历史同样久远,"南方丝绸之路"① 在中外商贸以及交流活动中也创造了不可磨灭的历史功绩。

近年来,成都在国际贸易、吸引外来投资以及发展生产性服务业等方面已取得了长足的进步,但还缺乏一根主线来加以整合和统领,而"现代丝路"的创意正是侧重于投资或营商的城市国际营销主题。曾辉煌一时的"古代丝路"应在成功营销的运作下焕发新的生机和活力。如能做好决策、执行、监控等各环节工作,预计在不远的将来,在古今丝路的交相辉映和中西文化的和谐交流中,成都的投资品牌将得到极大的提升,国际影响力也将得到显著的增强。

2. 旗舰活动——成渝联袂,共舞现代丝路

成都和重庆经过几年的建设和合作,双方之间的合作臻于成熟。

2011 年,成渝联袂,重走丝路。以各自的城市品牌为旗帜,以成渝经济区为概念,开创内地城市联合进行国际性推广的先河,共同开展城市合作品牌营销,城市联手打造区域品牌。

成都和重庆以经贸合作和招商引资为中心,访问欧亚诸国,有联合活动也有各自的重点,分合自然,互补互彰。通过这一活动,彰显成渝区域在全球城市体系中的重要战略地位,以及发展的目标和雄心,增进各国经济界的兴趣和信心。

成都和重庆各自的城市品牌因联合而愈加强大,因推广而愈加鲜明。

3. 系列活动

在"成渝联袂,共舞现代丝路"旗舰活动的前后,展开系列相关活动,凸显成都(成渝)作为欧亚交流重要节点的新价值。主要活动建议如下(仅供参考)。

---

① 2300 多年前,早在张骞尚未打通西域、开辟西北"丝绸之路"之前,西南的先民们就已开发了一条自四川成都至滇池沿岸,经大理、保山、腾冲进入缅甸,远达印度的"蜀身毒道"(身毒是印度的古称)。蜀身毒道由灵关道、五天道、黔中古道、永昌道等四条古道组成,由于它始于丝织业发达的成都平原,并以沿途的丝绸商贸著称,因此也被历史学家称为"南方丝绸之路"。两千多年来,这条连接中国和东南亚、南亚的古老通道从未间断过。它成为我国西南部与东南亚、南亚诸国经济文化往来最重要的通道。
来源: http://www.southen.com/weekend/tempdir/200207250057.htm。

——投资说明会

——举办"成都夜间商务国际博览会"

——文化研讨活动

——扩展成都友好城市,与友好城市合作举办深入的交流活动

——创设国际书院联盟

4. 规划要点

"现代丝路"活动内容主要以促进投资作为中心目标,涉及城市投资、文化投资和旅游投资等方面。

在投资及原产地品牌方面可以进行海外推介,如开展"成都品牌号"商队"追寻丝路古道"之旅。"成都品牌号"的交通工具、旗帜、人员服装等都应充分体现成都的品牌形象。沿途举办主题纪念活动,展示城市特色产品,宣传城市良好的人居和投资环境;把蜀锦等成都的特有产品与活动紧密连接起来,以此建立产品出口的有效通道。

在文化方面,将古代丝路与金沙古蜀文明联姻,形成文化传承的脉络体系,举办"古代丝路"系列活动,如研讨会、文化交流活动等,也可以与古代丝路途经城市和地区联合举办研讨会、商洽会等;还应保护和开发古代丝路遗址,建立古道博物馆,举办古道文物展等活动,聚焦成都的历史文化和现代活力,将成都品牌隆重推向海内外市场。

"现代丝路"的创意是以投资为重心,文化、旅游、人居为侧翼,形成文化与旅游、宜居与创业、投资与休闲等多种城市产品组合,最大限度地满足国际投资者、创业者等国外城市顾客的多样需求,力争创造出"商贸枢纽,文化之都"的城市营销成果。

此外,还要做好旅游、招商、文化等各职能部门的协调工作,统一行动,形成合力,才能使营销工作达到预期的目标。

将成都打造成沟通欧亚内陆的重要价值节点或平台,应是成都未来国际拓展及城市发展的重要战略路径。经过 2008 ~ 2010 年的建设和推广,成都在国际性城市基础建设及国际交往和联系方面,均应取得良好的收效,为郑重推出欧亚内陆交流平台的价值定位奠定了基础。"现代丝路"主题活动于欧亚成都年(2011 年)作为重点推广主题来进行,具体规划详见下一节的相关内容。

（五）"创意成都"主题

1. 创意解析

"创意成都"是针对成都建设投资环境最优的、国际最宜脑力创业的知识城市发展愿景而策划的城市营销主题。成都拥有良好的科技实力、产业基础和人居环境，软件开发、动漫制作等创意产业已经粗具规模，适宜创意产业的发展。推进创意产业这一高技术含量、高附加值的新兴产业作为城市发展的重要动力和支柱产业，构建创意成都，不仅能整合城市资源、完善产业结构，促进城市经济、社会的持续高速发展，更可以在城市国际营销意义上，极大地提升成都城市品牌资产价值。

创意成都的建设和推广，将是成都文化资源、人力资源、科技资源、教育资源、金融资源、信息资源、网络资源、政府资源等关键资源的系统集成，并形成整合运营机制，使创意产业从经济功能、商业娱乐功能和文化艺术功能等多方面发挥优势和效益。

2. 旗舰活动——首届成都国际创意产业博览会（成博会）

至此，成都经济社会发展应达到一个新的境界，其标志就是成都作为智慧型城市，其产业特色、人才优势、环境吸引力、文化氛围等，正空前繁盛发达。

2012 年，以成都会展设施优势为依托，举办首届"成都国际创意产业博览会"。成都应将"成博会"打造成为广交会和深圳高交会一样的国内顶级国际展会，并将博览会永久落户成都。"成博会"品牌，是成都创意产业发展竞争的新武器，也将是成都作为国际化创意型城市这一核心定位的落地标志。

3. 活动内容

在"成博会"旗舰活动的前后，还应展开系列相关活动，彰显成都作为创意城市、智慧城市的特质。主要活动建议如下（仅供参考）。

——数字娱乐大赛

——影视基地

——成都国际流行现代艺术展

——成都国际时装展

4. 规划要点

"创意成都"系列主题活动，旨在彰显成都独特的文化氛围和优越的文化创意产业基础。活动的主要内容有：

整合城市文化创意产业资源，形成整体规划和战略布局；

积极参加国际相关盛事活动，如每年 11 月举办的中国（北京）国际文化创意产业博览会等；

创办成都国际创意文化节，邀请全球创意产业巨头及新兴企业及城市参与，推出年度系列活动，如举办国际级的电子竞技大赛等，打造"数字娱乐之都"品牌；举办国际当代视觉艺术文化节；在已有资源和认可度的基础上，举办国际摄影摄像节等。人居方面，鼓励民间雕塑、行为艺术、城市艺术化涂鸦，等等。

此外，课题组建议成都考虑以项目招商或城市规划的手段，促成城市地标式创意园区的形成，作为成都重要的城市文化游憩区，或文化创意产业的重要载体及中心区域。这一区域以金沙为核心主题，突出太阳神鸟的象征性价值。在这一区域周围，适当开辟音乐、戏剧、动漫、广告、摄影、电影、传媒等不同艺术的创意工作坊，吸引国内外的艺术家、创意人才落户成都，真正形成创意产业和创意人士的乐园。相关的营销活动，如创意产品博览会、动漫制作大赛、网游大赛都将以此为基地长期开展下去。

创意成都（或智慧成都）是成都发展战略的必然选择。创意产业是成都产业选择的风向标和经济发展的加速器，更是体现城市综合实力和品牌吸引力的制高点。因此，"创意成都"主题及相关的营销行动，应是 2012 年（品牌崛起年）的城市营销重点。为此，课题组建议：在未来五年应有计划地分步骤建设和完善创意园区的规划布局、基础设施及运作保障机制等。如果没有这些载体和制度作为基础，创意成都的构想可能大打折扣。具体规划在本章第二节中有详细论述。

二　成都城市国际营销五年规划

成都城市国际营销的地区战略支撑，主要是指成都相关的战略转型和国际营销基础建设或大型建设项目，包括基础设施改进、资源要素创新、基础服务提升和社会文化进步等诸多方面的内容，并围绕成都建设国际性城市的目标，有重点、分步骤地加以推进，确保城市营销推广取得实效。

国际营销推广的关键，在于将城市品牌的价值理念、品牌定位向城市内外的顾客传达沟通，以期在受众心目中引发共鸣，形成对成都城市美好的认知。

成都城市国际营销推广，除政府财政投入外，还应通过市场化的设计和运作，调动社会力量、企业力量和市民力量的参与，以确保推广多赢格局，以及推广本身的力度和持续性。

成都城市国际营销推广，更重要的还应根据不同领域的城市产品，设定目标市场进行定向传播。同时，多个主体、类型多样的营销推广活动，极易导致传播信息的模糊、混乱，因此，应透过成都城市营销委员会的总体协调，在运用广告、新闻宣传、节事活动、组展参展、组团出访等营销传播手段时，加以系统的整合，以期向受众传递清晰的、连续一致的信息，实现传播与沟通效果的最大化。

组织管理在成都城市营销中起着关键性作用，应分阶段逐步强化和提升成都的城市营销管理，持续推进成都城市营销组织管理系统的战略职能和工作效能。其中包括逐步完善并规范营销组织系统的职能，逐步加强公共部门、社会部门和私人部门的协同，逐步推动城市营销绩效管理制度，等等。

（一）营销起航——感知成都年（2008 年）

1. 地区战略支撑

（1）本阶段目标

①加强成都文化、人居、旅游和投资方面的基础设施建设；

②提升成都公共部门、企业和市民的服务意识，倡导服务文化；

③加强人才培养、人才引进及技术创新，优化生产要素。

（2）本阶段行动规划

"感知成都年"的重点是实现城市品牌的专业化、国际化突破，具体建议如下。

第一，改善城市自然环境。改善自然环境，是城市吸引力的最基本要求。要采取措施减少城市污染。为了保持成都安静清洁的形象，要适当采取限制私家车数量和制订尾气排放标准，鼓励步行，减少城市污染，加强对城市空气质量的监测。此外，应制订保护自然环境的计划。对成都的江河、山峰等自然资源加以保护，坚决杜绝建设性破坏和超越承载极限而带来的破坏。在城市合理规划与开发的统一部署下，对自然资源开发要进行严格的环境影响评估论证，对成都的旅游承载力进行研究，合理确定旅游容量。通过旅游信息中心和旅游网站发出通知，调节游客流量和流向。

第二，规划城市功能分区和历史分区。加强研究城市总体规划的制定工作，对城市在功能上进行定位并分区实施，对城市的休闲娱乐、自然观光、会展商务等特色城区要进行区分。与此同时，还应该就成都不同时期的街区和建筑进行区分，通过标记或颜色等手段使之易于区分辨认，令新旧驳杂的城市景观，变得厚重而富有韵律。

时空交错叠加的分区，可明确地用来规划城市旅游（如旅游路线）、文化体验（如体验路线及场所）及相关产业（如影视基地、创意产业等）的发展。

第三，完善公共设施。不断完善城市旅游、文化、营商及人居各方面的公共设施。加大公共基础设施的定期检修和建设投入，确保人居、旅游和投资环境的持续改善。

第四，全民服务提升。为了提升成都全民的服务意识，塑造成都优质高效的服务品牌，在"感知成都年"期间，可以开展一系列旨在提升市民服务意识和服务质量的活动。

①"全民服务月"、"全民服务年"等活动，评选最具服务意识的好市民，树立典型，起到良好示范。

②在各行业展开"服务质量评星"、"服务零投诉"等活动，特别是在旅游、航空、公交等窗口行业开展；对优胜企业授予政府颁发的"优质服务奖章"。

③进一步深化服务型政府建设。成都在服务型政府建设方面，已取得可喜的成绩，要继续推动决策科学化、增强行政透明度和公众参与度，强化公共服务意识和提高服务质量，建立学习型、服务型、效率型政府。开展"一站式"服务活动，提高行政效率。

④丰富政府官方网站内容及加强相关专业服务网站的信息平台建设，为城市顾客提供更充分、及时的信息服务。

2. 国际营销推广

本年度应导入城市品牌设计和管理，以切实启动专业化的城市营销，持续、有效地优化和提升成都城市品牌形象。

本阶段的城市营销推广，将重点围绕"品牌推广"的主题展开。可以说，"感知成都年"的实质就是全民服务年、全员营销年。

（1）本阶段目标

①系统设计成都品牌。包括品牌元素的梳理，品牌个性、核心价值及品牌口号的确立，以及品牌 VI 设计等。

②通过以品牌推广为主的营销行动，展示成都品牌的新形象。

③抢抓奥运机遇，进一步扩大成都品牌知名度和美誉度。

④进一步推动文化、旅游及投资等多元城市产品的深度开发与推广。

（2）本阶段行动规划

基础保障：成都城市品牌建设与传播

①口号及 LOGO 设计征集活动。在进行成都品牌价值宣传铺垫的基础上，启动在全球范围内征集成都城市品牌口号及品牌设计的活动（期间应向全球著名设计公司和设计师发邀请函，以确保征集作品的质量）；邀请海内外品牌专家组成成都品牌口号及设计方案评选专家组，甄选出入围作品，最后就入围作品（无得奖排序）进行网上投票，以进一步缩小备选作品的范围；成都营销委员会参考专家及公众意见，就成都品牌口号和品牌 VI 设计进行最终决策。

②"成成、都都"大熊猫形象设计征集活动。征集并设计"成成、都都"卡通形象，做好城市内部公关，使市民认可"成成、都都"的创意，并积极宣传和参与设计和征集活动；在征集活动的基础上，举办"中国成都世界名人与熊猫故乡摄影作品展"和"中国成都熊猫影视作品大赛"。

③举办成都品牌开展礼，创设"成都品牌节（暨成都市民节）"。择定日期，隆重发布成都品牌（VI 及口号），并举行系列市民庆祝活动。同时，鉴于成都品牌的确立乃是市民自豪感和荣誉感的充分表达，建议将成都品牌发布日，确定为成都品牌节，同时也称为"成都市民节"；成都品牌开展礼及相关的系列庆祝活动，即首届"成都品牌节暨成都市民节"；一年一度的"成都品牌节暨成都市民节"，由各机构、各团体、各小区策

划组织，在成都城市营销委员会的总体协调和支持下，进行为期 1～3 天的庆祝狂欢。

④陆续开展成都品牌的系列宣传与推广活动。本年度内，应使新确立的成都品牌形象在各种与外界的接触场合显现，以迅速扩大成都城市品牌的影响力。建立和完善成都城市营销或城市品牌专业网站；选定首批成都城市形象代言人（名人或杰出市民）；设计、拍摄成都城市形象宣传片；举办成都网络原创歌曲大赛活动——"成都之歌"有奖征集；聚焦成都城市品牌，举办一年一度的"我心中的成都"征文活动；设计、制作各种宣传品、纪念册、旅游纪念品（太阳帽、T 恤衫等）；与四川航空公司合作，在客机机身、座位等显眼位置宣传成都品牌 VI 形象；政府信笺、信封、名片、官方网站、政府车辆等出现成都 VI 形象；通过公交车、路牌、指示牌、重要建筑物、电话亭、邮亭等展示成都品牌 VI 形象；与本地优秀的运动队合作，身着印有成都品牌 VI 的运动服训练和参赛，等等；就成都品牌 VI，在中国内地及海外进行类似的推广。

品牌推广

①祝福奥运：成成、都都进京恳亲。以"成成、都都（成都市名的谐音）"命名的大熊猫探亲团进京看望福娃"晶晶（以大熊猫形象代表的奥运会吉祥物之一）"，表达成都和四川人民对北京奥运的祝福之意；利用世界传媒齐聚北京的良好时机，在北京进一步宣传成都城市品牌，并召开成都旅游、投资和人居形象推介会；对于部分奥运冠军，特别是对成都籍奥运冠军，给予一定形式的奖励，邀请奥运冠军成都之行，授予其"成都荣誉市民"等。

②海外推介：奥运热火，燃情欧洲。目标市场以荷兰为切入点，以德、法、英为主要目标；与航空公司合作，在成都—阿姆斯特丹航线推出：熊猫号航线热动 2008（Panda Hotline Vibrant 2008），发现原生态中国（Discovering Original China），感受中国，从西部进入（Feeling China，From West），进入中国的最便捷航线（The Nearest Airline to China）。双城联动活动：Magic AC（Magic Amsterdam-Chengdu），打造成都—阿姆斯特丹"双城记（Twin City Plan）"；举办荷兰（郁金香）文化月、成都文化周；挖掘城市共同精神，两地都有"包容、和谐"的特质。奥运热身：邀请欧洲客人乘坐熊猫号"发现之旅"参与成都的主要节庆活动，例如，

与奥运火炬接力相关的外围活动；邀请欧洲奥运体育代表团和商贸文化团经由成都奔赴北京。高端联动：运作荷兰、法国、德国、英国等国家最高领导人在奥运会前访问成都，推介成都文化进入国际主流媒体视野。

③宜居推介："福娃晶晶的美丽故乡"大型推介活动。与房地产公司合作，进行成都宜居推介活动；突出成都千年以来良好的生态环境；所有的外国记者、转播人员将免费获得特制成都熊猫福娃一个，增加熊猫的曝光率。

④协同营销：晶迎西部游（走进川藏：晶晶迎迎故乡之旅）。作为中国西南旅游组团中的核心省份，四川和西藏两省区有着地理、文化方面的密切联系和互补优势，为开展协同联合营销创造了十分便利的条件。奥运福娃"晶晶"形象源自大熊猫，而"迎迎"形象取自藏羚羊，这在奥运元素中为两地的合作创造了难得的机遇。借奥运之势，开展以"晶迎西部游"为主题的旅游营销活动，"晶迎"既是福娃"晶晶"和"迎迎"的合称，又寓意本活动的目的地——走进川藏。此外，"晶迎"也蕴涵着本活动突出以青山秀水为代表的生态旅游，强调人与自然的和谐之美，以此吸引以中外都市游客为主体的目标市场。

3. 营销管理强化

本年度的城市营销组织与管理处于开创和奠基阶段，以基础性的工作为主。因此，应充分吸纳国内外专家参与，调动本地各方面的力量共同建设。

（1）本阶段目标

①明确成都城市品牌的核心价值和基本定位，为成都城市发展和品牌建设指明方向；

②组建成都市营销委员会，并初步建立相应的制度。

（2）本阶段行动规划

①成立成都市营销委员会，作为成都城市营销的专业组织，开启城市营销的动员和准备工作。

②逐步完善成都市营销委员会的组织结构和制度，由成都市政府相关各部门、社会组织、相关企业等机构的代表组成委员会、理事会及各专业委员会。委员会还应设立专家顾问团和监事会，以对委员会的各项运作提供咨询并进行监督。

③加强对成都政府各相关部门的城市营销专业知识和技能的培训。

④强化成都城市营销、城市品牌管理及推广活动的战略性，要求政府相关部门（新闻、文化、经委、投促委、投促局、旅游等）的年度工作计划抄报委员会备案。要求成都城市营销委员会及各专业委员会制订成都城市营销年度计划，提交理事会审议。

⑤设计并加强各专业委员会之间的城市营销协同机制。

（二）魅力提升——神奇成都年（2009年）

1. 地区战略支撑

本阶段的基础建设项目应突出"文化成都（神奇成都）"的主题，集中规划和建设一批能够对城市营销与城市发展发挥积极作用的文化项目，以此来体现并进一步提升成都的文化内蕴与城市质量。

（1）本阶段目标

第一，本阶段的主要目标是整合开发文化资源，为繁荣成都的文化事业、带动成都旅游增长、树立成都品牌形象奠定良好基础。

①世界文化遗产资源的整合与开发。成都拥有一般城市无法比拟的文化资源和宝贵的历史文化遗产——城市建筑风貌、历史文化、传统节庆活动和市井民俗风情等。针对都江堰和青城山这两个世界文化遗产，进行合理规划和开发，实现专业化经营。

②博物馆文化资源的整合与开发。成都博物馆众多，因此应就博物馆进行系统性的开发，找出其市场定位的差异性和互补性。例如，推行博物馆旅游一日游线路，推行博物馆套票等。

③现代文化资源的整合与开发。深度开发美食旅游、休闲旅游资源，开发康体、疗养、美容、购物等文化旅游项目，办好各类常设文化节事活动，推动文化资源的产业化发展，积极培育创意产业基础。

第二，通过文化项目建设、文化基础设施的完备和文化产品的深度开发，为成都文化巡展的顺利开展做好充分准备，为"神奇成都年"的成功营销运作奠定基础。

（2）本阶段行动规划建议

"神奇成都年"的重点就是以"文化提升魅力"，因此，就重点支撑项目建议如下。

第一，都江堰—青城山文化遗产和金沙遗址旅游深度开发项目。

①推出遗产套票和游遗产的奖励计划；

②遗产地周围环境的整理、绿化；

③为世界遗产景点培训和配备多语种的专业导游；

④创办"成都世界文化遗产节"；

⑤举办"成都世界文化遗产图片展"，并加强同其他世界文化遗产地区的合作与交流；

⑥开发成都世界遗产相关纪念品。

第二，加快现代大型文化设施及城市公共文化设施建设。

①加强大型公益性文化设施建设。建设成都博物馆、船棺遗址博物馆、中国皮影艺术博物馆、巴金文化博物馆、蜀锦蜀绣博物馆、成都方志馆、成都少儿图书馆等重大标志性设施。

②规范和扩建影院、剧院、大型表演场所以及露天表演场地。建设天府大剧院。在大学附近通过政府引导形成"影视文化一条街"。

③规范成都城市公共图书馆，增设老年区和儿童区，鼓励市民走进图书馆阅览或借书。

④吸引内地民间收藏人士到成都办展、或者到成都开办个人博物馆，如"钱币博物馆"、"车模博物馆"、"邮票博物馆"、"剪纸博物馆"等。

第三，扩展成都城市品牌的设计范围，形成主副品牌互动的城市品牌结构。

①成都城市营销委员会与旅游局、文旅集团等机构合作，规范并确认成都旅游品牌，包括成都旅游品牌元素梳理、价值与口号提炼、VI 设计和相关纪念品的开发制作等；

②成都城市营销委员会与商务局、投资促进委员会等机构合作，规范并确认成都投资品牌，包括成都投资品牌元素梳理、价值与口号提炼、VI 设计、相关纪念品的开发制作等。

2. 国际营销推广

（1）本阶段目标

①巩固并升华品牌推广成果；

②通过文化巡展主题活动，提升成都品牌魅力，突出文化成都内涵；

③设计并打造旅游、文化和投资等城市副品牌，初步形成城市主副品牌之间及各副品牌之间的协同和联动。

（2）本阶段行动规划

——文化建设系列

①举办好各项传统文化节事活动，如成都民俗庙会、成都灯会、黄龙溪火龙节、都江堰放水节等；

②积极举办特色文化活动和节会活动，如：道教文化节、蜀锦绘画大赛、民俗博览会等；

③举办国际性文化创意节会，如：世界西部电影节；全球播客文化节；

④文化系列产品（歌剧、影视等）的上市及推广；

⑤形成川剧、曲艺、民间工艺等文化事业传承保护发展创新机制；

⑥全国性、全球性文化传播网络中加入"成都元素"。

——文化巡展系列

①目标市场：以欧洲友城及其他重要城市为依托。

②活动口号："闪耀 2009（Shining 2009）"。

③成都文化巡展：以欧盟总部布鲁塞尔为起点，围绕欧洲大陆主要旅游客源地和友好城市一圈，在阿姆斯特丹结束。全面展示成都文化和成都生活态度，川菜、茶馆、名酒、川剧、金沙等特色表现展示。要做好前期准备工作，进行专业化跟进，旅游、招商等部门都与之协同，签订客源组织、项目引进的落地合同。

④友城联动：运作"文化之旅"欧洲友好城市推介，举办深度访问、进行专业拓展、寻找潜在机会；邀请欧洲友好城市市长、媒体、旅行评论家等。

⑤对话；北纬 30 度文化研讨会、展示会等。

⑥区域有活力文化的对话：如成都古琴和苏格兰风笛。

——成都品牌深化系列

①成都品牌祖国行：开展成都品牌走遍中国的活动，让内地各级政府、企业及游客更了解成都（由投促委、旅游局重点参与）；

②举办以成都品牌冠名的"成都居民文化节"或"成都居民读书节"等活动；

③旅游产品深度开发；

④与海外客运企业或体育团队合作，推广成都品牌 VI 形象。

——市民服务公关系列

①举办"你的微笑，美丽成都"活动。市民的热情和自律之风，能有效改善小区人文环境，并给外来游客和投资者留下美好的印象。让更多的成都市民了解成都历史、认识成都价值，并积极向外界宣传成都；让每个成都人都变成成都形象大使、宣传大使，共同构建成都城市品牌；对于活动期间表现优秀的市民给予奖励。比如，市民在公交车上的礼让、对游客的关怀或真诚的微笑，可由活动组办者或合作方奖励其一个特制的城市 logo 胸徽。累计到 3 个以上的胸徽，可以给予经济奖励，以此来鼓励市民的优良文明行为，等等。

②以成都志愿者活动为主体，举办"爱心成都"系列活动。鼓励社会团体组织更多的志愿者活动，并对其工作进行嘉奖；开展弱势群体的慰问和救助活动；开展文化教育志愿者活动，进行文化、艺术、科普等方面的教育和宣传活动；开展旅游志愿者活动，协助进行若干旅游线路的导游工作（如漫步线路、体验路等），以弥补成都旅游景点导游不足的状况；将这些志愿者活动，应统一以成都品牌 VI 及"爱心成都"为标志和主题。

——人才招聘系列——成功之都

①成都市人民政府与电视台、成都大型企业联合举办国际人才招聘行动，并进行全程转播；

②在节目前后，播放以成都成功企业及个人为原型的纪录片；

③积极配合年内洽谈会、招商引资会等政府大型会议活动。

3. 营销管理强化

城市的魅力，源自其内在的质量。而成都的质量，正在于她的文化。经过"感知成都年"的努力，世人对成都已产生许多新的、正面的认知，同时萌生出更多了解和探求的欲望。成都的城市营销应再接再厉，全面提升城市产品和服务质量，以此来印证成都的营销承诺，更好地焕发成都文化的光彩，这就对城市营销管理，提出了更高也更具体的要求。

（1）本阶段目标

①引入成都城市品牌监测制度，通过品牌监测，加强城市营销和城市品牌管理的主动性与针对性；

②导入城市营销绩效考评机制，有效提升城市营销和城市品牌管理绩效；

③增设协调人制度，使城市营销委员会的工作开展的更深入、更富成效。

（2）本阶段行动规划

①建立成都城市品牌监测制度，依据检测指标对成都城市品牌进行动态跟踪和管理；

②城市营销委员会启动"关键业绩指标（KPI）"考核制度；

③完善城市营销委员会组织架构，设立委员会内部及外部的城市营销协调人制度；

④建立城市营销委员会和政府各部门决策者的定期会议机制，就吸引外来游客、投资者和提高本地居民满意度的决策与传播等，进行讨论互动；

⑤其他政府部门（如旅游局、投资促进委员会、文化局等）的 KPI中，加入可衡量的城市营销及城市品牌指标。

（三）形象升华——惬意成都年（2010 年）

1. 地区战略支撑

本年度以宜居成都为核心，应进一步深化城市产品及服务开发，提升城市顾客的价值，通过增强城市的便利性、舒适度和丰富性，来提高城市顾客的满意度，加深城市顾客对成都的感情，进一步增强城市顾客对城市品牌的忠诚度，进而实现城市形象的升华。

（1）本阶段目标

①通过产品和服务改进，增进成都的便利性和舒适度；

②通过一系列项目的建设，为本阶段"惬意成都"主题的营销推广奠定基础；

③吸引城市顾客的参与，扩展城市顾客的体验范围和深度，为实现成都形象的升华创造条件。

（2）本阶段行动规划

第一，"便利成都"项目在此阶段要完善城市的基础设施，使得外来旅游者和投资者感到便捷、舒适。

①完善城市道路指示系统，采取多种语言标示；

②在主要街道路口设立城市地图；

③开设旅游咨询、投诉、翻译热线；

④建设旅游信息中心，免费发放城市宣传品，提供全方位信息；

⑤进一步完善对外来直接投资和本地新设立企业的"一站式"服务，扩展相关的综合配套服务（如法律服务、会计服务、公共关系咨询服务、房屋及设备租赁服务等）；

⑥进一步完善中小企业援助计划。

第二，"服务成就成都"项目。

①鼓励政府及社会机构开通各种形式的服务热线、服务网站；

②导入服务绩效公示和考评机制；

第三，"数字成都"项目。

①建设"电子政务"。依托信息和网络技术，改进政府的组织行为，对政府的各类信息和资源进行有序、有效整合，建设规范化和标准化的行政信息服务体系，完善相关各类数据库，建设统一高效的政务信息平台。通过政务电子化，实现信息透明化、政务公开化。

②加强信息网络基础设施建设，鼓励企业部门和社会机构加快信息化步伐，通过信息化推动产业升级。

③通过旅游部门和电信部门的合作，开展网上旅游、网上订票、网上导游、网上景点介绍、网上交通服务。

④促进电信运营商同各大银行的合作，在主要景点、购物场所、会展中心、加油站、收费站全面普及直接刷卡消费，避免现金交易。

2. 国际营销推广

在前期推广与铺垫的基础上，本阶段成都城市营销推广的重点围绕"田园城市"展开，以便有效地吸引城市顾客光顾成都、投资成都，喜欢成都、热爱成都。

（1）本阶段目标

①推进前两年度的营销努力，巩固取得的成果；

②围绕田园城市开展系列营销活动，让中外城市顾客体验成都的人居和投资质量，实现成都的形象升华；

③以上海世博会为契机，对城市旅游、投资、人居各方面进行整合营销传播。

（2）本阶段行动规划

主题活动：城乡统筹——田园城市论坛

①以统筹城乡综合配套改革试验区为契机，举办"世界田园城市论坛暨田园城市博览会"。由联合国人居署、世界银行城市发展局及 GUCP 联合主办，成都市承办；

②发布"田园城市宣言"，评选"全球典范田园城市"；

③利用世界传媒齐聚成都的良好时机，进一步宣传成都城市品牌，重点宣传成都人居品牌、投资品牌，借此宣传成都城市新的形象；

④将"田园城市论坛"办成常设性节会活动，通过连续的营销努力，树立成都在国内外城市顾客心中的田园城市形象，提升成都国际知名度和美誉度。

重点活动：精彩亮相上海世博会

①精心准备，组织内容丰富、形式多样的项目，参与 2010 年的上海世博会，充分展示成都的建设成就及城市价值；

②策划、组织和统筹好成都品牌形象推广延续活动，举办成都品牌成就展；

③瞄准欧美等海外市场，设法使成都品牌的感知向国际范围扩展和延伸，提升成都品牌的国际化认知水平。

系列活动：体验"惬意成都"

休闲惬意是成都品牌的一个核心元素之一，也符合诸多游客对成都的期望。可设计休闲成都的体验线路（如联合套票的促销举措等），帮助游客更好地感知成都的悠闲和从容。

①推出不同主题的体验项目，办好传统文娱节庆活动。开辟城市风情旅游线路，如游览历史文化街区、都市观光；民俗民风旅游线路，如农家乐（三圣街道辖区"五朵金花"）、传统庙会；办成都不眠夜：体验成都××酒吧、迪厅；成都部分年度传统文化及娱乐节庆活动期间，也是很好的"惬意成都"体验项目，如成都国际美食旅游节、成都啤酒狂欢节、成都国际桃花节等。

②举办国际（成都）现当代艺术沙龙。融合音乐、诗歌、摄影、新媒体艺术、油画和行为艺术等不同艺术形式和元素，既可以吸引普通民众、国内外游客的关注，还可以通过与政府、各文化单位和艺术家的联

合，搭建一个文化艺术的舞台，突出成都现代艺术文化的发展。另外，可以营造社会和谐气氛和雅俗共赏的格调，展现成都三千多年的深厚历史文化底蕴，反映新时代成都艺术家所取得的艺术成就，弘扬成都的新文化艺术。通过艺术展示"惬意城市"的魅力，利用活动的社会影响力，提升成都休闲文化的积极正面形象；力争将沙龙办出特色，办成常设性的文化活动，真正将其打造成为提升成都形象的"文化名片"。

推介活动

①走进美、加，感受成都。目标市场：以北美育有熊猫的重要城市为主；活动口号："来自神奇熊猫城的问候（Greeting from Magic Panda City）"；小小熊猫大使评选：利用在北美的华人机构或者直接邀请美方机构组织美国青少年参与健康、青春、美好的熊猫大使评选，每个目标城市选拔若干名，最后全体组团赴成都决选，获胜选手将成为成都在北美的旅游宣传大使。该活动可由中、美两国知名电视台全程播出。在各个城市的比赛过程，也将成为宣传成都、推介成都的良好契机。有关成都的文化历史、自然风貌、风俗民情都可以成为考题。与此同时，也可举办网络写手大赛和国内城市小小熊猫大使评选，共同将活动推向高潮。

②启动"成都诱惑嘉年华"。集合美食、茶楼、川剧、传统工艺、麻将等各种成都元素，每半年选择一个国际城市进行推介；推介侧重于旅游、文化营销，应逐步将宜居宜业及促进投资融入此活动中。

3. 营销管理强化

通过前期的建设和积淀，本年度成都城市营销应进入到追求城市顾客满意度和忠诚度的阶段。因此，"惬意成都年"的实质，不仅在于服务及城市产品的提升上，更在于服务和城市产品的创新上，并以此达到成都形象升华的目的。

（1）本阶段目标

①改进各项城市营销和城市品牌管理制度，制定切实可行的工作机制；

②引入项目管理制度，加强城市营销管理。

（2）本阶段行动规划

①引入城市营销项目管理制度，深化城市产品及相关服务的管理创新；

②依托城市品牌监测，建立年度营销计划的修正机制；

③完善各部门"关键业绩指标（KPI）"考核制度中的指标机制。

（四）营销扩展——欧亚成都年（2011年）

1. 地区战略支撑

（1）本阶段目标

①完善成都立体化交通体系，实现区内和区外联动，做好同南亚、欧洲交通网络的连接，为打造"现代丝路"提供基础设施方面的保障；

②通过软件环境的完善和服务水平的提高，为本阶段活动的顺利开展做好基础准备工作。

（2）本阶段行动规划

欧亚成都年的重点是要把成都品牌推向区域和国际，增强品牌的辐射力度。本阶段具体项目建议如下。

——成渝经济区建设与战略合作的深入推进

①完善成渝间交通网络、通信网络，实现无障碍交互网络；

②健全成渝经济区经贸交流、产业互动的良性保障制度；

③成立成渝一体化战略合作研究和管理机构。

——加强与东盟的战略合作

①建立同东盟国家及地区的定期常设性联络机构；

②建立同东盟国家和地区投资、旅游、人居的交流平台和机制；

③改善基础设施，为同东盟的战略合作提供便捷的公共服务。

——加强与欧盟国家主要地区和城市的战略合作

①建立成都市各职能部门同欧盟国家和地区相应职能部门（一对一）的战略合作机制；

②建立成都市政府和欧盟国家和地区各经济部门（多对一）的合作机制；

③加强战略合作规划，整合经济资源，协调好不同部门、不同产业和不同营销方式的有机结合和有效运作。

——"无障碍旅游区和投资区"系列项目

①继续完善区域内交通网络，打通成都同国内外区域的交通；

②增设通关设施，增加通关技术手段，简便手续，提高速度；

③加强政府间的沟通和磋商，打造无障碍的旅游区和投资区。

——"国际化服务提升"系列项目

①完善"便利成都"项目；

②完善"服务成都"项目；

③完善"数字成都"项目。

2. 国际营销推广

本年度城市营销的重点转向国外，采取"走出去"的策略，以"现代丝路"为主线，以投资营商为重点，着力进行营销推广。设法使成都的品牌形象向海外扩散和延伸，瞄准东亚和欧美市场，实现成都品牌的国际化跨越。

（1）本阶段目标

①稳步提升城市总体品牌形象，保持旅游、文化、人居各副品牌营销行动的连贯和协调；

②紧扣"现代丝路"的年度主题，采取系列营销行动，在投资促进等方面力争取得良好成效；

③面向部分战略性海外市场，增强与不同国家、地区和城市的友好往来和互动，通过营销扩展，实现成都品牌的国际延伸。

（2）本阶段行动规划

——开展"现代丝路"商贸活动

①举办成都本地"古代丝路"系列活动，如研讨会、文化交流活动等；

②与丝路上途经的其他城市和地区进行投资、旅游结盟；

③"成都品牌号"商队重走丝路。沿最早的路线，"成都品牌号"（交通工具、旗帜、人员服装等都体现成都品牌形象）沿途举办主题纪念活动，兼具旅游和投资推广职能，聚焦成都的历史文化和现代活力，将成都品牌隆重推向国际市场；

④就上述活动，组织国际主流传媒的跟踪报道。

——举办"中欧国际商务博览会"

成都曾承办过欧洽会，有一定的合作基础和组织经验。可主动联系、发起"中欧国际商务博览会"，并力争将旅游、通信网络、会展、娱乐休闲、创意等各产业有机地融合在一起，在轻松惬意的氛围中取得预期的投资促进效果，实现理想的营销目标。

——启动"全球动漫硅谷"项目

利用成都市动漫产业优势，积极带动创意产业的发展，并努力做好相关产业战略人才的储备工作，主要通过以下活动实现：

①面向全球主要有游戏软件开发的高校或地区招募高级教师，同时宣传四川省重点高校在此方面的优势；

②面向全球招收该方面留学生，突出教育产业和中国市场优势；

③建立国际合作机制，与国外先进企业及高校合作。

——扩展成都友好城市，与友好城市合作举办深入的交流活动

积极开展国际城市和地区间的友好交流活动，广泛建立国际、城际间的互动关系，在海内外友好城市开展"成都周"、"成都月"和"成都年"等深度交流活动。

——旅游促销活动：激情美、加与成都共舞

①目标市场：在北美拥有熊猫城市的基础上适度外扩；

②活动口号：舞动 2011（Dancing 2011）；

③成都风情展演：起步于加拿大多伦多，围绕北美主要客源城市一圈，在"世界之都"纽约结束。全面展示艺术化的成都，川剧绝活表演、民俗民乐表演、古蜀文化展示、金沙歌剧表演。利用 2010 年"惬意成都年"启动之后受众被激发的热情，吸引他们体验熊猫之外的五彩缤纷的成都历史和文化。吸引更多的游客来成都旅游并体验休闲。

——文化营销活动：创设国际书院联盟

①宗旨：恢复书院、弘扬国学；

②背景：成都素有书院文化传统，繁盛时多达数十个。四川省城高等学堂（四川大学的前身）就是 1901 年由著名的尊经书院、锦江书院、中西学堂等合并改组而成的；

③内容：邀请成都、四川乃至全国有一定影响力的文人墨客来书院讲学，打造成都国学培训基地、外国人汉学基地和成都历史文化教育基地；

④意义：优秀的传统文化是民族永恒的精神财富，重振国学有利于提高民族自信，提高人文学术创造力。恢复书院既有历史沉淀作依托，又有

利于提升成都的文化品位。

3. 营销管理强化

成都城市营销，一方面要引进来，但更要走出去。本年度成都城市营销应立足于全球的战略视野，以连接欧亚的"现代丝路"为主线，以整合营销传播为主导，积极拓展城市营销范围，加强成都国际营销力度，扩大和提升成都的国际知名度和美誉度。

（1）本阶段目标

①完善各项城市营销和城市品牌管理制度以及项目管理制度，全面提升城市营销管理水平；

②确立适合成都的城市营销管理组织和管理模式；

③加强城市整合营销传播。

（2）本阶段行动规划

①在前期关键绩效指标（KPI）考核制度的基础上，进一步导入平衡记分卡（BSC）考核制度，以确保城市营销成为推动成都城市发展的战略性力量；

②建立政府机构、NPO、企业及社会组织等的营销与品牌机制。

（五）品牌崛起——创意成都年（2012 年）

1. 地区战略支撑

（1）本阶段目标

①完善创意园区系列项目的载体建设和运作机制，为本年度的主题活动开展做好基础保障工作；

②跨区域协同，打造区域品牌，扩展成都品牌的辐射力。

（2）本阶段行动规划

"创意成都"年的重点是通过创意园区的系列活动展示，将成都投资创业、旅游休闲、宜居体验等城市资源优势最大限度地加以整合，实现品牌崛起。本阶段具体项目建议如下。

——"创意成都"系列项目的完成

①创意园区形成整体规划和基础格局；

②创意产业与旅游、文化产业实现良性互动；

③创意产品的系统开发体系初步形成。

——优秀人才奖励计划的实施

①目前，制约成都经济发展的最大瓶颈之一，是人才问题。与全球竞争力排名前10位的小型经济体相比，成都缺乏高素质的人力资本和科技基础。本年度应着力完善教育和培训设施，开创教育激励机制，由政府出资，建立优秀人才奖励制度，对教育领域有杰出贡献者进行特别奖励。

②制订适应新形势的人才输入计划。

③对现有的人才进行合理利用，加强在职培训，提倡"业有所专"，举办"一人一技"大赛活动，同时承办各类创新、创意大赛。

——完善技术创新激励机制

①鼓励科研院所和企业进行自主创新活动，引导科技创新的方向和领域。出台自主创新的产业、科技、财税等优惠政策，鼓励和引导企业成为自主创新的主体。

②完善科技人才激励机制，通过分配、产权、社会价值激励等方式，调动广大科技人才的积极性。

③加强同重庆及西南地区科技资源的开放和共享，联合推动科技成果交易和成果转化，合作培养科技人才。

2. 国际营销推广

通过连续四年的努力，可期开辟成都经济转型、文化繁荣、旅游兴旺的新局面。2012年，成都将迎来全面兴盛的年代，城市品牌美誉度和凝聚力逐步形成，城市形象极大提升，这应是成都尽展其城市魅力的年份。

（1）本阶段目标

①围绕"创意成都"展开系列营销活动，切实保证本年度行动主题得到落实；

②全面实现成都城市营销推广的总体目标及分类目标；

③成都城市营销推广进入到成熟、系统性、专业化的发展阶段；

④成都城市品牌建设成为亚洲城市品牌运营的成功标杆。

（2）本阶段行动规划

本阶段行动以"创意成都"项目为主线，经过前四年相关基础工作和铺垫活动的开展，成都作为最宜脑力创业的知识城市的品牌形象已经使城市顾客产生了初步的认知，本年度的营销行动要据此主题全面铺开，努力使对城市品牌的认知变为认同。

智慧成都系列

智慧、诚信是成都突出的文化性格，也是成都城市品牌的核心价值之一。智慧元素，在投资、创业以及旅游方面，都可产生其独有的吸引力。可设计一系列"智慧成都"的活动项目，帮助城市顾客更好地感知"创意成都年"主题的魅力。具体项目建议：

①"成都之光城市主题公园"（或文化休憩区）落成庆典；

②举办设计创意大赛，如"国际工业设计大赛"、"国际广告设计大赛"、"国际电子竞技大赛"，"国际动漫节"等，吸引年轻人和创意人才参与；

③设计文化创意系列项目并招商；

④规范并提升特色创意产业的发展，如：川剧演艺、动漫制作等；

⑤规范并加快休闲旅游和商务会展旅游的发展；

⑥进一步打造最宜脑力创业的知识城市的品牌。

时尚成都系列

作为西南中国重要的商业都会，成都从来都不失其时尚的风采。依托成都的传统节日和文化庆典，将创意元素与时尚元素有机地结合起来，体现时尚潮流，彰显无限创意，帮助城市顾客更好地感受成都，应是本年度"创意成都"系列主题中不可或缺的活动内容。

①以体育馆、博物馆等为依托，举办"成都国际现代流行艺术博览会"；

②举办"成都国际时装博览会并招商"；

③成都国际烟花比赛汇演（9月或10月）影响渐增，富有特色，应进一步重视节前的宣传铺垫，力争吸引更多游客参与，并努力营造其浪漫、童话和梦幻的气氛，为成都品牌加分；

④举办"成都国际音乐节"。国际音乐节和国际烟花比赛汇演，可在时间和活动安排上进一步互补互动，共同营造时尚成都、浪漫成都的氛围。

营销活动系列

①旅游营销活动。主题：成都之美，东方之道；市场：重点在日、韩及东南亚等受汉文化影响比较深的国家和地区；口号：最美风景、最宜休闲的文化之都；三国文化联动：日、韩等东方文化圈层对于三国文化较为熟知，可以挖掘成都具有三国文化色彩的资源要素，赋予高科技含量的创

意活动与项目。同时，考虑到日、韩等亚洲区域是成都传统客源市场，因此，深度开发三国品牌可以提高重游率。

②文化营销活动。主题：建立世界诗歌城市联盟；背景："九天开出一成都，万户千门入画图"，这是作为诗歌元素定格在古诗文中的成都形象。成都，天然就是一座诗歌的城市，从西汉司马相如与卓文君的"才子佳人"成都，到盛唐李杜的诗酒成都，在这块久远而丰盈的诗歌后花园里，诗歌以其繁盛的生命力"疯狂"地生长着。时至今日，成都的"体温"仍然留有诗歌的余热，成都的"气味"仍然弥散着诗歌的芬芳；形式：将世界各地诗歌城市联络起来，进行中西诗歌文化的对话交流，同时将诗歌文化与成都的房地产、产业园、城乡一体化、休闲产业等进行有机融合。

③营销推介活动。主题：成都，世界屋脊下的明珠；形式：借势西藏推介成都，宣传居住在成都是旅游爱好者的必然选择，是投资创业者的首选，是宜居休闲人士的最好去处。

3. 营销管理强化

通过连续四年的战略性、专业化城市营销建设，成都的城市品牌与城市综合竞争力应有显著的增长。本年度应是成都城市品牌真正崛起的阶段，同时，也是成都城市营销管理全面提升、迈向国际前沿水平的阶段。

（1）本阶段目标

①总结前期城市营销管理经验，进一步的创新、规范和提升，形成成熟的、国际先进的城市营销管理组织和管理模式；

②将整合营销传播（IMC）制度化，进一步激发成都城市营销委员会及成都其他城市营销机构的工作效能。

（2）本阶段行动规划

①将整合营销传播（IMC）机制制度化，并贯彻到各级、各类城市营销机构；

②加强与国内外城市营销学者的沟通和联系，增进成都城市营销相关部门与国际上先进城市之间的交流与合作，力争使成都城市营销实践成为国际瞩目的城市营销管理的成功典范。

图书在版编目（CIP）数据

成都城市国际营销战略：创造田园城市的世界标杆/倪鹏飞等著. —北京：社会科学文献出版社，2010.5
（中国城市竞争力课题组案例研究系列）
ISBN 978 - 7 - 5097 - 1442 - 3

Ⅰ.①成… Ⅱ.①倪… Ⅲ.①城市管理 - 国际市场 - 市场营销学 - 研究 - 成都市 Ⅳ.①F299.277.11

中国版本图书馆 CIP 数据核字（2010）第 066269 号

· 中国城市竞争力课题组案例研究系列 No. 9 ·

成都城市国际营销战略
—— 创造田园城市的世界标杆

顾　　问／李春城　陈佳贵　裴长洪
著　　者／倪鹏飞　刘彦平 等

出 版 人／谢寿光
总 编 辑／邹东涛
出 版 者／社会科学文献出版社
地　　址／北京市西城区北三环中路甲 29 号院 3 号楼华龙大厦
邮政编码／100029
网　　址／http://www.ssap.com.cn
网站支持／（010）59367077
责任部门／皮书出版中心（010）59367127
电子信箱／pishubu@ssap.cn
项目经理／邓泳红
责任编辑／马　章　姚冬梅　任文武
责任校对／夏　怀
责任印制／蔡　静　董　然　米　扬

总 经 销／社会科学文献出版社发行部
　　　　　（010）59367080　59367097
经　　销／各地书店
读者服务／读者服务中心（010）59367028
排　　版／北京中文天地文化艺术有限公司
印　　刷／北京季蜂印刷有限公司

开　　本／787mm×1092mm　1/16
印　　张／21
字　　数／351 千字
版　　次／2010 年 5 月第 1 版
印　　次／2010 年 5 月第 1 次印刷

书　　号／ISBN 978 - 7 - 5097 - 1442 - 3
定　　价／49.00 元

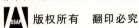